一日4頁哲學課

原來世界是這樣思考！

從尼采、阿德勒心理學到 AI 人工智慧，
秒懂生活哲學，掌握強大人生工具

この世界を生きる哲学大全

富增章成 著　　黃詩婷 譯

序言

你對於「哲學」抱持著什麼樣的印象？

生存方式、人生論、說教，又或者是派不上用場的沒用理論呢？

哲學若是人生論或者生存方式，那麼大家應該會覺得只要自己思考就好，根本不需要這種東西吧？

但哲學別說是必須了，甚至可以說，若是搞不明白的話，人生將蒙受偌大損失。哲學並非單純的人生論。

哲學是一門分析政治、經濟、歷史、藝術、宗教、語言、自然科學，各式各樣五花八門知識的學問。這可說是將文科與理科合縱連橫之後整合在一起，讓腦部神經能夠燃起熊熊大火、極為方便的思考工具。這就是「哲學：Philosophy」。

哲學與全世界發生的各種大小事務、各式各樣的情境息息相關，如果完全不明白哲學的話，又將如何呢？

首先，是無法理解國際新聞。因為在歐美國家，哲學是一種常識。另外，也將不明白歷史。因為歷史是以哲學及思想為動力形成的。

讀不懂外國文學。因為外國文學，是以讀者理所當然明瞭哲學思想為前體寫下的。聽不懂古典音樂，因為起源立足於宗教哲學。藝術及建築物也都建立在宗教思想的基礎上。去國外旅行的時候，就算看到建築物也只會覺得「噢，基督教的建築物挺大的呢」，這樣就太令人難過了。

如果不明白哲學，會很難理解歐美人士的行動原則。歐美思考方式

的基礎來自基督教；新聞中特別受到矚目的中東情勢，也受到猶太教、基督教、伊斯蘭教的文化非常大的影響。

另外，和日本人同為亞洲人的思想也是五花八門，印度信仰的是印度教及伊斯蘭教，中國及北朝鮮則信奉馬克思主義哲學。世界是靠哲學在運作的呀！

如此一來，若是不明白哲學，該怎麼解讀世界新聞呢？這樣真的能夠選擇自己的行動嗎？

如果不學習哲學，就無法明白世界史與國外新聞，會造成嚴重的資訊不足，在這個資本主義社會當中，便很容易落於他人之後。

不管做的是什麼樣的工作，如果逗留在自身文化當中、受到自身文化的思考方式侷限、只從國內的新聞獲知資訊，腦袋變得硬梆梆，那麼落後也是理所當然。

但是，如果能夠配合全球化走向，活用古今東西方的哲學作為「破壞既有概念的學術」、「思考嶄新概念的工具」等，重複進行各種打破常識的思考實驗，應用在各種日常及工作場合當中，又會如何呢？

想必你的人生在精神層面及物質層面，都會更加豐富！

還請務必從今天起就將哲學這個強而有力的思考工具，羅織進你的人生方針當中。一定會有好事發生！

最後，本書能夠出版，我打從心底感謝 CCC media house 的田中理枝、編輯細田繁、描繪出可愛插圖的飯村俊一，以及為本書職掌設計工作的設計師矢部梓與岡澤輝美。

2020 年 9 月　富增章成

本書使用方式

● 第 I 部和一般的哲學史入門（或者哲學入門）有些許不同，只挑選與生活在現代社會的我們有直接連結的問題。

● 哲學經常會提出脫離常識的事項，藉由刺激頭腦，就能改變自己。這比腦力訓練還要來得有效，還請盡量推演自己的妄想。

● 隨處可見插入連結 🔎 **P52**，前後翻閱便可以明白哲學的汎用性：「這些事情竟然互有關係呢！」（比方說古希臘的思想其實與現代物理學相關；或者近代的某個念頭造就了電腦等等）。

● 第 II 部是將各式各樣的哲學分門別類，同時也是第 I 部的複習與應用篇。像是「哲學與臟器移植有關係嗎？」「只要研究哲學，就不容易感染病毒？」「哲學是怎麼銜接上電腦的？」等等，乍看之下都是些拉在一起有些牽強的話題，想來腦袋應該會有遇到大風吹的感覺吧。

● 本書可以按照順序閱讀，也可以從第 II 部順著連結回到第 I 部，這樣閱讀也不錯。本書並非一次看完就結束的書籍，由於有促進思考成長的效果，因此可以隨身攜帶、作為經常性催生嶄新概念的工具。

● 本書參考、引用的書籍整理在書末的「參考文獻」當中。

本書使用上的注意事項及功效

● 若是讀過了頭，很可能會變得疑神疑鬼、過於慎重，開始覺得是否所有資訊都是謊言。不過，對於那些自己未曾體驗過的事情，還是要慎重挑選資訊方為上策。這也與資訊素養、風險管理，甚

至是保護自己的生命及家人息息相關。

● 閱讀本書以後，若是面臨他人主張某些事情的時候，就會將他的主張內容放在一邊，開始思考起「為什麼這個人會想表達這種事情呢？」「這樣表示以後，這個人會獲得什麼樣的利益呢？」「他是不是有什麼痛苦的事情？」等等，試圖尋找對方慾望及情緒的根源。也就是會養成一個習慣：在面對一個人的時候解讀那個人本身，而非其主張內容。

● 讀了本書以後，文科人會想學習理科事項；理科人也會想學習與自己領域相異的文科內容。興趣是和歌的人會急急跑去買數學參考書，解起了函數問題等等。

● 讀了本書以後，由於會變得過於慎重，在各方面都非常保護自己，因此會莫名其妙變得更加健康。雖然提到很多「死亡」的話題，壽命卻可能延長了。會開始執行「睡眠時間要長一些」、「選擇對身體良好的食品」、「適度運動」、「盡量深呼吸」、「不要過於勉強，以免對身體造成負擔」等行動（哲學者多半長壽、當中有許多健康愛好者）。

● 讀了本書以後，會陷入「不知何為正確」的混亂，開始思考「所有哲學者說的東西都不一樣，所以無法相信哲學」。

但說到底，這個念頭本身就是錯的。畢竟「這個世界上沒有標準答案」，因此會覺得「大家想法不一樣乃是理所當然」。同時也會捨棄貫徹單一種思考方式的老古板態度。

● 讀了本書以後，經常會思考一些過大的問題，因此有時覺得日常一些小問題根本無所謂。想來應該經常能體會到「我先前只在意些小事呢」的清醒感。

CONTENTS

I 哲學編

以哲學歷史抓住思想潮流，獲得思考工具……10

1 古代哲學

由古代的睿智獲得
理解現代的必須基本思考模式……12

2 從宗教看現代

將宗教作為知識，
就能獲得國際情勢及預測未來的線索！……38

3 近代哲學

近代哲學是人類與科學的橋梁，
用這個思考方式抱持偉大夢想活下去！……72

4 現代以前的哲學

打動人類的是慾望而非理性！
用來深層解讀世界的方便思想……98

5 社會與經濟思想

為了解讀現今，
試著思考經濟史歷史與社會變革……132

6 生與生存的哲學

由心的內側直接了當明白之事，
就是真實存在活著的自己……162

7 接軌未來的思想

**知與不知天差地遠，
以柔性思考看護未來！**……192

II 主題類別 篇 將現代問題以不同主題區分出來，使用思考工具引導解決問題的方式……226

1 哲學、思想應用篇

針對各種人生疑難雜症，就用哲學來思考！

2 社會、政治哲學

以古今東西方的政治哲學，解讀複雜的現代社會！……262

3 地區、世界、未來

立足於世界問題的基本，思考時事問題……292

4 哲學與自然科學

**將世界想成符號的集合體，
試著綜合性思考各式各樣的領域……318**

5 哲學與自我啟發

**使用哲學、心理學、宗教等知識，
試著自我啟發！……348**

I

哲學史

——•篇•——

以哲學歷史抓住思想潮流，
獲得思考工具

1

古代哲學

第 I 部第1章是介紹古希臘至希臘化世界為止的歷史，在第1節馬上拋出「萬物根源乃為水」這種不知其所以然的句子，但這是為了向大家介紹之後會接軌至現代自然科學「以單一原理說明一切」的思考方式。

古代哲學當中有許多論點主張這個世界是假象（也就是現今所謂的虛擬），真正的世界並非如此，這也讓許多人認為「這是什麼愚蠢的小說？還是奇怪的宗教？」而退縮，但其實他們並非主張有所謂的靈界。

這是所謂的「形而上學」。那個時代還沒有顯微鏡，也沒有望遠鏡，眼前的物質真的就是自己雙眼所見的樣貌嗎？或者構成物質的要素，其實並不是自己的感覺能夠捉摸到的東西？這樣一來，就只能用理性的力量試圖探究無法以感覺捉摸的領域，就是這樣的學問。

現在這類探究工作屬於物理學等學科的領域。在微小物質的世界當中，存在著基本粒子（以及波動）。而2000年前他們只是散個步，或者在房裡寫東西的時候，便想著這些事情。

現代哲學當中將自然科學交給科學家處理，而非自然哲學。即使如此，他們仍舊試圖找出「為何『有』基本粒子？」的解答，嘗試追究存

由古代的睿智獲得理解現代需要的基本思考模式

在本身、不斷追尋人類「存在」之謎，從不曾停下腳步。

第2節提到的蘇格拉底，則除了自然哲學以外，還思考了倫理學的問題，因為哲學正是思考自然法則與人類法則之間關係的學問。

其弟子柏拉圖認為蘇格拉底所追求的真理，已經超越這個世界，存在於普天之下。再其弟子亞里斯多德被稱為「萬學之祖」，他研究的內容包含自然學到政治學、文學領域、現代的符號邏輯學源頭等，建構了所有學問的基礎。

古代哲學終結於「亞歷山大帝國崩毀後，應該要如何跨越苦難人生？」而推演出的哲學。

新柏拉圖學派在一般的哲學入門當中，通常是被省略掉的，但是它影響了文藝復興，也接軌至現代的神祕主義，因此還是特立一節來解說一下其發展。

有許多人認為學習古人講的事情沒什麼用，但是古代哲學的思考模式是「抽象化」、「概念化」，因此應該要學習他們這種由上方俯瞰世界整體的絕佳觀點。以這種思考模式來分類平常認為理所當然的事情，也會出現一些意想不到的點子。非常推薦大家務必了解一下，這些以現代價值觀看來認為毫無道理的古代哲學思考模式。

哲學的源頭「自然哲學」

><<<<<<<<<<

自然哲學就是理科那些東西？

✳哲學不是「生存方式」和「人生理論」之類的嗎？

　　希臘哲學最一開始，是提出一個疑問，也就是**宇宙的根源（本原）**究竟為何？在那之前，人們認為太陽是由阿波羅神司掌、海洋由波賽頓神管理，也就是以神話來說明這個世界建立的模式。有別與這種思考方式，人們開始由目前所謂的物理學、化學角度來試著思考世界是如何形成的。

　　哲學並非起於考證「生存方式」又或「人生理論」，而是為了尋求正確答案，想知道世界是如何形成的？是怎麼樣變成現在這個樣子的？這些問題的內容就像是理科課本中的東西。思考這些問題的人被稱為自然哲學者，他們認為在這千變萬化的世界當中，肯定有一些永恆不變的原理。

　　泰利斯被稱為哲學之祖。他提倡「萬物根源乃為水」，也就是認為「水」是所有事物的源頭，換句話說就是存在的原理。他表示草木、動物甚至人類，這一切都是由「水」變形而來。

泰利斯	畢達哥拉斯	赫拉克利特	德謨克利特
西元前624年左右～前546年左右 自然哲學者。提出「泰利斯定理」，就是「半圓內接的角皆直角」的數學理論。	西元前582年左右～前496年 古希臘數學家、哲學家。一般認為他與弟子共同創立了畢達哥拉斯教團。	西元前540年左右～前480年左右 他認為「萬物流轉」其後不變的原理是「邏各斯」，火便象徵該原理。	西元前460年左右～前370年左右 確立原子理論。除了哲學以外也研究天文學、音樂、詩學、倫理學、生物學等。

✳為什麼要學習錯誤的事情呢？

當然，這個理論確實不算正確……並非所有東西都是由「水」構成的。但是，如果把「水」的部分替換為「基本粒子」的話，就能夠明白泰利斯追究的理論內容。

也就是說，泰利斯的哲學高明之處並非「水」的部分，而是因為這是全世界最初嘗試「以單一原理說明世界上的一切」的想法。將**框架思考**從具體事物提升到抽象等級是非常重要的，一路承先啟後才得以延續至現代科學 ☞ P344 。

之後有更多人針對世界源頭有不同想法，拓展思想的幅度。阿那克西美尼據說是**阿那克西曼德**的弟子，表示本原應該是「空氣」。

根據紀錄，第一次使用本原這個詞彙的應該是阿那克西曼德，但他並沒有把本原限定在「水」、「空氣」、「火」這類物質上，而是認定本原為「無限之物（**apeiron；阿派朗**）」，並未想到什麼水還是火。由於在人類感覺及知覺能夠感受到的現實世界當中有水和火，因此背後的本原應該會是其他的型態。話雖如此，若是把形象固定下來，就會無法往下一步思考，因此抽象等級又提升了一步，也就是「數」的概念。

現代物理學目標理論的起源？

✳畢達哥拉斯的哲學表示「數學」是宇宙原理

過往的哲學必須先了解宇宙原理，然後再思考人類應該如何生存，因此總會與現在所謂的物理學事項等科學概念扯上關係。過往的哲學特徵大多是由「原理（宇宙結構）」引申出「生存方式」、「人生理論」（而到了現代，物質相關的事情會交給科學去負責，也因此現代哲學就不使用這種方式去思考）。

畢達哥拉斯因為**畢達哥拉斯定理**而揚名天下，他認為萬物的原理就在數學。順帶一提，據說畢達哥拉斯曾在第48屆奧林匹克運動會上的拳鬥項目獲得冠軍，看來除了數學以外，他也很努力鍛鍊身體呢。

不僅如此，畢達哥拉斯也有關於和弦的理論。將不同長度比例的弦線拉緊後，於1：2、2：3、3：4不同弦上可得到8度（octave；八度音程）、5度與4度的和弦。而這個比例適用於預測行星之間的距離，他認為這種音程比例會一路延伸到天界，因此所有星星下的範圍都響徹天界的音樂。

還有畢達哥拉斯教團，是類似宗教集團的團體。畢達哥拉斯教團的人都過著**畢達哥拉斯式的生活**，將宇宙數學理論與生活融為一體。

畢達哥拉斯的哲學是從「數學」這個抽象概念，延伸到「宇宙原理」，然後才推演到具體的人類「生存方式」。

哲學便是如此進展著，並非一開始就提出「生存方式」（那只不過是像老人家說教類的東西）。是先以抽象概念去思考世界，之後才慢慢具體化，這也是哲學為何不好理解的理由。

✴用想的就能明白「原子」？

另外**赫拉克利特**還提出「萬物流變」的概念。他認為這個世界就像流動的河川般不曾止息，因此人類不可能踏進同一條河流第二次（意思是就算曾踏進過一次，第二次再踏進去也是完全不同的水）。

這和佛教所謂的**諸行無常**略有不同 ☞ P65 。根據赫拉克利特的說明，現象物（事物孕育而生後出現的型態）皆有其對立之物，就像是冷與熱、濕與乾、清醒與睡眠等等，因此「生與死」、「年輕與年老」其實都是一樣的東西，這是由對立之物編織出美麗而調和的狀況。但是由於有這些對立，因此人類之間也會產生鬥爭，以至於人生永遠都在戰鬥（順帶一提，赫拉克利特被人稱為「陰暗之人」）。

另外，伊利亞學派的巴門尼德則提出與**萬物流變學說**相反的萬物靜止說，他的想法可以濃縮為一句話，就是「存在即存在，非存在即不存在」。確實「存在」的東西並不會「不存在」；而「不存在」的東西也不會突然就「存在」了（用0和1來思考就很簡單）。因此世界不斷變化其實是一種錯覺，事實上沒有減少任何東西、也沒有增加任何東西。

另外，**德謨克利特**的年代晚於蘇格拉底，而他因為提出所有東西都是由原子構成的**原子論（atom）**而聞名。在那樣久遠的年代就已經有人知道原子這種東西，實在令人驚訝（當然那時說的原子，在形狀及性質上都與現代物理學的原子不一樣）。

德謨克利特認為世界上所有物質的是由無數的最小單位原子構成，認為這些原子結合造成生；分離造成消滅。由此概念也衍生出許多「生存方式」的思考模式 ☞ P31 。

蘇格拉底厲害何在？

※※※※※※※※※

一問一答便能明白真實

✳普羅達哥拉斯是職業老師？

蘇格拉底這個人和先前說的自然哲學家們不太一樣，自然哲學主要是探究「宇宙原理」，而蘇格拉底則是徹底思考人類生存方式之人。他也被稱為「**倫理學之祖**」。

蘇格拉底並未留下任何著作，只有弟子柏拉圖的著作當中提到他曾經說過的話，因此無法明確區分出蘇格拉底與柏拉圖的思想（蘇格拉底問題），我們只能從弟子柏拉圖的對話篇等文獻，推測他的思想。

當時希臘社會已邁入民主化階段，因此老舊的思考方式無法滿足嶄新民主社會的需求，這是由於「這種情況是正確的」這種**普遍性真理**（對所有人來說皆為正確的標準）變得非常模糊。

在這種情況下，出現一種抱持**相對主義**立場的職業性教育家，他們被稱為**智辯家**（智者、智慧的教師）。那麼何謂相對主義？

蘇格拉底
西元前469年左右～
前399年

古希臘雅典的哲學者，並未留下著作，為倫理學之祖，認為邏各斯（話語）當中具備世界的普遍性真理。蘇格拉底被人向政府告發，表示他會對青年的思想造成不良影響，因此在獄中依刑仰毒身亡。

✳「因人而異」這種想法的起源

智辯家的代表有普羅達哥拉斯與高爾吉亞等人，當中尤以普羅達哥拉斯提倡的人類尺度論：「**人類為萬物之尺度**」最為有名，只要問問現在的高中生，馬上就能明白這種想法的內涵。

大叔：「人應該要如何生存才好呢？大叔我很煩惱呀，人類的生存之道究竟是什麼呢？」

高中生：「這種事情因人而異吧，我是我、你是你啊。」

人的生存方式是相對性的，也就是不同角度下看到的就不一樣，這並非自大的思考方式，而是非常了不起的哲學學說。現代的我們，一般也傾向於認為「生存方式因人而異」，而非「有一種事物對所有人來說都是正確的」。

但是，相對主義卻有個難以解決的課題，如果所有人都大相逕庭，就不具備與其他人的共通點，這樣一來，也就沒有共通的規則。舉例來說，踢足球的時候，每個選手都能夠自由奔跑，話雖如此，還是不能跑到場外。如果「因人而異」的範圍超過某種程度，社會就可能會崩潰。

無論在哪個時代，說真話就會大禍臨頭

✳雖然「因人而異」，不過這節要說的重點是什麼？

到了後世，有人繼續發展普羅達哥拉斯的教誨，也就是從「無論是何種議題，都會有相對的論點」這點出發，只要能夠捏造出還不錯的理論（**詭辯**），「就能夠將較弱的理論變強」。

也就是說，他們認為無論主張內容是否正確，只要辯論辯贏了就好。由於智辯家會在判決當中擔任辯護的工作，因此講贏了就會拿到不錯的收入，簡單地說就是重視說話方式的技巧。

對智辯家來說，世界區分為**自然**（physis）及**制度**（nomos）。自然就是人類無法改變，山是山、海是海，要把山說成海是不可能的。

但是，法律制度這種東西由人類決定，因此可認為其解釋是自由的，在某種程度上可以稍微調整一下。智辯家利用這種解釋上的自由，在推展辯論的時候把白的說成黑的。

蘇格拉底則嘗試與這些智者們進行對話，真誠之人蘇格拉底與嘴上說說的智辯家之間展開辯論大戰，想了解詳細內容的人，還請一閱柏拉圖的對話篇**《高爾吉亞篇》**。該對話篇的內容是高傲的智辯家與蘇格拉底辯論之後，話語變得支離破碎，是令人神清氣爽的故事。

蘇格拉底擅長辯論，似乎是有其道理的，祕密就在於他會活用**反詰法**，也就是「不要自己述說答案，而是質問對方」。他詢問智辯家「何謂善」等問題，慢慢將話題從具體事物推演到抽象層級。

❋使用抽象化思考拓展智識

以簡單的例子來說明反詰法，首先詢問對方一個理所當然、大家都明白的問題，比方說像是：「你知道紅色是什麼嗎？」對方自然會回答：「我當然知道啊。」然後馬上追問：「請你說明一下紅色好嗎？」這樣一來，對方必定會開始舉出實際的例子。比方說「紅綠燈的紅色」、「蘋果的紅色」、「玫瑰的紅色」等等。針對這樣的回答，再這樣告訴對方：「不，我所詢問的並非紅色的具體例子，我要問的是實際上感受到的那個紅色，究竟是什麼？」（尋求**普遍性**、**絕對性真理**且抽象的回答）。

如果詢問的是「紅色」這個東西本身為何，那麼就算以其他物質來舉例說明紅色的本質，也就是直接感受到的紅色這個東西，是沒有用的（就算是拿腦子舉例，很遺憾也是不能成立的）。

相同地，「何謂正義」、「何謂美」、「何謂愛」等問題，全部都是一樣的情況，這讓智辯家啞口無言。如此一來，蘇格拉底最愛用的關鍵字「**無知**」就顯而易見了，也就是「以為自知，實為不知」。

據說有一位智者智辯家從弟子那兒聽說**德爾菲神諭**（神明的話語）表示「沒有人比蘇格拉底更聰慧」，他認為「絕無此事」，因此試著挑戰與蘇格拉底進行辯論。

智辯家雖擁有智識（他們腦中具備大量資訊），卻不明白其本質；另一方面，蘇格拉底「自知不知」（**無知之知**），因此在這方面來說他也認為自己比他人稍微聰慧些。然而希臘政府卻認為蘇格拉底蠱惑青年，使他們信仰希臘神明以外的神，因此將他交付法庭後，判決死刑。這些事情柏拉圖都寫在《蘇格拉底的申辯》一書當中。

由蘇格拉底到柏拉圖

⌗⌗⌗⌗⌗⌗⌗⌗⌗

理型論用數字來思考的話，比較好理解？

✳追究真實事物，就會被抹消

蘇格拉底認為所有人的內心，都是先天就已經被置入真實事物的解答（真理）。何者為正確？何者為惡？其實每個人潛意識裡都是明白的（**倫理性主知主義**）。

在超商買冷凍抓飯，放進微波爐加熱一下，抓飯就做好了，那個「加熱一下」就是「反詰法」，完成的「熱騰騰抓飯」就是「真理」。由於向對方提出疑問，因此能夠引導出對方內心潛在的那個答案。

在柏拉圖的對話篇《美諾篇》當中，有一段是蘇格拉底和奴隸兒童進行幾何學問答，而未曾向學的奴隸兒童卻證明出幾何學的內容。這是藉由幾何學的真理問答引導出的結果，也就是說，奴隸兒童先天上便明白幾何學真理。

因此蘇格拉底就以這種方式向所有人丟出問題，以至於有一次似乎陷入了政治家違法的風波。不管是過去或現在，政治家都會避免一些真相遭人曝光，這也造成了蘇格拉底最後被判**死刑**的下場。

柏拉圖 西元前427年～前347年	出身雅典名門，著作有《蘇格拉底的申辯》、《克力同篇》、《普羅達哥拉斯篇》、《國家》等。由於蘇格拉底遭到處刑，因此不再以成為政治家為目標，轉為活用蘇格拉底精神撰寫著作的哲學工作，據說80歲時「寫著就死在書桌邊」。

✳那個自然哲學派得上用場啊！

蘇格拉底的事情說也說不完，還是先往前走吧。**柏拉圖**由於其師蘇格拉底被判死刑，受到相當大的打擊，他不再以成為政治家為目標，反而成了哲學家。

蘇格拉底所貫徹追求的真實——蘇格拉底本人是以「反詰法」來試圖解析的，但柏拉圖卻試著以理論為其背書，這個時候，他應用了自然哲學。畢達哥拉斯 ☞ P16 認為這個世界是由數學構成的，那麼我們就來思考一下理所當然的事情。

「什麼是1呢？」

這裡指的是數字「1」，火車上的1個吊環、1輛火車車廂、1列火車，這些全部都是「1」，但是能夠清楚看見「1」這個東西嗎？「1」究竟在哪兒呢？應該以什麼標準來當成「1」呢？

畢達哥拉斯是2000多年以前的人，但是他的「1」和我們的「1」毫無疑問是同一個。為何「1」能夠超越時代，一直都沒有改變呢？

這是最簡單的事情，卻可說是最為困難至極，思考這種事情的，就是哲學。

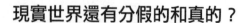

現實世界還有分假的和真的？

✱柏拉圖提出的理型論究竟為何？

畢達哥拉斯認為宇宙的原理是數學，就算現象世界有所變化，數學也是不變的。正因如此，畢達哥拉斯腦袋裡的「1」和我們每個人腦袋中的「1」，不管在任何場所或者時代當中，都保有其相同性。

柏拉圖則以**理型**來表達這件事情。在學校的教科書當中，通常會畫著馬的插圖，並且在旁邊寫著說明表示這是「馬的理型」，如果向大家說明現實中的馬匹本身，其實是位於其他次元的馬的理型，想來學生會覺得「哲學真是奇怪，根本毫無意義」也是理所當然。

他也針對現象世界中的幾何學圖形思考一番。三角形、方形和數字1是一樣的，在紙上畫一個三角形，下面這樣的疑問就非常哲學性。

「我畫的三角形，和隔壁房間裡的人畫的三角形為何一樣呢？」「徒手畫所以線條有些扭曲，但為何還是三角形？」「從飯糰的三角形就能夠思考出畢達哥拉斯定理又是為何？」「便利商店的飯糰尺寸會有大小差異，但全部都是三角形」，由此便能夠發現一件事情：這個世界的三角形七零八落的，但應該也存在著非常俐落的三角形……

如果要讓現代人能夠輕易接受柏拉圖的思想，說明起來大概就是如此：首先，宇宙當中有個普遍性的物理法則真理，物體會根據那個法則運動，接著以普遍性的數學來表現那個真理。雖然所有物體各自相異，但是有一個能夠包含這些在內的絕對性法則，那就是**理型界**的理型（也就是宇宙背後具備法則）。

✳真相必定就在某處

這麼想的話，柏拉圖的「理型論」也就不是那麼奇怪的想法了吧。

另外，現實世界會在形成之後又消滅，變化從不曾停止，這是赫拉克利特的「萬物流變」。但是另外存在著不會變化的理型，如果不是這樣的話，數字1、三角形和物理公式都不可能存在。

如今電腦技術已經非常進步，因此更容易理解柏拉圖所謂的理型。把現實比喻成虛擬現實即可。有許多電影作品是以虛擬現實作為題材，如科幻電影《駭客任務》等。把理型與現象代換進去，就非常容易理解理型論。

人生因人而異，是相對性的東西。但很可能有對所有人來說都正確的事物，柏拉圖便把那稱為理型。可以這麼想，現實當中的桌子是因為分享了桌子的理型這種**真實存在**，所以才會有張桌子在那兒。

理型位於理型界，超越了我們居住的世界（**現象界**），因此看不見也摸不著。所有感覺性事物都只不過是來自真正理型、只是一種極為接近的東西。

因此我們雖然畫不出真正的三角形，但理性上卻明白完全的三角形（三角形的理型）。

另外，柏拉圖認為蘇格拉底所追尋的善、正義等**客觀真理**，也超越了感覺性的個人日常行為，乃存在於絕對標準的理型當中。

結論上就是「人雖然因人而異，但有絕對正確的事物」。

於是蘇格拉底追尋的「絕對正確事物＝真理」便被抬高為理型界的理型。

讓亞里斯多德冷靜一下腦袋

批判老師柏拉圖理論的亞里斯多德

✳哲學總是批判前者，因此有些棘手

總結一下柏拉圖的理型論大概是這樣的。

這個世界（現象界）是會變化、消滅而不完整的，完整基礎的理型位於理型界。

理型界的架構投影產生了現實世界，因此馬的理型架構，就映現出虛擬的馬。眼前的馬是會成形後又消滅的馬，不過馬本身的理型就和數學規則、物理法則一樣存在於理型界當中。

大概是這樣推演出一個二元性世界觀。

柏拉圖將此哲學原理膨脹為生存方式以及國家應有的方式等學說。由於理型界當中有「真」、「善」、「美」的理型，因此我們在現象界當中憧憬著理型生活。

這種憧憬會轉為尋求完美之物的愛（Eros）。能夠明白正確的事物，正因為理型界的資訊會傳達到現實（回想起理型），但是柏拉圖的弟子亞里斯多德卻批判他這樣的說法。

亞里斯多德
西元前384年～前322年

柏拉圖的弟子，被稱為「萬學之祖」，其著作包含《工具論》、《自然學》、《政治學》、《尼各馬科倫理學》、《形而上學》等內容龐大之作品，成為各式各樣學問的基礎。他批判柏拉圖的理型論，形成獨門的形而上學體系，對於現代影響深遠。

✵竟然從一個人的腦袋裡就能冒出如此多學問

這種批判哲學的氣度，正是造成哲學不易受人理解的理由，這是由於有許多人認為「哲學就是對人說教、講一些既有的事情」（但其實是相反的，哲學是一種「破壞既定認知之事，思考嶄新事物」的方式）。

亞里斯多德站在一般人也能思考的立場，他認為將理型與**個別物品**（比方說是寶特瓶之類的東西）分開來思考是非常奇怪的，只要認為寶特瓶確實存在於現實世界當中就好。這樣一來，理型這個本質應該就在其中（存於內在），因此就不需要去想什麼其他次元了（但是之後仍然有認定理形存在的人出現☞P191，所以哲學才會如此棘手）。

亞里斯多德被稱為「**萬學之祖**」，他研究數學、自然學（也就是物理等）並加以爬梳整理，打造出具備體系架構的動物學、靈魂論（類似心理學的理論）、政治學、辯論術、詩學、邏輯學、形而上學等。

他的政治學是以國家及政治作為理論對象；辯論術則是用來說服聽眾的方法；詩學則與文學及戲劇有關；邏輯學當中並不包含哲學，而是用來作為學問與論證的工具。

試著以目的論點來思考事物

※沒有能夠擺脫「存在」的存在……

現在所有的學問幾乎都起源於哲學（除了邏輯學 ☞ P109 以外），而哲學的精粹就在於**形而上學**，這是所謂「存在的學問」，又被稱為**第一哲學**。也就是說形而上學可稱為「哲學之王」，這是由於「存在」這個項目以外的知識，都只不過是研究單方面的內容罷了。但是一般認為不管研究何種知識學問，都應該要先研究其根本，也就是「存在」。如果想要提出特定事物，那麼必定會「存在」該事物，因此才需要先追究何為「存在」。形而上學就是思考存在的架構，但之後卻與物理學產生些奇妙的關係。

柏拉圖的說明表示，銅像這個物品是由理型界的理型投影在現實世界當中（分享過來）。

而亞里斯多德則思考得比較現實一些，他認為銅像當中就有該像的形（也就是柏拉圖所說的理型）。當然只有那個形，是不能成為銅像的，需要有材料，以這個例子來說，銅就是材料。銅像的雛形便稱為**形相**（$\epsilon\iota\delta o\varsigma$/eidos、外觀）；材料則稱為**質料**（$\breve{v}\lambda\eta$/hulé）（與質量沒有關係）。也就是說，銅像是由這個像的外型及銅合成的。所有個體物品都是由形相及質料合體而成。

也許有很多人這時抱持著「那又如何呢？」的疑問，不過若以現代生物學的方式來思考的話，應該很容易就能接受。請將形相對應到遺傳因子，而質料就是分子（原子）。

實際上這個論點確實推演出存在論這種宏偉的哲學。

28

✳所有存在皆朝目的前進

　　植物的種子會長出枝葉，小嬰兒會成長為大人（由可能轉為現實），而根據亞里斯多德的理論，他認為柏拉圖所謂的理型（→形相），就是物體的設計圖、存在於其內在。

　　哲學的好處就是將理科與文科的內容放在一起討論，因此關於形相及質料的理論，便被提出作為所有物體的原理。

　　舉例來說，質料中的鐵可能會因為其形相而變更為鐵槌、釘子、鐵軌等，這些變化遵循其**原因與結果**（因果法則、因果律 ☞ **P89**）。

　　另外，亞里斯多德認為存在於自然界的所有東西，都有其目的（**目的論性世界觀**），若將原因、結果以及目的都當成關鍵字來思考，就能夠明白人類的生存方式。

　　舉例來說，我們的生活與因果關係及各式各樣的目的息息相關，鍛鍊身體是為了健康、健康是為了工作、工作是為了賺錢，而賺到的錢又拿去付健身房的會員費用……仔細想想，人生就是一個循環。

　　而亞里斯多德表示，這樣的生存方式非常空虛，想來大概就是：「朝著渺小的目的，不斷重複著原因及結果，我的人生究竟是什麼？」

　　因此亞里斯多德認為，人類需要更高一層、無法追問的「終極目的」，也就是在不斷重複的圓周運動當中，世界會朝終極目的而去。

　　一般認為那就是不具備質料的第一形相，或者是**不動的動者**（**神**）。以目的論性進行哲學思考（**理論思考、theoria**），或許就能夠獲得一些解讀複雜現代社會的線索。

奮發向上希臘哲學

「人生很痛苦」，那麼該如何是好？

✳就算在逆境中也維持幸福的方法

由於那有名的亞歷山大大帝（西元前356年～前323年）造就了世界性的帝國，因此希臘的城邦（都市）社會便崩壞了。

國家消失、國民流離失所、一家人境遇悲慘、飢餓等等⋯⋯

在這些倍感困惑的人群之中，出現的就是伊比鳩魯學派與斯多葛主義。確實，現代人如果感到痛苦，那麼也建議可以去了解一下這些哲學，如此一來也會懂得感謝國家的存在。

伊比鳩魯的思想被稱為享樂主義，他留下了「享樂主義者（epicurean）」這樣的詞彙。伊比鳩魯的享樂是指「身體不感到苦痛」、「心靈感到安穩（**內心寧靜**、靈魂的平靜）」，其實還挺樸素的，與快樂狀態不同。

確實有句話說「普通就是最好的」。總之，只要有得吃、有得穿、有地方住，人健健康康的不就很好嗎？這看起來簡單，其實卻非常困難，就算是「普通」的活下去，任誰都會遇到無法跨越的東西，那就是「死亡恐懼」 P299。

伊比鳩魯
西元前341年～前270年
古希臘的希臘化時代哲學者，伊比鳩魯學派始祖。在「伊比鳩魯學院」與弟子們一起生活，據說71歲時亡逝。

芝諾
西元前335年～前263年
賽普勒斯島的哲學者，斯多葛主義創始者，為商人之子。傳聞他在年事已高的時候自己停止呼吸而亡。

✳死一點都不可怕……真的嗎？

死真的非常可怕，說不害怕死亡的人，恐怕是還沒有深刻思考過死亡、又或者是已經有了終極的體悟呢（讀完這本書以後，就能夠坦然面對真實，也許真的就不會害怕死亡）。

伊比鳩魯使用德謨克利特的原子論 ☞ P17 來說服我們「死一點都不可怕」，因為身體和靈魂都是原子（atom）構成的。

如果死了，那麼應該沒有感覺，而且活著的時候不會死亡，這是理所當然的，那麼為何要思考死亡的事情呢？死了以後再想不就好了嗎？但是，死了就無法思考，那麼事情就這樣解決啦。

對於伊比鳩魯來說，「我們存在的時候，死亡不會降臨；而死亡降臨的時候，我們已不存在」。

雖然這樣說對伊比鳩魯真是抱歉，但即使如此，人類還是害怕死亡，這是為何呢？那是因為恐懼原子分解之後的「無」，在仍活著的時候只要想到這件事情就……這個問題，之後會有**雅斯佩斯** ☞ P180 等存在哲學家再次詳細說明。

先做些很艱苦的事情，之後就不痛苦了

✳禁欲式生存方式

一提到不要害怕死亡，很可能更加害怕起來，這個時候，建議大家多多了解斯多葛主義的哲學。斯多葛主義是依循禁欲主義執行苦行生活的，也就是預先痛苦、鍛鍊自己，達到一個不會受到快樂及痛苦迷惑的境界。

斯多葛主義的代表者是季蒂昂的**芝諾**（與提出「阿基里斯與海龜」──芝諾悖論的芝諾並非同一人），他認為人類的本性在於理性（**邏各斯**），因此必須養成合理的習慣與行動。斯多葛主義的斯多葛原意是學園的柱子，因為他們總在那兒談論許多事情，就被旁人稱為斯多葛主義。

斯多葛主義的哲學者認為提供萬物秩序與法則的，是世界理性（**邏各斯**），也就是宇宙的秩序及原理。遠至天涯海角、近至眼前的寶特瓶當中都充滿著邏各斯，

人類從世界理性分得（**分享**）邏各斯，因此人類能以理性思考。也就是說，智慧型手機（人類）裡下載宇宙APP（世界理性）。

只要遵循「自然」＝「理性」＝「宇宙原理」，一切都會很順利。

芝諾提倡「**依自然生存**」，依循理性生存，正是遵循自然生存。

另外，人會受到感傷（pathos）影響，因此會在意一些無所謂的事情，正因如此，只要不受到感傷影響就好了，這被稱為「平靜（apatheia）」。即使悲傷也面無表情，拿這當成目標，確實是非常嚴苛的修行呢。

✳以耐性的哲學跨越人生

斯多葛主義的哲學認為快樂是為了滿足自我保存的衝動，獲得的東西毫無意義。舉例來說，肚子餓了就要吃東西，以理性來思考，這是為了獲得營養，因此卡路里量夠了即可，美食什麼的根本是毫無意義的想法，這也許不太適合現代人吧。

另外，芝諾認為能夠稱為善的，就只有體貼、節制、正義、勇敢等美德。相反地，不體貼、不節制、不公正、懦弱等就是惡。

除此以外的生與死、是否光榮、富有或貧困、病弱又或健康等，都無所謂，為了提升人類靈魂的層次，只需要留心**德**（靈魂是否優秀）就夠了。

根據芝諾的理論，死亡、貧困、不健康等，從善惡觀點來看根本一點兒意義都沒有。

到了羅馬時代，斯多葛主義大為風行（後期斯多葛主義），此時有塞內卡、愛比克泰德、**馬可・奧理略**等人才輩出。現代的自我啟發 ☞ P348 也會引用馬可・奧理略非常有名的話語。

馬可・奧理略在早晨起床的時候會對自己這麼說：「今天我也會遇見一些不知感恩、凶暴、危險、善妒、無良之人吧，但是他們都無法傷害我，我也不會感到生氣、或者討厭他們。」

這和自我啟發的肯定 ☞ P368 有些不同，偏向負面話語，但仍然是非常棒的心理準備。

伊比鳩魯學派與斯多葛主義也是在說明宇宙原理以後，才決定「生存方式」的。「原理」→「生存方式」這個公式一直維持到近代哲學。

新柏拉圖學派的神祕

❋❋❋❋❋❋❋❋❋❋❋❋

理型論的加強版就是這個啦

❋此思想目標在於與絕對者融合

此節會稍微提一下哲學史中大多略去不介紹的神祕主義,雖然有些意外,但神祕主義其實也具備解讀現代的關鍵。

由於亞歷山大大帝的遠征,希臘文化圈在希臘化時代擴大,因此希臘哲學逐漸與東方各世界的論點融合。進入羅馬帝政時期後,大眾忽然開始冀求絕對性的東西,因此流行起**新柏拉圖學派**,是一種神祕主義哲學。羅馬時期可說是希臘精神從世界史當中緩步消滅的時期。

這個思想的厲害之處,在於目標是要活著的人類,真的去與理型界等級的絕對者融合。提倡新柏拉圖學派的是**普羅提諾**,他繼承了理型論,追尋比理型界更高的終極原理。因為理型界也有各式各樣的階級,以牛丼來舉例的話,就是有小碗、中碗、大碗、特大碗這樣的順序,而他認為最高等的就是「善之理型」。普羅提諾認為超越這一切,就能成為自由自在享用松阪牛牛排的存在。

普羅提諾
205年左右～270年

古羅馬支配下的埃及哲學者,被認為是新柏拉圖學派的創始者,主要著作為《九章集》。雖然計畫在義大利半島西南部建設「柏拉圖城邦(Platonopolis)」,卻遭到皇帝反對而無法達成。對於其後的文藝復興及神祕主義影響深遠。

☀活著與宇宙原理合而為一的方法

哲學的基本思考若是追求終極原理，那麼就會排除所有多樣性，也就是將麵包、火腿、起司、納豆、烏龍麵、拉麵等等物品都歸納在一個「食品」的大概念下（由具體走向抽象）。

因此普羅提諾將存在、思維與概念自原先的多樣性逐步提升，將其作為終極原理。

就像是一頭牛可以做出各式各樣的餐點，終極原理也可以產生許多哲學（若為兩個就是二元論 ☞ P80 ）。

這個終極原理就是神，被稱為「**太一（to hen）**」。

普羅提諾認為在分化為各式各樣的東西之前，應該有一個統整體。

由於「太一」超越了空間與時間的規範，因此並不存在於某處或某個時間當中，它不會動，但也並非靜止，是遠遠超過我們常識能夠想像的存在。

沒有重量或大小、也沒有形狀，這是抽象概念的終極範疇，若要想像這個東西，就要進入冥想。

世界上為何充斥著如此多娛樂？

✳感到滿足的話，明明什麼都不會做……

抱歉一直說一些無邊無際的事情，但是「太一」甚至不是我們的意識。會這樣說，是由於意識是由觀者所見之物（**主觀與客觀**）P80 的對立之中而生的，太一當中並沒有這些區別。也就是說，太一也不是具有人格的神明。

這些不受任何規範束縛的根本性原理就是太一。單一原理逐漸多樣化，這樣的概念放在現代物理學當中，與認為能夠採取單一公式說明世界一切的霍金博士立場相通。

但是，世界終極原理「太一」明明沒有任何固有型態，該如何變得多樣化呢？現在將這種情況說明為宇宙自大爆炸中誕生（但並沒有思考其目的），然而過往的哲學會詢問「理由為何（目的）」，因此就會問道：「世界為何以多樣化的姿態出現呢？」

普羅提諾表示，是太一創造了世界。所謂創造，也是一個作用，而作用就只是個具變化的現象世界。一般認為終極的「太一」會做這件事情，真的非常奇怪。說到底「太一」是非常完善的，也就是自足狀態，它並不會飢餓，因此應該沒有必要特別創造世界。

於是再度提出：這個世界會存在，這件事情本身就非常不可思議。為何會有世界呢？是為何而存在的呢？對於完美的存在與這個不完美的世界，普羅提諾是這樣回答的：世界是滿溢而**盈出**的。

✳最後目標是神人合一的神祕體驗

太一是無限的，沒有任何東西能夠限制太一。太一又像是不斷湧出水的泉源一般，因為太滿了所以一定會流出來。

因為太一過於完美，具有無限的力量，因此不需要補充也會一直冒出力量。之後這種思考方式，被認為與基督教哲學 ☞ P55 中神的無限性，以及近代哲學的實體想法有所關連。

「過於豐富因此必然滿盈，所以產生了世界。」這在科學方面的說明有些不充分，但對現代人來說倒是種挺浪漫的思考方式。不過還是有個問題。如果重複沖泡茶葉，那麼最後一定只剩下難喝的茶渣。其實我們忘了理型，只憑靠感覺生活、墮落到了物質性世界，也就是說，我們生存在與太一相隔遙遠的複製世界當中。

普羅提諾認為，太一流出的東西**自智性（nous）**經過魂魄，在歷經許多階段以後終結於質料（物質性的東西）。最下層的質料完全缺乏光線，是黑暗的、產生惡的場所。

由於大家已經懂得原理，因此照慣例接著講解「生存方式」。我們必須不再逗留於物質世界「下降之喜悅」，而要提升自我到太一。

也就是攀爬比太一本體還要低劣存在的複製現實世界（現象世界），接近那超越性存在，與其相遇則是**神祕體驗**。

根據普羅提諾的弟子波菲利表示，普羅提諾曾有4次達成與太一合而為一的經驗。與太一合而為一能夠忘卻一切，失去語言及思考，在恍惚當中被光盈滿。

這應該是終極的冥想體驗吧，如此將合理性事物與非合理性事物相連，也是哲學思考非常有趣的一點。

從宗教看現代

第2章就宗教來加以解說，或許有很多人認為宗教和自己沒關係，但翻看世界史教科書便能明白，這個世界從過往到現在，都受到猶太教、基督教、伊斯蘭教、佛教、印度教極大的影響。

宗教已經滲透至文學、音樂、繪畫、建築等處，無所不在，了解宗教就能更輕鬆理解文化史，因此最好多少明白一些基礎事項。

我想忙碌的人應該沒有空讀那麼多個別宗教的書籍，因此本章會將猶太教與基督教的部分解說得詳盡一些。

宗教與政治有著密切關係，在閱讀國際新聞的時候也會派上用場。

猶太教一路傳承至現代，也對當今以色列的巴勒斯坦紛爭造成影響。而印度則有印度教與伊斯蘭教，本章當中並未提及印度教，但有一部分古印度思想相關的內容。

天主教勢力與美國的基督新教勢力、美國與伊斯蘭各國的對立等都屬於宗教問題，實在非常複雜而混亂。

本書聚焦於對資訊有所幫助的事項而非以宗教內容為主，盡可能將注意力放在使閱讀者感到簡單易懂。亞洲思想方面則以印度思想為中心進行解說，中國的思想是政治哲學，會在II部當中

將宗教作為知識，就能獲得國際情勢及預測未來的線索！

說明。

猶太教、基督教與伊斯蘭教是一神教，印度思想雖然曾與古代的多神教及佛教融合，但原理上，比較接近西方的泛神論。

以一神教來說，「神」的概念非常簡單易懂。大多數情況下的神明都是人格神，也就是神會發怒、會怨恨、會感到喜悅，但是在哲學、神學當中則使用柏拉圖或亞里斯多德的哲學來說明，神便是指原理。

因此，只要將古希臘哲學與猶太教、基督教、伊斯蘭教相互連結在一起，一神教就會變得比較容易理解。

另一方面，印度思想則是以心靈的實體性與事物因果關係作為基礎，推展出哲學理論。印度的特徵是除了思想本身，也會同時思考能夠獲得具體頓悟需要的實踐方式（冥想法等）。

本章並不打算推廣任何宗教的信條，只是要讓大家能更加理解新聞內容。雖然不同的派系會有各自的說明方式，不過本書內容以日本文部科學省檢定的「倫理」教科書當中刊載的說法為主。

另外，本書與任何組織、團體、自治單位等皆毫無任何關係。

猶太教成立與《聖經》

自然哲學就是理科那些東西？

✲將猶太教歷史一口氣簡約說明如下

自西元前2000年到1500年左右，古代以色列人移居至巴勒斯坦地區，遭受各種不同民族統治，被迫過著流浪生活。苦難中的以色列人為了尋求民族團結與復興，因此建立了猶太教。由於並沒有國家，因此可說是依靠精神規範來達成團結。事實上到了現代，宗教思想也能在沒有國家的情況下連結人們。

猶太教的神明被稱為**耶和華**，是非常可怕的神明，祂是掌管憤怒、嫉妒、詛咒、判決的人格神（宇宙原理之神，與泛神論神明 ☞ P82 不同）。這位神明創造了世界，也打造出人類，因此是絕對的存在，人類不得對其行為有任何怨懟。

這位神明只將以色列人選作自己的人民（**選民思想**），承諾帶他們走向永遠的救贖。相對地，以色列人必須嚴格遵守神明意志所展現的律法（類似法律的東西）才行（與神明的契約）。

該隱
「創世紀」第4章等亞當與夏娃之子。由於該隱（兄）殺死亞伯（弟），因此他是第一位殺人兇手。

諾亞
「創世紀」第5～10章等諾亞打造了方舟，他與妻子、3位兒子及媳婦們，以及所有動物公母各一對，共同搭乘方舟。

亞伯拉罕
「創世紀」第11～17章等在大洪水後，神為了救濟人類而挑選出來最初的預言者，妻子是撒拉（撒萊）。

以撒
「創世紀」第17～35章等亞伯拉罕與撒拉之子。在伊斯蘭教當中，認為他的哥哥以實瑪利較為重要。

❋苦難的猶太人無法遵守神明律法

「**摩西十誡**」被視作律法根本。《舊約聖經》當中提到，原先在埃及被迫過著奴隸生活的以色列人，於西元前13世紀左右，在受到神明指引的摩西帶領下脫離了埃及。之後以色列人的歷史仍然非常悲慘，雖然遭遇巴比倫囚虜 ☞P46 ，但仍不受挫，努力遵循律法，試圖統一民族。最終，以色列人終於在波斯命令下自囚虜狀態中解放，回到故鄉耶路撒冷，同時重新建造神殿、創設教團，自此猶太教正式成立。

整個故事一口氣說完好了。首先，神創造了天地，又創造了人類。人類背叛神明犯下罪過，因此從樂園當中被趕出來。人口雖然增加了，但大家都很糟糕，所以神明打算一口氣消滅人類（**諾亞方舟**）☞P43 ，但最後作罷了。不過人類還是很糟糕，所以神明告知規矩，但人類又不遵守，神明因此懲罰人類。於是有了神殿和猶太教，但人類到了現代還是這麼糟糕。

《舊約聖經》總共有39卷，由五書（律法之書，5卷）、歷史書（12卷）、智慧文學（5卷）、預言書（17卷）構成。歷史書就是猶太人將自己的歷史，以他們與神的關係來表現的書籍。

以宏偉劇情推展的《舊約聖經》

✳簡單明瞭神之絕對性

接下來為了解讀現代，我們稍微帶入一些《聖經》、（《舊約聖經》）的重點內容。《聖經》的開頭是「最初的人類與第一起殺人事件」，在「創世紀」當中，神說「要有光」，於是有了光。

接下來神花了6天創造宇宙、地球、生命與人類。神打造出**亞當**，又從亞當的肋骨打造了**夏娃**（動畫《新世紀福音戰士》必備知識）。但是這兩人卻吃下了善惡知識之樹的果實引發神怒，使得兩人被逐出樂園伊甸園。

亞當與夏娃被放逐以後，過著普通的夫妻生活，生下了**該隱**（長子）與**亞伯**（次子），卻發生了人類第一起殺人事件。該隱（農耕者）殺死了亞伯（畜牧者）（這是由於神明不喜歡農耕者奉獻的物品，但為何不喜歡則眾說紛紜）。

該隱雖然遭到神明放逐，但亞當和夏娃又生下第3個兒子賽特。賽特的家族信仰虔誠，自亞當起到了第10代生下**諾亞**。神為了不讓該隱被其他人殺死，因此給了他「該隱的記號」。該隱生下兒子以諾後，他們被流放後在諾德之地打造了一座城鎮，便將該地以兒子以諾命名。

之後神又打算毀滅人類。由於神是絕對性的存在，因此經常做一些人類無法理解的事情，後世的神學者才為這些事情加上一些意義。

☀滿載用來理解現代新聞用語的《舊約聖經》

在諾亞的時代，由於惡意滿盈處處皆惡人，因此神打算毀滅人類。但是信仰虔誠的諾亞一家打造了方舟，因而得以存活，而諾亞的孩子們生下了新的人類。

不過之後人類過於高傲，打造起巴別塔（類似塔樓的建築），神覺得這樣不好，因此讓人類的語言四分五裂，言語不再共通，於是世界上有了許多語言（語言不同則族群也會相異，便會發生戰爭）。

閃（諾亞之子）的子孫**亞伯拉罕**與他的外甥羅得一起住在迦南。神命令亞伯拉罕將自己的兒子**以撒**用來獻祭，而信仰虔誠的亞伯拉罕真的打算下手殺死愛子以撒。神明白了亞伯拉罕信仰虔誠到連兒子都願意動手殺死，因此阻止了他，結果皆大歡喜。由於神祝福人類，因此人類有如雨後春筍般不斷增加。

另一方面，**羅得**與女兒們住在索多瑪，那是一個耽溺於快樂、處於罪惡深淵的城市。2名天使告知羅得一家城市即將毀滅，因此羅得和家人得以提早逃離。但是羅得的妻子在索多瑪毀滅的瞬間，並未遵從神明指示的「不可回頭」而回過頭去，於是羅得的妻子成了鹽柱。

以上較為戲劇化的故事，是屬於《舊約聖經》歷史書的內容。預言書則是由以賽亞書、耶利米書、耶利米哀歌、以西結書、但以理書這5卷大預言書，以及比較短的小預言書12卷構成的。

預言書是預言者以各樣的形式，表現出神告知他們的話語，也就等同是神的話語，因此這些應該能夠作為解讀現代世界情勢的線索。

《聖經》厲害何在？

※※※※※※※※

《舊約聖經》的電影超有趣！

※在偉大的約瑟被遺忘以前的事

以色列人以族長亞伯拉罕作為祖先，在西元前20世紀左右捨棄了美索不達米亞的都市文明，過著游牧生活移動到巴勒斯坦定居。**神（耶和華）**應允亞伯拉罕得到應許之地「流著奶與蜜」的**迦南**。

亞伯拉罕生下孩子以撒、以撒生子雅各、雅各之子則為**約瑟**。似乎有很多人因為《舊約聖經》當中出現了一大堆名字，搞不懂意義何在，因此而放棄閱讀。總之亞當和夏娃的子孫是亞伯拉罕……然後是約瑟。

約瑟是個高風亮節「十分聰慧」之人（「創世記」41：39）。原本約瑟遭到兄弟欺騙，而被賣去埃及當奴隸，但是他卻發揮了潛在的才能（解夢等），在埃及拯救人民免於饑饉、留下許多功績，結果出人頭地成為埃及的宰相。約瑟的成功故事經常被美國的基督新教引用在自我啟發P349當中。

所羅門
西元前1011年左右～前931年
在《舊約聖經》的「列王記」當中登場的古以色列（以色列王國）第3代國王，點綴王國最後的榮華。

以利亞
「列王記」第18章等
預言者。反對眾人崇拜巴力，是耶和華信仰的守護者。在《新約聖經》的「約翰福音」當中也特別提到他。

以西結
西元前6世紀左右
祭司、巴比倫囚虜時代的預言者。告知大家神殿將得以重建及國家的將來，這使眾人在巴比倫囚虜之後得以復興國家。

✵逃離埃及以後拜領十誡

　　為人慈悲的約瑟原諒了賣掉自己的兄弟，將家人都接到埃及，因此以色列人得以在埃及繁榮一時。

　　《舊約聖經》的故事會省略掉很多時代，因此故事忽然飛快前進。之後埃及人遺忘了約瑟這個人，反而對於當地有許多猶太人感到非常不滿。不知感恩的埃及人在王朝復興以後，就將以色列人們當成奴隸，因此以色列人非常痛苦。稍微整理一下，就是埃及奴隸約瑟→成為宰相→子孫又變成奴隸。

　　關於這段故事，推薦觀賞電影《In the Beginning》，故事從創造天地演起講到約瑟的成功故事。另外描繪離開埃及故事的史詩電影《十誡》也非常有魄力。

　　在西元前13世紀左右，以色列人在預言者**摩西**的率領下，試著回到應許之地迦南。在摩西帶領下，他們成功逃離埃及（「出埃及記」當中紅海一分為二的場景非常有名），之後神在西奈山上讓摩西代表以色列人接下契約（十誡）。

　　進入以色列王國時代以後，他們在迦南這片土地上，於士師（人民之長）的帶領下聯合了猶太12部族，不斷與原住民戰鬥。

反覆發生洪水、瘟疫、蝗災、饑荒、地震、戰爭

✳災害被表現為神明的懲罰

西元前11世紀左右，**大衛王**以及所羅門王使王朝興盛了一陣子（電影有《大衛王》等作品）。

在《舊約聖經》當中占最大部分的便是宏觀歷史書，因此可以理解過去的環境問題。首先從諾亞方舟的故事，可以推測得知發生過大洪水。另外，在摩西離開埃及的時候，聖經中描繪出當時有瘟疫、蝗災（出現大量蝗蟲）、水汙染等情況。

除此之外，《舊約聖經》當中也大量描寫地震以及戰爭。

放在現代思考，就能夠掌握「發生傳染病→有大量蝗蟲→洪水、饑荒、地震→恐慌→戰爭」這樣的流程，或許能對於災害建立起有效對策（至於為何歷史會不斷重演這個流程就是個謎了）。

好的，故事繼續前進。猶太王國分裂為北以色列和南猶太。同時到了西元前9世紀左右，由於異族的支配以及貧富差距引發各種社會問題，這樣的背景下就出現了警告大家會有神罰的預言者。

但是，到了西元前8世紀時北以色列滅亡，大多部族失散到其他國家。西元前6世紀的時候，新巴比倫王國將南猶太也滅了，還多次綁架他們之中具備領導特質的人（**巴比倫囚虜**）。在那之後，征服新巴比倫王國的波斯阿契美尼德王朝才解放了受到囚困的猶太人。被解放的猶太人回到耶路撒冷，在西元前6世紀的時候重新建立猶太神殿，至此成立猶太教 P40 。

✷預言者偶爾也會説些「預言性」事項

《舊約聖經》當中有許多預言者大為活躍。故事稍微往前回頭一些，在王國分裂為南（猶太）王國及北（以色列）王國時，有位預言者**以利亞**相當活躍。另外，西元前8世紀左右，預言者約拿成功讓尼尼微的人民信仰神（尼尼微位於美索不達米亞）。

在巴比倫囚虜時期活躍的預言者則是耶利米，他讓那些被帶到新巴比倫王國的人，有著自己是「神選之民」的自覺（**選民思想**）。

預言者**以西結**被帶到巴比倫，那時他看見象徵性幻影，是神的四周浮現著動物的樣貌。巴比倫囚虜的時代打造許多「預言書」。

以色列人民雖然歷經各式苦難，但這些都是神給予的試煉，是由於我們自己沒有遵守與神明的契約，所以才遭受懲罰，但是將來一定會被引導前往神明應許之地（回到錫安之地 ☞ P315），因此眾人便有了希望。另外也為了讓大家有個祈禱的地方，而打造了**猶太會堂**。

在巴比倫囚虜時期結束後，雖然重建了耶路撒冷神殿，但是那些在巴比倫囚虜時期染上異國風俗的人們，無法遵守律法。預言者瑪拉基因此預言「耶和華大而可畏之日未到以前，我必差遣先知以利亞到你們那裡去。」（瑪拉基書4：5）

簡單以一句話來說明《舊約聖經》的內容，就是神創造天地→亞當及夏娃犯下人類原罪→猶太（以色列）人不遵守律法→神明降下懲罰→人類悔改→又不遵守律法→懲罰→悔改→又不遵守律法……（以下不斷重複）。1948年，以色列終於建國 ☞ P316，《舊約聖經》中約定好的事情終於達成。

何謂基督教?

×◇×◇×◇×◇×

耶穌原先也是猶太教徒

✱基督教以猶太教為基礎而生的背景

《舊約聖經》與《新約聖經》的不同之處,總結為一句話就是《舊約聖經》為猶太人的歷史、律法及詩篇等;《新約聖經》則是**耶穌**登場及其弟子的活躍、傳教的信件及啟示錄等。《舊約聖經》與《新約聖經》之間大約相隔400年,因此世界也已經大不相同。

在耶穌誕生以前,猶太人的土地是羅馬的一部分,因此他們遭受欺凌。他們的宗教當然是猶太教,而耶穌是出生在這兒的,因此他當然也是猶太教徒。但是耶穌卻批判當時的猶太教,因此才會在猶太人的希望下,使用羅馬法律判決他以十字架刑處死。也就是說,這個時候基督教尚未成立。

耶穌在被釘上十字架前,告知他的弟子,他將在死後3天復活。而在耶穌以十字架處死的3天後,他的遺體卻從墓地消失了。抹大拉的馬利亞表示她見到了耶穌,據說耶穌也出現在其他弟子面前。

耶穌
西元前4年左右~西元30年左右
猶太教徒。他在加利利地方的拿撒勒長大,繼承木工工作。30歲的時候開始傳教,遭到處刑。

約翰(施洗約翰)
「馬太福音」第3章等
猶太人宗教家、預言者,為耶穌施行洗禮。在希律王的女兒要求下遭到處刑。

彼得
生年不明~西元64年左右
加利利湖的漁夫彼得,名字是岩石碎片、石子等意思,耶穌的弟子。據說是第一代羅馬教皇。

馬太
「馬太福音」第9章等
在成為耶穌弟子以前是收稅之人,是否為「馬太福音」作者則無法確定。

✳羅馬帝國與領地猶太的關係

居住在拿撒勒、信仰猶太教的**瑪利亞**得到大天使加百列告知她將懷孕一事。瑪利亞的丈夫是流著大衛 P315 血液的約瑟（但是耶穌是在處女懷胎的情況下出生）。之後瑪利亞與丈夫約瑟前往伯利恆，在借宿的馬廄裡產下耶穌。

前面已經提到，這個時候猶太還是羅馬的從屬國。猶太王希律認為救世主誕生將威脅自己的地位，因此命令眾人要殺害伯利恆附近所有嬰兒。

但千鈞一髮之時，約瑟一家已在天使加百列的警告下逃到了埃及，他們在希律王過世以前都逗留在埃及。希律王過世以後，天使出現在約瑟的夢中告知他這件事情，但是危險尚未遠去，因為希律王之子（亞基老）繼承其父位，仍然統治猶太之地，因此一家人離開**耶路撒冷**，定居於拿撒勒。

在此我們先放下「真的有天使嗎？」這類疑問，確認一下有哪些可用於收集現代資訊的資料。目前為止的說明當中，關鍵字有羅馬帝國、猶太人居住的從屬國、殖民地（帝國主義） P304 、耶路撒冷、天使的名字等。

比較《舊約聖經》與《新約聖經》相當有趣

✳耶穌接受洗禮？他應該是要幫人洗禮吧？

耶穌到了30歲左右，在約旦河的河邊接受**約翰**為他施行洗禮。約翰據說是隸屬於猶太艾賽尼派教（遠離俗世活動），因此耶穌曾經接受過猶太教的洗禮（畢竟此時基督教尚未成立）。

眾人都認為約翰就是**彌賽亞（救世主）**，但他卻否定了，表示將有比自己更優秀的人物出現，而那個人就是耶穌。「馬可福音」當中提到耶穌說：「時候到了，神的國近了，你們應當悔改，相信福音。」（1：15），一般認為這就是傳教活動的開始。

為了要傳達這個福音，耶穌並不在意身分差異，試圖救助位於社會底層的痛苦人們。耶穌實現了零地位差距的共食餐桌（一旦做了這種正確的好事，就要小心上位者很可能會不懷好意，要多加小心）。

耶穌接受過約翰的洗禮以後，在開始傳教之前先去了荒野修行，戰勝惡魔的誘惑之後，於加利利開始傳教。耶穌以「要悔改」與「**神的國近了**」等教誨陸續教化許多弟子，同時也引發了各式各樣的奇蹟（當然，關於「真的有奇蹟嗎？」這個問題也先放在一邊）。

耶穌在加利利湖遇見了當時身為漁夫的**西門（彼得）**與安得烈兩兄弟，西門與安得烈於是放下工作，追隨耶穌。另一位漁夫雅各（西庇太之子）與其兄弟約翰之後也追隨耶穌而去，12位弟子被稱為**十二門徒**。

✳耶穌依循《舊約聖經》所寫的事蹟執行

「馬太福音」的第5～7章被稱為「**登山寶訓**」。

「耶穌看見群眾，就上了山；他坐下之後，門徒來到他跟前，他就開口教訓他們。」之後便開始敘述基督教中有名的教誨。

「心靈貧乏的人有福了，因為天國是他們的。哀痛的人有福了，因為他們必得安慰。」等等慰藉痛苦之人的話語，還有「不可報復」、「積財於天」（為自己積聚財寶在天上）、「不可判斷人」等等各式各樣的教誨，這些都是與大家在這個世上追求幸福相反的內容。

基督教將神平等給予惡人與善人的愛稱為**Agape**（無私的愛），Agape以鄰人愛的形式展現。另外，猶太教當中的「神之國度」是在巴比倫囚虜之後，預言者們期望的民族國家。但是耶穌則將「神之國」視作神統治的國家，據說這就是一切的開始（眾說紛紜）。

耶路撒冷在西元前1000年左右，由以色列第二代國王大衛 P46 定為首都。大衛將刻有摩西十誡 P41 的石板收在「約櫃」當中，並且安置於耶路撒冷城的帳幕之上。

耶穌進入城牆內的情景便是「**入耶路撒冷城**（基督苦難主日）」。在「馬太福音」當中引用了《舊約聖經》中「撒迦利亞書」的一節：「他是溫柔的，他騎著驢，騎的是小驢」（馬太福音21：5、撒迦利亞書9：9）。依《舊約聖經》中的描述，耶穌是騎在小驢上和平進入耶路撒冷的。群眾吼叫著：「『和散那』歸於大衛的子孫（拯救我們）！」（馬太福音21：9）

《舊約聖經》與《新約聖經》之間的呼應也是《聖經》有趣之處。

基督教終於成立

>※※※※※※※※

從原始基督教走向世界宗教

✱最後的晚餐出現在天主教彌撒上

耶穌試圖重整「無差別、平等的神之愛」、「遵守律法的真正意義」，因此造成**猶太教主流派（法利賽派等）**領導者們的反感。

最後的晚餐是非常有名的場景，耶穌和十二門徒一起在桌邊吃飯，據說他知道門徒當中的一人——加略人猶大將背叛自己。另外耶穌也已預知自己將死，因此和弟子們一起享用道別晚餐，他拿起麵包說：「這是我的身體。」舉起盛了葡萄酒的酒杯說：「這杯是用我的血所立的新約，這血是為你們流的。」（路加福音22：19-20）現在**天主教會**也有模仿這段故事的儀式。

猶太的祭司及長老們想將耶穌處死，不過羅馬總督彼拉多認為沒有將耶穌處死的理由，打算釋放他，但是針對彼拉多提出的「你是猶太人的王嗎？」這個疑問，耶穌的回答卻成了問題。

所羅門
西元前1011年左右～前931年
在《舊約聖經》的「列王記」當中登場的古以色列（以色列王國）第3代國王，點綴王國最後的榮華。

以利亞
「列王記」第18章等
預言者。反對眾人崇拜巴力，是耶和華信仰的守護者。在《新約聖經》的「約翰福音」當中也特別提到他。

以西結
西元前6世紀左右
祭司、巴比倫囚虜時代的預言者。告知大家神殿將得以重建及國家的將來，這使眾人在巴比倫囚虜之後得以復興國家。

＊保羅看見了什麼？

耶穌若是「猶太人之王」，那麼他就是**彌賽亞（救世主）**，這對猶太教來說是NG的，因此猶太群眾將耶穌逼上死刑絕路，是猶太人自己將猶太人耶穌送上刑場的。

原先十字架死刑是羅馬人處決其他民族的犯罪者使用的刑罰，耶穌也成了犯罪者（政治犯）而被送上十字架。據說耶穌在十字架上呼喊著：「以利，以利，拉馬撒巴各大尼？」（馬太福音27：46）意思是「我的神，我的神，你為什麼離棄我？」（同時也是《舊約聖經》「詩篇」22：2大衛的話語），耶穌再次大喊後便斷了氣。過了3天以後耶穌復活（疑問暫且放一邊……）在門徒保證下確信耶穌就是彌賽亞（**救世主＝基督**），自此基督教才算成立。

《A.D.: The Bible Continues》是美國在2015年播出的電視連續劇，內容拍攝得非常簡單易懂（**基督新教** P76）。

在耶穌遭到十字架處刑後，一般會覺得基督教應該就只會維持在部分小地區了，但是之後能夠推廣到成為世界性宗教，都是依靠著眾門徒的活躍。

接軌至中世紀基督教哲學

✷大逆轉！保羅讓基督教成為世界宗教

一般認為將基督教推廣為世界宗教之人，是猶太教徒**掃羅（保羅）**。掃羅（希伯來語名）原先是個強烈迫害基督教徒之人，他本人有羅馬市民權，在猶太社會中隸屬富裕階級。

但有一次掃羅卻在前往敘利亞的大馬士革路上，聽見了耶穌的聲音詢問他：「掃羅呀、掃羅，你為何要迫害我呢？」並且掃羅的眼睛在那一瞬間什麼東西都看不見了。耶穌告訴掃羅，只要去大馬士革，應該就能得救了。掃羅在歷經一番痛苦之後，終於在大馬士革與弟子們取得聯繫，結果憑藉神的力量，取下了眼睛裡像是鱗片的東西，視力才得以恢復。

由於這件事情，保羅（希臘文名）就改信基督教，保羅因此受到猶太主流教派迫害，又受到基督教徒的懷疑（畢竟他忽然從猶太教轉信基督教），在逆境當中努力進行傳教活動與撰寫著書。

結果因為保羅充滿使命感，拚命傳道，最終造就基督教成為跨越以色列民族的世界性宗教。其他門徒也大為活躍，而保羅與大部分的門徒都殉教了。在耶穌死後基督教成立起到2世紀左右的基督教，一般被稱為**原始（初期）基督教**。

保羅表示，人類因為有了信仰、悔改、愛神與你的鄰人，就能夠獲得救贖。

✳與希臘哲學融合的教父哲學及經院哲學

但一般人會心想，救世主耶穌為何會被判死刑呢？神變身（**道成肉身**）為耶穌，而死刑便是他代替全人類**贖罪**的意思，這樣應該就將《舊約聖經》當中亞當與夏娃犯下的原罪一筆勾消了。

之後基督教雖然受到各式各樣的迫害，但仍然繼續拓展其勢力，到了4世紀末的時候成了羅馬國教。羅馬帝國原先是最為迫害基督教的國家，因此這實在是個大逆轉。另外有一些被稱為教父的人，受到柏拉圖哲學為主的希臘哲學影響，建立起了神學（**教父哲學**）。

在3～6世紀時，擷取了柏拉圖哲學的新柏拉圖學派 ☞ P34 也帶來影響。

希波的奧古斯丁表示「聖父、聖子、聖靈」的實體為同一，確立教義中的**三位一體**。希波的奧古斯丁為神的絕對性與天主教會的權威打下基礎，天主教會的「Catholica」便是來自希臘文的「普遍性」。

進入中世紀以後，西歐整體都在羅馬天主教會的支配之下，因此羅馬天主教的教義，也經由哲學讓體系更加完備（「哲學為神學之僕」）。由於大家在教會或修道院附屬的學校（經院）傳授及學習這套學問，因此被稱為**經院哲學**（經院Schola也是學校School的語源）。

經院哲學者托瑪斯・阿奎那為了尋求信仰與理性之調和，因此試圖以亞里斯多德哲學 ☞ P26 來有體系地說明基督教信仰，此時也提出了哲學史上最重要的**神之存在證明** ☞ P245，以理性從邏輯上證明神的存在。另外，他也提倡法律根本為**自然法**。

伊斯蘭教基礎知識

✖✖✖✖✖✖✖✖

伊斯蘭教為中東情勢必備知識

✳伊斯蘭教是激進宗教嗎？

「惡夢911」是一起恐怖攻擊事件，針對的是位於紐約曼哈頓、象徵美國繁榮與力量的世界貿易中心。最近伊斯蘭國又發生事件了，應該會有人因為這些資訊，就判斷伊斯蘭教非常危險，有特定理念是非常危險的（雖然這也是一種哲學見解）。

確實在《可蘭（古蘭）經》當中有提到，對於迫害者「你們遇見的當下就要殺死他們」（2：191），因此光就這點來看，確實很容易馬上認為他們是非常激進的宗教。但是經上還寫著這樣的條文，「唯不可踰矩挑釁，神是不會愛踰矩之人的。」（2：190）。

神竟然要人「不可踰矩」，實在是個溫柔的宗教。伊斯蘭教以阿拉伯半島為中心，現今約有16億信徒，與基督教及佛教並列為世界性宗教。

先將善惡判斷放在一邊，要明白新聞內容，就不可欠缺關於伊斯蘭教的知識，尤其這在巴勒斯坦紛爭 ☞ P314 當中非常重要。

穆罕默德
570年左右～632年

被認為是伊斯蘭教創教者，政治家、軍事指導者。穆罕默德在阿拉伯文當中是「讚賞」、「嘉許」的意思，出身於阿拉伯半島中西部、支配中心都市麥加的部族古萊什名門哈希姆家族，是最好也是最後一位預言者。

✳在遊戲和動畫當中都非常有名的「大天使加百列（吉布利爾）」！

　　簡單將伊斯蘭教比喻為電影大作的話，設定上第一部就是「猶太教」、續集是「基督教」，完結篇則是「伊斯蘭教」，因此如果不先看第一部和第二部，就會看不懂完結篇。

　　伊斯蘭教的起源，是出生於阿拉伯半島麥加的**穆罕默德**受到神的啟發。穆罕默德是位商人，他在40歲左右於**麥加**近郊的山洞當中進行冥想，此時天使加百列（吉布利爾）告知：「你最好快點起來。」他因而得以接收唯一神明阿拉的啟示。穆罕默德一開始也不相信，但據說他找妻子商量這件事情，在妻子的鼓勵下才動了念頭。穆罕默德確信自己就是接收了神之話語的預言者 ☞ P47 ，提倡絕對皈依唯一神明、神的面前眾人平等。

　　由於阿拉是全知全能的創造主，因此祂創造出宇宙萬物，且規範了自然秩序與人類應該遵守的規範。伊斯蘭就意味著「皈依」，伊斯蘭教認為神明會隨著時間流逝，傳達一連串的啟示給人類。基督教認為猶太教的預言者提出將有彌賽亞（救世主）出現，而神之子耶穌正是彌賽亞，為全人類贖罪 ☞ P55 ，但是伊斯蘭教並不承認這個故事。

斷食經常上新聞，非常重要

✳耶穌恢復為人類？！

伊斯蘭教認為耶穌並非彌賽亞，只是一位預言者（也就是說，定位上比基督教當中低），當然他也不是神。

在《可蘭經》當中，亞當、諾亞、亞伯拉罕、摩西、耶穌都是預言者，而穆罕默德則是最好且為**最後一位預言者**。

猶太教的經典為《舊約聖經》；基督教的典籍為《舊約聖經》與《新約聖經》；伊斯蘭教則以《舊約聖經》中的「摩西五書」、「詩篇」以及《新約聖經》中的「福音書」，還有《可蘭經》作為神聖典籍。也就是說，在伊斯蘭教眼裡，猶太教和基督教都是失敗的宗教，此時才終於出現伊斯蘭的**信仰共同體（烏瑪）**。

由於有這樣的想法差異，加上又有領土之爭，才造成了今日的各類紛爭。伊斯蘭信仰的規範是相信①真主（阿拉）、②天使、③經典、④先知、⑤末日、⑥前定這「**六信**」。

阿拉是世界的創造神，是絕對的真主。神也是**最後審判**日的主宰者，祂將原諒悔改之人，並使未悔改之人下地獄。天使是阿拉由光創造出來的靈性存在（介於阿拉與人類之間）。另一方面，和天使敵對的則是曬衣陀乃（撒旦）。

畢竟這是源自於猶太教及基督教而來的宗教，因此也有許多相通的部分。神的唯一性、絕對性、天使與惡魔、最後審判、天國與地獄等都是共通的。

❋政教合一的伊斯蘭教

伊斯蘭教徒除了六信以外，還有五件事情是必須經常執行的（**五功**）。

①念功（Shahada）：除阿拉外再沒有其他神明，而穆罕默德則為其使徒。

②拜功（Salat）：每天禮拜神明5次。

③齋功（Saum）：在伊斯蘭曆9月的齋戒月時，從日出斷食至日落。

④課功（Sakat）：將一定比例的財產喜捨給貧窮之人。

⑤朝功（Hajj）：如果行有餘力，一生中至少要前往聖地麥加朝聖一次。

禮拜的時間是黎明（日出前）、正午、下午、日落、半夜，每天總共5次，一定要向神明祈禱。一連串的禮拜動作稱為「一拜（Rakat）」，黎明要做2次一拜；正午和下午及半夜要做4次；日落則固定做3次。**齋戒月**經常出現在新聞當中。於齋戒月的30天內，要從日出斷食至日落，晚上則可以飲食。課功是一種救貧稅，是為了縮小貧富差距打造的社會政策。

《可蘭經》當中提到：「諸君於齋戒月時，家中所有人皆應斷食，但若恰逢疾病或旅行中，擇他日齋戒相同天數即可。」神甚至還告訴大家可以補齋，真是太親切了。另外，朝功也是手頭有多的錢、肉體上沒有不便再去即可，實在非常寬容。

如此一來便能明白，伊斯蘭世界的宗教與政治是一體雙面，了解有這樣**政教合一**的社會，對於解讀現代國際社會也將有所幫助。

印度哲學與瑜伽

※※※※※※※※

給熱瑜伽運動者的印度哲學

✷以奧義書哲學、瑜伽思想讓自己變得更有活力

在亞洲思想當中，**輪迴思想**對於現代的我們也有著重大影響（西洋方面，畢達哥拉斯教團等團體也具備輪迴思想）。

在古印度的奧義書哲學當中認為人類的魂魄永遠不滅，出生之後會死亡、死亡之後又會重生，不斷持續輪迴。但是我們並不知道魂魄會以何種姿態降生，也就是說，雖然現在是人類，但來世會是牛或豬、青蛙還是蟑螂，是無法預料的。

要脫離這個輪迴的方式，就是瑜伽。

《梨俱吠陀》是印度最古老的文獻（西元前1200年～前1000年左右寫成），內容是集結讚美眾神的話語，另外還有各式各樣的《吠陀經》。而在《吠陀經》延長線上的正是《本集（Saṃhitā）》、《梵書（Brāhmaṇa）》、《森林書（Āraṇyaka）》、《奧義書（Upaniṣad）》等。《奧義書》是紀錄了神祕哲學論點的神聖典籍。

《吠陀經》
意指西元前1200年左右到西元前500年左右，在印度當地編撰的文獻整體，包含本集、真言、梵書、森林書、奧義書等。

哈他瑜伽
哈他瑜伽據說是印度教聖人郭拉洽打造的，以手印及調息法為主，在現代是頗受歡迎的運動。

✳這本神聖典籍中寫著脫離輪迴的方式

輪迴有點像是電車的環狀線，會不斷轉圈圈，真希望能夠從人生的環狀線下車啊。從新宿搭上山手線，實在不希望發生睡過頭結果又回到了新宿這種蠢事。

那麼該如何是好？雖然身為乘客，會無法感受到繞圈圈有何意義，但如果是環狀線的司機，就能夠與車輛合為一體，痛苦自然也會消失（這只是舉例）。

魂魄會永無止盡重生，因此就算死亡，魂魄也不會消失。別說是死亡也不會消失了，根本永遠不會消失。這個魂魄被稱為我（Ātman）。由於我是實體，因此會不斷重複輪迴。另一方面，梵（bráhman）則是宇宙原理，因此自己雖然會以我的身分輪迴，但只要能夠認知原本的自己是梵，那麼就有解脫的可能。

達到梵（bráhman）與我（Ātman）為同一物的境界，就稱為梵我一如，而要能夠體會梵我一如的修行方式正是「瑜伽」。「靜止5種知覺器官與意識，知覺完全沒有動靜的時候，眾人將此視為最高的境界。」（引用《奧義書》），也就是以「心之死亡」為目標。

殺死心靈是多麼厲害的修行

※瑜伽會有各種姿勢的理由

「當心靈作用死亡的時候，身為純粹觀照者的真我就會靜止於自我原本的狀態。」（引用《瑜伽經》）總是在人前出頭、事到臨頭又心情動搖、性急而容易怒吼等煩惱，似乎都能用瑜伽來緩和。

瑜伽會藉由體位（Āsana）來淨化身體，同時必須冥想。冥想是以打坐的方式來進行，可以選擇將兩腳交互放在大腿上的「跏趺坐」等坐法，這是蘋果的創立者史蒂芬・賈伯斯 P350 也採用的打坐方式。賈伯斯從年輕時就喜歡打禪，也曾經想到日本，但最後還是拜附近的日本人為師修行。看來冥想似乎蘊藏著能夠催生嶄新構想的祕密呢。

如果擺出跏趺坐姿會造成腰腳疼痛，那麼也可以不用坐得如此拘謹，這個時候要將心靈集中在丹田（肚臍附近），緩緩縮腹部，將氣息吐出。

停止1～2秒之後鬆弛緊張感，再從鼻子自然吸氣。接下來一邊擴張自己的胸口，讓空氣充滿整個胸膛（從胸部的下方往上），等到胸膛上方也充滿空氣以後，再停止1～2秒，緩緩將氣吐出。

這種修行方式逐漸高度化，開發**脈輪**以後，就能夠明白我與梵是終極相同之物，如此便能進入梵我一如的體悟境界。

✳開發脈輪非常危險？

更高等的修行方式有**哈他瑜伽**，這種瑜伽無法自己進行，務必要接受老師（上師）的指導，否則非常危險。

相對於古典瑜伽，「哈他瑜伽」當中似乎有神祕的教誨。「哈他瑜伽」修行法對於佛教的禪及密宗應該都影響重大。雖然由於奧姆真理教事件，大家對於「脈輪」、「空中飄浮」等印象變得非常糟，但這原先是古印度的「哈他瑜伽」會進行的修行，原本並不是什麼危險的思想。自從該事件以來，導致大家似乎對這些深具歷史的神聖教誨產生誤解。奧姆這個真言（咒文）也是廣泛使用的神聖發音。

脈輪理論當中提到，人體有7個能源中樞（也有些流派認為是5個或6個），依序是下腹部、肚臍附近、心窩、胸口、喉頭、眉間、頭頂。名為**昆達里尼**的潛在性宇宙能量沉眠在尾椎當中，會沿著存在於脊椎的靈性通路中脈向上，這7個脈輪就會清醒。

昆達里尼的能量最後會抵達男神濕婆所鎮壓的頭頂的頂輪，就能夠得到完全的解脫。據說就是昆達里尼上升時的能量，造成了空中飄浮。為了要達到這種程度，就必須要淨化身心，而修行的方法之一就是執行各式各樣的體位。

如果靈性通道中脈彎曲（也就是脊椎骨不直），那麼昆達里尼就無法上升，因此必須要好好做出「蚱蜢式」和「貓式」才行。

原始佛教教義

※※※※※※※※

要「無我」相當困難的佛教

※人生一切皆苦無可奈何……

喬達摩・悉達多（釋迦）是居住於目前尼泊爾領地的釋迦族王子，因為他是王子，因此他能夠過著自由自在的安樂生活，但由於某個機會，他開始煩惱起人類生老病死的痛苦。

佛教認為「人生就是痛苦（一切皆苦）」，並不是偶爾痛苦，而是人生本身就是痛苦，也就是所謂的「四苦八苦」。

除了生老病死四苦以外，另外加上愛別離苦（與所愛之人分別的痛苦）、怨憎會苦（與厭惡憎恨之人見面）、求不得苦（無法得到所求之物）、五陰盛苦（人類的肉體與精神無法隨心所欲），這即是所謂**四苦八苦**。

釋迦牟尼在29歲的時候，為了克服這些煩惱而出家。但是他花了6年苦行，仍然無法得到安逸，於是他放棄苦行，透過在菩提樹下坐禪的方式，終於理解世界終極真理（法，dharma達摩）而感到清醒（成為覺悟者＝**佛陀**）。

釋迦（釋迦牟尼）
西元前463年左右～
前383年左右

佛教創始者，姓釋迦名悉達多，16歲的時候結婚，也生了兒子，但29歲的時候下定決心出家。修行之後於35歲左右在菩提伽耶的菩提樹下開悟，成為buddha（佛陀；覺悟者），80歲時亡逝。

✷佛教否定我（Ātman）

我們似乎是憑藉自己的力量獨力生存的，但實際上會發現，我們是被一個由原因及結果編織起來的布料般的世界包裹起來。

佛教當中認為所有的東西都不是獨自存在，而是相互依存的，這被稱為**緣起**。

在佛教經典當中是這樣說明緣起的。「有因有緣集世間，有因有緣世間集；有因有緣滅世間，有因有緣世間滅。」（引用《阿含經》）

這個世界是由無數的事件組合之後產生各種變化，也就是諸行無常。由緣起這個想法，就能明白世間沒有常態之物，經常會一直變化，這樣一來，就能夠接受世界上並不存在恆常不變的事物。

在奧義書的哲學當中，主張實體的我（Ātman）☞P61 會進行輪迴，但是從緣起的思想來看，這是件非常奇怪的事情，畢竟所有事物相互依存，因此獨立的實體也就是我（Ātman）的存在就變得矛盾。

因此佛教其實否定了奧義書哲學當中提到的「我」（Ātman），這個思想就是**諸法無我**。

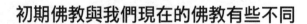

初期佛教與我們現在的佛教有些不同

❋「我」只不過是一種集合體，並不存在？

我們通常認為「我」是一種不變的存在，去便利商店買東西的我、吃東西的我、玩遊戲的我等等⋯⋯

一般認為就算這個世界有所變化，這些所謂的「我」，也能夠保有同一性。但是依照佛教的說法，這個「我」並不存在（**無我**，不具實體），接下來的理論有些難以理解。

舉例來說，以「正在吃拉麵的我」來思考一下。以奧義書的說法看來，「我」是與其他東西不具相互依存關係的獨立「**實體**」。這樣一來，由於沒有相互依存的關係，那就不能吃拉麵了。但是以緣起的思考來說，由於「諸法無我」，因此正在吃拉麵的我其實並不存在。但就算說「你並不存在」，也還是會覺得自己是存在的呀。

因此佛教認為「我」是由各式各樣條件集合而成的，認為自己有實體只不過是一種錯覺。真正存在的並非「名為『我』的實體」，而是因各式各樣刺激而產生反應聚集在一起，身為集合體的「我」。由於煩惱、執著的向心力，聚集成一個團塊的東西就是我。

佛教將打造人類的要素稱為**五蘊**，五蘊是指色（＝肉體）、受（＝感覺）、想（＝想像）、行（＝心的作用）、識（＝意識）。由於有五蘊這些要素才是我，因此永恆不變的我並不存在，正因如此才會說是「無我」。

✳我們會瞬間死亡？

將今天的我和明天的我相連在一起的，並不是「我」這個實體，而是對於物品的執著。因此，只要消去執著，「我」就會消失，也能夠逃離永遠的苦惱。

佛教認為就連自己其實也不屬於自己，既然不能擁有自己，那麼自然也無法擁有其他人事物。沒有任何事物可以脫離這個法則（達摩），我們也只是在此瞬間中流逝。

佛陀認為修行不應該處在快樂或苦行的兩頭極端，提倡應該要取得平衡，行於中道。而實踐中道的方法為四諦及八正道，使用這個方式便能夠獲得開悟。

佛教當中有如路標的教誨便是四諦（苦諦、集諦、滅諦、道諦）。首先要明白「人生就是苦痛」這個真理（苦諦），然後明瞭「痛苦的原因在於煩惱」這個真理（集諦）。

所謂苦痛，就是由於在這個不斷變化（無常）的世界當中有欲望，生存時又過於堅持欲望造成的，發現這個真理這件事情本身非常重要。因此可以明白，「若是消滅煩惱，便能夠消滅痛苦」這個真理（滅諦），也就是說，只要欲望消失，痛苦也會消失。而「修行的方法就是中道＝**正八道**」，這件事情正是第4個真理（道諦）。

佛陀表示只要能夠領悟此一無常、無我之法，斷絕我執，就能夠達到煩惱之火消滅的涅槃狀態，進入清靜而平安的解脫境界（涅槃寂靜）。想來難度最高的果然還是「無我」吧。如果只憑理論來思考，實在難以理解，但若進入深沉的冥想（禪定），或許就能恍然大悟。

影響日本甚深的大乘佛教

>>>∞∞∞∞∞

大乘佛教改變人生

❋大乘佛教的終極思想為「空」

佛陀死後的佛教教團，弟子們打造出教誨（經典）及戒律並遵守著，但是佛教教團內部卻發生意見對立，分裂為保守派的上座部與積極派的大眾部。

之後前者成為**小乘佛教**，後者則發展為**大乘佛教**。小乘佛教的特徵是出家主義，在小乘佛教當中認為無論花費多少精力修行，縱然可以成為阿羅漢（獲得最高領悟者），也無法成為佛陀。

大乘佛教能夠有飛躍式的進展，理由在於「**空**」這個思想。提倡空之思想的有大乘佛教的《大般若經》等典籍，當中精華部分的經文《般若心經》，日本人也非常熟悉。

竭力發展「空」這個思想的，是一位名為**龍樹**（那嘎呵朱訥）的人，那麼「空」究竟是什麼呢？

龍樹
150年左右～250年左右
音譯名為那嘎呵朱訥，出身南印度，設置僧院，研究大眾部、上座部、說一切有部及大乘經典。著作有《中論》、《大智度論》等。

阿僧伽、婆藪盤豆
4～5世紀左右
阿僧伽（無著）、婆藪盤豆（世親），印度佛教唯識學派學者兄弟，屬於瑜伽行派，與中觀學派同為印度大乘佛教中心。

空海（弘法大師）
774年～835年
真言宗創始者，出身四國的讚岐，804年至唐朝中國，建立高野山金剛峯寺，並由嵯峨天皇賞賜東寺。著作有《三教指歸》、《性靈集》等。

阿賴耶識

朝那兒去…

努力潛努力潛努力潛

✳由名為空的廣大觀點看世界

　　龍樹站在**空**的立場批判「說一切有部」，提出「空的思想」。所有物質皆因緣起之法，由各式各樣原因結果的網目造就其存在 ☞ P65。因此，物質並非固定、永久存在的東西。

　　物質並沒有本質，也就是《般若心經》當中提出的色即是空＝「物質乃為空」。另外空不異色則解釋為「物質由於空而得以存在」（有一說認為《般若心經》是中國人士撰寫的，但其中心思想的確是空）。

　　由於緣起顯示出相互依存的關係，自然本質與實體都是不存在的。龍樹認為這表示「無自性」，解釋說這就是「空」。雖然「空」並非「無」，但畢竟是一種否定的方式，不過若從這個觀點來思考「有」什麼，那可就錯了。

　　當時小乘佛教的學派當中有一派是「**說一切有部**」，此學派傾向於存在論，立場是一切東西都保有其自體具備的特性。

　　存在於這個世界的所有東西，都會由於緣起之法形成又消滅，因此並無永遠不變的實體（**無自性**）。這個「空」的思想正是大乘佛教的中心教誨。

大乘佛教改變人生

❊果然世界是虛擬的？

龍樹以這個「空」的思想提出任何人都能夠得到解脫，成為佛陀（在初期佛教當中，佛陀只有釋迦一個人）。任何人都具備「佛性」這個理論根據就在於「空」。

大乘佛教也有各式各樣的流派，當中最具魅力的就是**唯識思想**，這是由阿僧伽（無著）、婆藪盤豆（世親）兩兄弟提出的。

他們積極發展「空」的思想，並且提出「所有存在都是由人類的心靈、精神作用產生的表面現象」這個「**唯識**」思想。也就是大家很熟悉的，世界乃為虛擬的哲學理論。應該可以將其拿來與柏拉圖的理型論 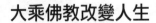 P24 或者經驗主義哲學 P86 稍加比較一下。

追尋意識會發現終極源頭「**阿賴耶識**」，這是衍生出所有現象的心靈根本作業。

也就是說，人類只要能夠領悟到那些被「阿賴耶識」產生的虛擬世界捕捉的一切事物都是心靈的作用，就能夠脫離迷惘的世界。

我們為何在生死輪迴當中反覆呢？針對這個問題，佛教認為自我存在是一種結果，而決定存在品質的是業（行為）。

但問題在於「是什麼在輪迴？」既然無我（沒有實體），那麼是誰在輪迴呢？如果不是「我」，那麼主體是什麼呢？

✳這就是終極佛教哲學「唯識思想」

佛教對於這個問題的思索邁向更深一步，有幾個流派開始假設**輪迴的主體**，而追究「輪迴主體」頂點發現的便是阿賴耶識。

婆藪盤豆（世親）說明阿賴耶識為「初阿賴耶識，異熟一切種」（引用《唯識三十頌》），「異熟」指的是「相異而熟成之物」。由於前世（或現世）的業造成的原因，及現世（又或是來世）產生的果，那些是所謂的自我存在，而自我存在的根本即是阿賴耶識。

舉例來說，電影《駭客任務》 ☞ P25 當中，電腦伺服器的資訊就是「阿賴耶識」。這在之後會接軌到密宗思想，如果這世界的一切都是虛擬的，那麼只要改變基礎的程式，現象世界就會產生變化。

最早將密宗傳入日本的是平安時代的空海（弘法大師），而**密宗**能夠實現貴族的現世利益需求。具體的優點是進入深沉的冥想狀態以後，就能夠連線「阿賴耶識」裡的資訊。這樣的概念發展為，若是將伺服器設定為現世利益需要的願望，就會化為現象出現（也就是願望會實現）。為了要能夠更容易連上「阿賴耶識」，密宗也策劃出各種方法。比方說冥想之後入定、朗誦經文、唱誦咒文（真言）、描繪曼荼羅、焚燒護摩等修行。

現代自我啟發的領域當中會將這些方法簡略化，並且為了能夠以科學方式活用而將其有系統地統整起來。屬靈的「吸引力法則」似乎也是相關連的。

3

近代哲學

第3章介紹的是文藝復興時期的思想與近代哲學。不管是文藝復興或者近代哲學，都擷取與第4章有關連之處，以及對於身在現代的我們，在思考上能夠有所幫助的項目。但還是會有些部分，可能讓人覺得「真是搞不懂」。

為了讓大家了解近代哲學究竟在說些什麼，在這裡先稍微統整一下大致上的走向（即使如此仍然搞不懂也是正常的）。

近代哲學者雖然一路承襲過往的哲學，但由於「理性」而從零開始，試圖尋求有著如數學般具備整合性的哲學。最一開始是笛卡兒，他懷疑所有的事情，將無法懷疑的哲學第一原理作為基礎，建立起演繹性質的各種學問。

之後則有斯賓諾沙及萊布尼茲繼續推演這樣的思考方式，於是形成了「歐洲理性主義」的思想潮流。以一句話來表現歐洲理性主義哲學，那麼就是只要在房間裡低頭沉思，就能夠完全明白宇宙盡頭、宇宙架構、原子等級的微小世界、神的存在以及靈魂的存在等。

也許你會認為這實在太愚蠢了，但由於人類具備高度理性，因此使用理性來作邏輯性思考吧。現代的理論物理學者使用數學建構假說模型，因此這些理性主義論者的態度，也並非怪事。

近代哲學是人類與科學的橋梁，用這個思考方式抱持偉大夢想活下去！

不過以歐洲理性主義來說，由於他們提出的理論過於極端，因此很容易陷入有兩個理論並行而不知道何者正確的二律背反情況。另一方面，洛克、柏克萊、休謨等人則較為重視經驗，並不會像理性主義那樣將邏輯推演到宇宙盡頭去。他們採取慎重的態度，認為思考自己沒有經歷過的事情並無用處，這就是英國的經驗主義。

如此一來，由於經驗會隨當時情況有所改變，因此會經常懷疑經驗本身（現在發生的事情，明天不一定會發生）。一個懷疑會引發下一個，因此陷入了懷疑論，開始懷疑起這個世界的存在及本人的存在。以一句話來說，就是落入「無法相信物理法則，也無法相信自己的心靈」。

此時康德出現了，他提出的是「純粹理性批判」，畫出了一條界線來區分人類能夠理解世界到何等程度，以及何等程度是無法理解，而無法理解的領域則是「物體自身」。

不過之後會走向德國唯心主義，將「物體自身」抹消。在黑格爾哲學當中認為仰賴理性力量，就能夠以辯證法的方式來理解世界整體（眾說紛紜）。如此一來，終於演變為哲學、自然科學、政治經濟學、法學、倫理學等五花八門的領域，都被涵蓋在哲學體系之下。

文藝復興與宗教改革

×××××××××××

人文思想與反彈天主教

❋嶄新的思考方式：人類有自由意志

文藝復興源於14世紀，最初興起於十字軍東征之後仰賴對東方貿易而開始繁榮的北義大利自治都市，之後逐漸擴展到歐洲各地。

文藝復興這個詞在義大利文當中原先指的是重生，代表著復興希臘羅馬文化。在文藝復興運動中誕生的知名藝術家有李奧納多·達文西及米開朗基羅等人。

思想上則開始推演**人文主義**，這是透過研究柏拉圖 ☞ P22 的著作等古典書籍，來探究嶄新的人類存在方式。

此時再次出現的是「新柏拉圖學派」☞ P34 。義大利文藝復興的人文主義者喬瓦尼·皮科·德拉·米蘭多拉非常強調人類的自由意志，他除了新柏拉圖學派以外，也徹底研習猶太教神祕教義卡巴拉，因此認為能夠以基督教神學的奧祕，來更加深入了解人類。皮科的思想開啟了人類中心主義（人文主義）思想。

李奧納多·達文西	**喬瓦尼·皮科·德拉·米蘭多拉**	**馬丁·路德**	**約翰·喀爾文**
1452年～1519年	1463年～1494年	1483年～1546年	1509年～1564年
義大利文藝復興時期最具代表性的藝術家，在音樂、建築、數學及物理學等多方領域中都留下成果。	義大利文藝復興時期的哲學者、人文學者，31歲過世，著作有《論人的尊嚴》。	德國神學者、教授、神職人員，立場是「信徒皆祭司」、「信仰唯一」。	法國出身的神學者，以瑞士為中心形成喀爾文主義流派，著作有《基督教要義》。

✳路得的宗教改革與活版印刷術推廣了聖經

馬丁・路德是德國的修道士，他在德國威登堡大學教授神學及哲學，但他似乎不是很能接受經院哲學。有一次，他發現了聖經的「保羅書信」當中寫著：人並非由於自己的行為，而是「因信（仰）稱義」的。

1517年10月31日，他發表了「九十五條論綱」來攻擊羅馬天主教會發行贖罪狀的惡習。路德的論綱傳遍德國各地，有許多人支持他，包括先前被教皇廳壓榨而起了反抗之心的諸侯與市民，還有遭受領主壓榨的農民等。1521年，神聖羅馬帝國皇帝查理五世在沃姆斯的帝國會議當中召來路德，要求他取消自己的論點。

但是路德表示「無法認同聖經上沒有提到的事情」，不願意撤銷自己的論點，因此被教皇逐出教會。路德之後完成了《新約聖經》的德文翻譯版，這樣一來就能夠讓民眾直接接觸基督教的教誨。此時**活版印刷** P204 使得印刷刊物這種媒體傳播技術也發揮了相當大的效果。另外，一般認為神職人員是不結婚的，但是路德和許多修道者們卻幹旋起結婚一事。

現代美國大型教堂超誇張！

✳為了離婚而特地改革國家宗教？

　　法國人約翰・喀爾文對路德提出的內容深表同感，因此也試著推動基督教的宗教改革，卻因為遭受迫害而流亡至瑞士的巴塞爾。他強調神的絕對性，提出人類是否能夠獲得救贖，是神事前就決定好的「（救贖）預選說」。雖然預選說認為勞動無法成為救贖條件，卻表示肯定會有救贖。他將職業勞動認定為展現「**神之榮光**」的方式，因此受到工商業階層的支持。

　　20世紀初期的德國社會學者馬克斯・韋伯提出《新教倫理與資本主義精神》，認為預選說能夠成立資本主義社會。喀爾文主義則在16世紀後半於法國、蘇格蘭、英國（英格蘭）等地拓展開來，與德國及北歐各國勢力較大的路德派並駕齊驅，成為較有力的英國教派。他們新教徒（**基督新教**）不承認羅馬教皇的權威，並且否定神職人員的特權（信徒皆祭司）。

　　英國的宗教改革就在國王亨利八世（1491～1547）麾下開始進行。亨利八世原先並非路德派的支持者，會改革是由於他向教皇克萊孟七世提出希望能與皇后凱瑟琳取消婚姻關係。

　　羅馬天主教會並不認可離婚，因此他的請求被退回，於是他在1534年時封自己為「英國教會在世間唯一最高權威」，確定自羅馬教會獨立成為國民教會，這就是**英國國教**成立的理由。

✳幫助理解現代新聞：天主教與新教的不同

16世紀的英國國教，主要依循喀爾文的宗教改革，但走向更加徹底改革方向的人被稱為**清教徒**。

1620年搭乘著「五月花號」，從英國渡海前往美洲大陸的「朝聖先輩」，之後打造了浸信宗教會。

羅馬天主教會與**基督新教教會**的不同之處細節很多，我們就稍加比較一下。相對於天主教會的禮拜是以彌撒在內的典禮為主，基督新教教會則以朗讀聖經及說教為重。天主教的神職人員名為「神父」，而基督新教則是信徒當中會有一位「牧師」來指導大家。「神父」不能結婚，但是「牧師」可以結婚生子、擁有家庭。基督新教的特徵是有女性牧師。

另外，天主教有聖人信仰，因此會賦予信徒**洗禮名**（教名），但基督新教並不會賜予聖人教名，他們不會崇拜聖人，也不信仰瑪利亞。天主教會的禮拜以彌撒為主，雖然每天都會進行，但是星期天的彌撒特別重要，而基督新教的教會則一般都在星期日舉辦禮拜活動。

另外，天主教有**修道院**，會過著修道生活，但是基督新教則沒有修道生活的習慣。

以祈禱方式來說，天主教會口念「以聖父聖子聖靈之名」，然後以手從額頭往胸口、左肩至右肩畫出一個十字形狀，但在基督新教當中就不太會這麼做。現代美國的基督新教大型教堂當中，信徒會在宏偉的廳堂裡單手高舉聖經，讚揚神的榮光。在網站上、Facebook、Podcast、Twitter等，都能觀看牧師傳道或者福音演唱會，網路上販售相關商品的活動也非常興盛。

近代哲學之父笛卡兒

×××××××××

「我思故我在」究竟是什麼？

✳尋找無可懷疑，絕對確實的真理

笛卡兒是數學家也是哲學者，因此他使用數學方法，想讓哲學變得更加嚴密。笛卡兒的理想是以絕對確實的原理為基礎，建構一個具備**演繹性**的體系。

要打造嚴密的哲學體系，首先必須以絕對確實的原理作為出發點。為了要找出絕對確實的事物，刻意強化所有懷疑。

而無論再怎麼懷疑下去都無法質疑的事物，那就是確實無誤的。懷疑並不是目的，而是為了找到真理，慎重再慎重的一種思考方式，這被稱為**方法論懷疑**。

笛卡兒首先排除了感覺能夠認知的所有事物，因為感覺非常容易出錯，接著他開始懷疑「我在房間裡」這個任誰也不會提出質疑的事實。當我們在作夢的時候，大部分的情況都不會發現那是在夢境當中，這樣一來，認為自己身處房間當中乃是現實的這個世界，也可能是在夢裡。

勒內・笛卡兒
1596年～1650年

出生於法國的哲學者、數學家，被視為近代哲學之祖，認為「世界就是一本大書」而投身旅遊遍歷世界。他將哲學整體比喻為一棵樹木，根部是形而上學、樹幹是自然學、樹枝則是各式各樣的學問。他也曾為瑞典女王克莉絲汀娜授課。

夢見我在作夢…

✳即使一切都是夢幻泡影，「我存在」這件事情仍是確實無誤

笛卡兒徹底懷疑所有事物，就連2＋3＝5這類數學真理也加以懷疑。因為他認為，計算的時候很可能有某種力量介入，讓計算者認為是那樣的結果。懷疑到這種地步，恐怕確實無誤的東西是一點也不剩了。

也就是說，很可能一切都是虛擬現實或者是妄想，甚至連數學都可能只是一種錯覺罷了。也許大家會覺得這太愚蠢了，但相反地若要證明這個世界並非虛擬現實或妄想、數學絕對正確，反而是非常困難的事情。

但是無論如何懷疑下去，只有一件事情是絕對不可動搖、毫無懷疑地步的，正是「我在懷疑事情」這個事實。無論如何自己都無法質疑這件事情，只要想到「我正在懷疑嗎？」那麼正在懷疑的概念就非常明確。

「當我思考一切都是假的，如此思考的我必然得是某種存在，因此『我思故我在』這個真理……我認為這個真理就是我所追求的哲學第一原理，並且判斷自己應該能夠安心接受這件事情……」（引用《談談方法》）

物體會進行機械運動

✻主觀與客觀要如何一致

「思考的我」是精神本身，不管指向「思考的我」的何處，都只能點出「思考」這件事情。這樣一來，「思考的我」應該是不仰仗其他東西、獨立的實體。

思考的我（精神）與肉體（物體）具有完全相異的性質，由這樣的觀點，笛卡兒得到了精神與物體是不同實體的結論（**心物二元論**）。精神和物體雖然都是實體，但是精神的屬性（本質）是思惟性質，而物體的屬性（本質）乃是延長（占據空間），因此可以了解兩者為完全不同次元的存在（但是這又產生了心物問題 ☞ P164，笛卡兒在這方面也花了很多心力）。

此處衍生出一個非常困難的問題，就是如何才能主觀但又正確捕捉位於外界的物體（也就是主觀如何才能夠與客觀一致）。因為本理論是精神與物體的二元論（兩者為各自獨立的實體），因此需要連接這兩者的基礎。

笛卡兒於是使用邏輯來**證明神的存在**。由於有神的存在，主觀和客觀便能達到一致。這個神是宇宙原理神明。神的觀念當中包含「**誠實**」，不「誠實」的神會造成矛盾，如此一來就能確保人類的理性無可懷疑，人類對於世間有著正確的認知，因此科學判斷也是正確的。

繼續懷疑下去，就會覺得眼前的寶特瓶是否為幻覺，或者只是虛擬的，而笛卡兒藉由證明神的存在，保證了主觀能夠命中客觀。

❋科學就此進步！

接著笛卡兒認為，精神的屬性乃是思惟，因此認同其有自發性及自由，但針對物體動作，他則以極為徹底的機械論與決定論來說明。

在笛卡兒之前，由於受到亞里斯多德、基督教哲學的影響，人類對於物體及精神的界線認知非常模糊，但是笛卡兒卻將它們一刀兩斷。他表示物體的本質是幾何學上規範的三次元分量延長（也就是占據空間），延長是一種可以無限分割的連續體，而由於物體占據空間，因此真空並不存在。

也就是說，這個世界被填滿，不存在一點空隙，就連精神也是塞不進來的，因此並沒有幽靈之類的東西存在。笛卡兒將物體上的精神要素完全排除掉，確立一個機械性的世界觀。

相對於亞里斯多德、基督教哲學採用目的論世界觀，笛卡兒的看法被稱為**機械論世界觀**。由於笛卡兒認為物體的本質是延長，因此並不具有自己運動的力量。在機械論世界觀當中，有點像是由於神一開始動了一動，因此就像撞球一樣，接二連三引發其後的運動，這個世界才動了起來。這讓人略為聯想到大爆炸的情景。

另外，神（因為永恆不變）具備恆常性質，也因此物體具備恆常性，也就是慣性。於是導出了世界在動起來之後，就會永久運動的「慣性法則」，因此可以說是由「我思故我在」導出「慣性法則」（畢竟這是自然哲學）。

之後斯賓諾莎及萊布尼茲等人，繼續推演出理性主義哲學，逐步建構出宏偉的世界形象。

歐洲理性主義的發展

接軌至現代科學概念的思想

✳更加邏輯性！使用歐幾里德幾何證明法的哲學

荷蘭哲學者斯賓諾莎所著作的《倫理學》，在哲學史上也算是類型非常特殊的書籍。當中以歐幾里德幾何體系的方式，以**定義**、**公理**、**定理**等形式來說明，是非常具邏輯的體系。

斯賓諾莎認為「神」並沒有從外側打造世界，這是自然就有的，即是包含自己在內的生物、擺在眼前的智慧型手機、外面那排建築、山、海及地球全部都是「神」（**神即自然**），這種思考方式被稱為**泛神論**（神是精神、物質的根源）。

《倫理學》第1部：「【定理4】相異之兩者或多數物體能夠相互區分，是由於實體的屬性相異，又或者是屬性變異的相異。」寶特瓶或者智慧型手機，都是實體（神）的屬性（性質）或變異（各種變化）。舉例來說，就像是水會變化成水蒸氣或者冰塊，神也會轉變為這個世界上各式各樣的物品。如果覺得「神」聽來不好理解，那麼就直接代換成「宇宙本身」吧。

巴魯赫・斯賓諾沙
1632年～1677年
荷蘭哲學者。葡萄牙血統的猶太人，被逐出猶太教，以研磨鏡片維生。主要著作有《神學政治論》、《知性改進論》、《倫理學》。

哥特佛萊德・威廉・萊布尼茲
1646年～1716年
德國哲學者、數學家。推演出單子論、前定和諧論，發現微積分法（和牛頓的不一樣）、建立邏輯運算。著作有《單子論》等。

✻過去與未來都已經決定好了？

根據這個理論，神是有實體的，而精神與物質皆為其屬性，因此心靈與身體是以不同型態出現的相同東西（**心物平行說**）。

斯賓諾莎表示，一切都是神所展現出來的「樣態」，如果將神比喻為海水，那麼世界的變化就如同波浪一般，也就是一切都是自然＝宇宙（神）這個整體的一部分。

如此一來，所有發生的事情都是已經決定好的（**決定論**）。如果將神當作遊戲包裝，那麼內容物就是樣態，自開頭到最後，內容都已經依照機械論性質決定好（拉普拉斯妖）☞P342。

因此就算是自己的人生，何時會進哪所學校、遇到誰、與誰結婚、何年何月何日幾點幾分死亡等，一切都是早就註定好的（人類沒有自由）。

但是斯賓諾莎又說，由於自我就在神當中，因此自己透過神而有所命定，了解這件事情的**知性愛**就能使人獲得極致的滿足，這個概念正是認知到「在永恆的相下（sub specie aeternitatis）」。

天才萊布尼茲在當時已經建立起計算機概念

❋世界充滿了單子的力量！

在笛卡兒與斯賓諾莎之後，萊布尼茲也提倡理性主義哲學，也就是**單子論**及**前定和諧論**。

笛卡兒認為物體的本質在於延長（占據空間），將此作為物體的屬性。但是具備延長屬性的物體無論如何分割，都只是被切分為許多部分。將蘋果對半切開來，不斷對半切下去，究竟會變得如何呢？現在我們已經了解分子、原子以及基本粒子等理論，但當時的人並不了解這些事情。

不過萊布尼茲卻靠著哲學，就能夠比現代物理學更早一步提出這些理論。萊布尼茲認為可具備「以其自身存在」的實體（真實樣貌）之名的，正是終極的最小單位。而終極的最小單位延長（占據空間）的話，就能夠繼續分割下去，如此便無法稱為最小單位。這實在是非常複雜，總之萊布尼茲認為終極的最小單位，是無法以物體方式去思考的單純項目，他將這個單純的實體命名為**單子**，各式各樣的物體都是單子集合的「現象」。但是單子並不是一顆顆東西，因為單子的本質是力量（force）（這和《星際大戰》的原力不同）。這些內容與現代原子物理學中的波動理論並無矛盾，至少逐步深究物質的話，到頭來就會發現並沒有形體。

另外，萊布尼茲認為單子各自會反映全宇宙。雖然身為宇宙的一部分，卻也濃縮了宇宙整體，是個小宇宙（「宇宙的活鏡」）。

✽預言「將來言語會化為符號，並且得以計算！」

杯子、桌子等物體的單子，與我們人類的單子有何不同呢？

單子在表象能力上也有差異，區分為「沉眠單子」、「靈性單子」、「精神」。物質（無機物）是「沉眠單子」、動物為「靈性單子」，而「精神」這個單子階段則是人類。單子除了表象以外也擁有欲求。

由於單子濃縮了宇宙的一切，因此「精神」當中也包含了較為次級的「沉眠單子」及「靈性單子」。因此人類在作夢的時候，或者失神的時候，就會轉為「靈性單子」或者「沉眠單子」的狀態（死亡或許也是如此）。

但是「單子並無窗戶」，而是在各自內部具備活動性，單子並不會受到其他單子的影響或作用。即使如此，單子與單子之間仍然會相互產生關聯實在是非常奇妙（好比說按下遙控器的按鍵，電視就會打開之類的）。

萊布尼茲表示，這是由於宇宙形成的時候，所有單子都已經被全宇宙設定好了。這就有點像是2個時鐘雖然毫無關係卻指向相同的時間，這種設定稱為「前定和諧」。

萊布尼茲追尋的事物遍及邏輯學（模態邏輯先驅）、符號學、心理學（早於無意識思想）、數學等，他有著綜合性的**普遍學**構想。

萊布尼茲也曾留下**二進位法**的筆記。另外，他也以別的方式發現、發明了微積分法，與牛頓的並不相同，甚至還思考出機械式計算機，是個天才。他同時預言在邏輯學當中，未來的人類能夠將話語作為符號來計算，這正是電腦的世界，或許他也已經預料到AI了呢。

何謂英國經驗主義哲學

〰〰〰〰〰〰

重視經驗，性格上就會變得更慎重？

✳出生的時候，心靈是一片空白

英國的約翰・洛克推演出哲學中的**知識論**，也詳知政治學、法學，最後發展為**社會契約說** 🖙 P134 。他也對古典經濟學 🖙 P140 產生影響。

所謂知識論，是研究人類究竟能夠明瞭事物到何種程度，明白的事情又有多正確等的哲學領域。

洛克學習了笛卡兒提出的「由第一原理推展演繹性邏輯」哲學，同時深究笛卡兒的懷疑，目標是由經驗來追究真理。他採取的方法是以大致上的感覺性經驗來探求知識起源。

在理性主義當中，認為人類與生俱來某些知識（**天生觀念**），正因為有先天性的觀念，因此才能夠理解新的事物。但是洛克卻否定了天生觀念，他認為心靈一開始是張什麼都沒寫的白紙（**Tabula rasa**）🖙 P136 。

約翰・洛克
1632年～1704年
英國哲學者、政治思想家、英國經驗主義者、知識論之祖，他的政治思想影響了美國獨立及法國大革命。

喬治・柏克萊
1685年～1753年
愛爾蘭的哲學者、神職人員，否定自然科學的唯物主義及無神論，意圖擁護神之榮光。著作有《人類知識原理》等。

大衛・休謨
1711年～1776年
出身英國蘇格蘭愛丁堡的哲學者，就連哲學自證的因果關係，他都抱持疑問。主要著作有《人性論》等。

✻顏色、聲音、氣味及冷熱，都只存在心中

洛克認為，我們的知識是由**觀念**形成的。所謂觀念是指思考時的對象，也就是意識的內容。

在觀念當中，形狀、固體性、延長（占據空間）、運動、靜止等，物體呈現何種狀態，與物體本身是無法切割開來的。這類物體性質的觀念便稱為**第一性質**。另一方面，顏色、聲音、氣味、冷暖、軟硬等觀念則是人類心中的感覺狀態，並不是物體性質本身。

像顏色、聲音、氣味等這類觀念就稱為第二性質。第一性質確實存在於物體當中，但第二性質乃為主觀，是只存在於心中的觀念。舉例來說，「紅」、「綠」等顏色對於色盲或者色弱之人來說，他們認知的顏色並不相同。洛克由這點認為顏色並非物體本身具備的性質，而是人類主觀的事項。

但是這個論點再繼續發展下去的話，這個世界又要變成虛擬的了。因為若將第一性質包含在第二性質當中，那麼一切都會變成是心靈中發生的事情，而提倡這點的便是名為柏克萊的哲學者。

果然還是太過慎重，世界又變成虛擬的……

✸外界的物質其實並不存在嗎？

1685年，出生於愛爾蘭的柏克萊在15歲時進入都柏林的三一學院，接觸到洛克、牛頓及笛卡兒等人的哲學。

柏克萊主要著作《人類知識原理》當中，主張這個世界就是虛擬的。過往這會被視為科幻小說的世界，但隨著現代物理學及電腦技術的發達，這種哲學也變得比較容易理解。柏克萊認為物體的形狀、固體性、寬廣度等第一性質，是無法與顏色、聲音、氣味等第二性質分開來思考的，如果沒有顏色就不明白形狀，失去軟硬等觸覺的話，就無法明瞭物體確實占據空間。

也就是說正因為有第二性質，世界就存在於心中。舉例來說，眼前的蘋果其實就存在心中，完全不需要特別離開到外界去說明它存在。也就是說，蘋果的形狀、顏色、感觸等數據確實有在心中就足夠了。

柏克萊思考的是，任何感覺性事物也只能夠存在於知覺這些東西的心中，這正是「存在就是被知覺」。自己的房間裡有書桌，這是由於有某個人看著它所以才存在；相反地，若是沒有知覺之人所在的地方，物體也就不存在。只有在被觀察的時間，那東西才會在那兒。

但是這樣下去，世界就會變成自己的妄想。柏克萊設定了一個類似宇宙伺服器的東西（神），就像是網路遊戲一樣，可以好好跟這個世界交換資訊，因此沒有這個問題。

✳連這點都要懷疑？

為此劃下休止符的是英國經驗主義者休謨。經驗主義非常容易懷疑事物，這是由於經驗這種東西並沒有確實性。舉例來說，想著便利商店會有「大碗大蒜拉麵」，去了店裡卻發現賣完了。為何人生會不斷發生這種不合期待之事？正是由於相信經驗，導致我們懶惰地相信「又發生了」。如果能夠慎重懷疑後再行動，應該就不會如此了吧（比方說先打個電話確認之類的）。

休謨甚至懷疑起物理學法則，及「原因與結果」的**因果關係**（因果性）☞ P91，他認為「原因」與「結果」的觀念是來自經驗。對我們來說，若體驗過許多次兩個事件現象（就像是便利商店與拉麵）結合在一起發生，就會認為兩個事件現象必然存在著某種關係。

因此「燃燒的東西會燙」這類因果關係，也是由於人類觸摸到火覺得很燙，體會過好幾次這種事情以後才深信不疑。這表示所有科學性的因果關係，都是由於習慣造成的信念（不過數學被認為是唯一可以使用邏輯證明的學問）。

這樣一來，當時屬於尖端的自然哲學（物理學），也就是牛頓力學也非絕對。這是因為牛頓力學「蘋果離開手裡就掉下去」，也是屬於以「A所以B」的因果法則作為前提得到的理論。

另外，休謨也認為如柏克萊所說，物質在沒有被知覺的時候，無法保證它仍持續存在於該處，同時他也懷疑「心靈的存在」。我們所擁有的只有知覺，被稱為「心、自我」的不過是迅速到以無法察覺的速度接續、不斷持續變化的「**一束知覺**或者集合的知覺」罷了，並不實際存在。這些想法之後也接軌至**科學哲學**。

偉大的康德哲學

※※※◇※※◇◇※※◇

所有思想流入康德又自康德產出

✳對哲學與科學有決定性的影響力

康德致力於研究牛頓的自然哲學。他撰寫了與牛頓力學中的引力 ☞ P342 及天文學相關的論文，也提出太陽系是由星雲成立的**星雲說**（康德-拉普拉斯星雲假說）。

康德最初的立場是理性主義，會推測宇宙有無盡頭、物質有無最小單位等問題。但是，在他接觸了休謨就連科學知識基礎的因果論都加以懷疑的懷疑論 ☞ P89，以及認為神及自由皆不為人知的不可知論以後，便由「教條的瞌睡」中清醒。

自此康德建立起反思人類理性能力的**批判哲學**。他認為人類的認知建立在感性所接收到的材料，以及理性所具備的理解形式（**悟性**）這樣的系統上。

首先外界會提供材料，而感性會依循空間及時間的形式接收以後，透過純粹悟性概念加工，能動構成認知。

伊曼努爾‧康德
1724年～1804年

德國哲學者。普魯士王國中柯尼斯堡馬具工人之子，於柯尼斯堡大學習得牛頓物理學，早於拉普拉斯提出星雲說。擔任柯尼斯堡大學教授，著作有《純粹理性批判》、《實踐理性批判》、《判斷力批判》等。

人類
自己
決定
自己的
事情哪

✳同時解決理性主義與經驗主義的問題

康德認為因果關係這樣的形式，是來自於先天性的（早於經驗，**a priori**）。由於休謨的「否定因果關係」在此遭到否定，因此牛頓力學就是正確的。

在康德的知識論概念中，人類經過材料→感性→悟性這樣的過程，才產生了認知，這就是現象，但是在認知成立以前的材料是一團混亂的狀態。我們無法認知超越現象、存在其背後的東西，這就被稱為「**物體自身**」。

這樣一來就非常明確得知，人類的理性無法明白未曾經驗過的事情。

在理性主義哲學當中會試圖論證「宇宙是否有盡頭？有所謂的開端嗎」、「物質是否存在最小單位」、「人類擁有自由嗎」、「神是否存在」等問題，因此容易陷入**二律背反**當中。所謂的二律背反，是指兩方似乎皆為正確的事情並列。

這是由於理性主義哲學思考的事情，已經超越了理性的極限，也就是發生思考失誤，到了這個階段，會先否認傳統的神之存在證明P245（不過還會復活的）。

將知識論作為基礎走向道德哲學

☀所謂「看事情的方法轉了 180 度」就是這種情況

康德的立場並非科學認知的理性（理論理性），而是試圖以道德實踐方面的理性（**實踐理性**），來有邏輯地追究何為神、靈魂及自由等。他認為二律背反難題，是由於不理解認知能力而產生的偽問題，這等於是在思考原先就不會明白的事情。換句話說，只要能夠區別物體自身和現象，就能夠解決二律背反。

人類的認知與智慧型手機的相機對準東西拍出來的並不相同，由於內在會積極構成材料，因此這並非「認知依循對象而生」（智慧型手機的相機），而是「對象依循認知而生」（自己加工後的照片）。

康德將此認知的逆轉稱為**哥白尼式翻轉**，「宇宙的盡頭、是否有開端」、「物質有無最小單位」這些問題現在是由物理學負責探討。

基於康德的理論，神的存在證明、靈魂不滅的證明都遭到否定（但是神的存在與靈魂不滅，又以道德請求的型態被認可）。剩下的就只有「人類是否擁有自由」這個問題。人類有著不受其他拘束的自由（外在自由），以及自發性以自己意志決定的自由（**內在自由**）。

康德認為依照自己的欲望隨心所欲行動，只不過是遵循欲求，並非自發性的意志。也就是說，遵循欲求就受到欲求的束縛，因此不能稱為自由 P363 。

✳完成終極道德哲學

假設威脅一個人若是不說謊就要殺死他，但那個人的實踐理性（內在理性）命令他有著「不可說謊」的義務，康德認為此時人類是有自由的。所謂自由，就是遵循理性命令的**自律意志**，而自律就是自己不受到非自我的支配。

康德認為遵循**道德法則**來行動，是一種遵循道德法則行動的義務，他認為這種道德法則具備與牛頓物理學法則相同的普遍性。

說明白點就是「你的意志格率（行為準則），會常態命令你在行動時必須同時符合普遍性立法原理」。而這個命令不可為「如果想要A就做出B行為」這樣的條件命令（假言命令），必須是無條件的命令（絕對命令）☞ P363。

只有這種行為，在道德上方為善。康德認為世界上能夠視作善的唯有善意動機，也就是善之意志（動機說，相對地則是結果說）。

這是由於能夠帶來自己期望結果的**手段**，這樣的有用性（符合自己良好利益）也會產生惡。康德提倡個人主義，目標在於建立將人作為**目的**互相尊重的社會，也就是**目的王國**。

康德認為若要實現「目的王國」，各國就必須廢止常駐軍隊、讓戰爭消失、實現永久的和平，他提出隨著各國家的民主化，應該要建立協定、互相限制主權、創立一個維持國際和平的機關。這就是後來成立國際聯盟（1920）及聯合國（1945）的起源。

黑格爾與近代哲學完成

世界史是絕對精神的自我展開

※彷彿哲學百科全書的黑格爾哲學

人類與社會及歷史有著深遠的關係。法國大革命（1789）之後，由於盧梭的「公共意志」 P137 及康德的意志「自律」遲遲無法實現，因此社會陷入了混亂狀態。

如此一來，人類對於理性的信賴也會產生動搖，因此出現了像是叔本華這類哲學者，認為世界的本質就是**非理性的意志**（也就是認為這個世界充滿了鬥爭與苦惱 P162）。但是，黑格爾提升了理性哲學的層次，試著挑戰理想與現實的對立這個主題。另外，重視歷史也是他非常大的功績。

首先，黑格爾的立場是**傾泛神論**。泛神論 P82 的立場是將神視作「世界的一切（世界本身）」。黑格爾並未將精神與物質做出二元論區分，而是以一元化的方式思考，將絕對者神明的作為稱為**絕對精神**。絕對精神將「自我異化」為精神對立物，也就是物質，此乃為自然世界。「自我異化」有點像是創造者精神。

G.W.F.黑格爾
1770年～1831年

被認為是德國唯心主義集大成者。著作有《精神現象學》、《邏輯學》、《哲學科學百科全書綱要》等。耶拿大學講師、客座教授，但由於拿破崙軍造成大學封鎖，因而辭職。曾任柏林大學教授、校長。因霍亂驟然辭世。

揚棄

對立

對立

往更高的次元⋯
再到更高的次元

❋將內側逐漸異化來推動世界

這就像是藝術家使用作品來表現自己一樣，精神上否定自我，將其異化為物質，藉此確立自己乃為精神。世界是偉大的創造者。

畫家將內心異化以後，也能獲得他人**認可**。畫家內心主觀的人格並非從一開始就存在的，而是在敦促自己完成客觀作品的行為中，陶冶（形成）之後化為現實。

黑格爾認為世界整體也是精神本身異化為現實，推演出歷史發展的過程，經歷這個過程後，世界的本質便了解自己是「自由且理性的精神」。

所謂精神，乃為自覺到反省自我的意識，本質是「自由」。另外，有時是民族精神或時代精神等，也會以個人精神的樣態展現出來。

黑格爾認為，「理性的事物是現實的，現實的事物皆為理性的」，而歷史的目的正是在現實世界實現自由 P272 。「世界史就是自由意識的進步」，意思就是說，歷史這個東西，是絕對精神以人類的自由意識作為媒介，逐漸實現自由這個自我本質的一段過程。

歷史的前進方式有固定法則？

※提出「世界的本質也是精神」

歷史是絕對精神（世界精神）異化的結果。絕對精神將自己投影到歷史上，歷經一切再回歸到自己身上，這就像是音樂家在演奏自己曲子的同時也在聆聽。這個世界精神催生了拿破崙這樣的英雄，又以各式各樣衰退的過程來推動歷史，這被稱為「狡猾的理性」☞ P274。而這個歷史過程，則是根據「辯證法」這個法則推演出來的。

以下是黑格爾對辯證法的說明。

「花開了以後花蕾就會消失，如此一來可說花朵否定了花蕾。相同地，由於有果實，因此花朵也被宣告為植物的這種型態仍是虛偽的，植物的真理便由果實取代花朵現身……」（引用《精神現象學序論》）

如此一來花蕾遭到花朵否定、花朵又被替換為果實，因此推斷所有現象都會以**即己**（正）、**對己**（反）、**即己與對己**（合）的方式推演。辯證法（反詰法）原先是指使用對話的技術與問答方式☞ P20，但黑格爾則將其確立為哲學性邏輯。所有的存在，都在物體自身當中蘊含著矛盾及對立的要素，並且在相互作用之中宛如描繪螺旋一般，逐漸發展以統合至較為嶄新本質的高次元之物。

所有的存在，都在自身當中蘊含了與自我矛盾、對立的事物，而高於該矛盾、對立的整合立場便稱為**揚棄**（**aufheben**）。辯證法作為存在與認知的思考方式是個萬能公式。因此無論在思考什麼事情，都可以使用辯證法的邏輯來比對。

✳逐步完成家族、公民社會、國家與人倫

黑格爾的歷史哲學 ☞ P274 當中，東方為1人（專制君主）自由、希臘羅馬則為數人（城邦）具備自由，而基督教日耳曼社會則是所有人類都是自由的。

歷史就是一種人類自覺到自由、並且將其化為體制現實的過程，也就是說歷史並非隨機前進，而是具備龐大法則性的。讓歷史具備一定法則性質，正是黑格爾最大的功績，這之後會接軌到馬克思的**唯物史觀** ☞ P275 。所有的矛盾都移動到更高次元的階段之後就能夠解決，所有東西都理性前進以達到整體有機性統一。

這些話題雖然有些困難，不過接下來**人倫**這個關鍵字，在黑格爾的理論當中也非常重要。所謂人倫是將客觀性共同體的**法規制度**，與主觀性個人良心也就是道德（與康德的道德相關）統整在一起，是一種共同的存在方式。

黑格爾認為人倫有三個階段，分別是「**家族、公民社會、國家**」。家族是以夫妻、親子及兄弟姊妹等自然愛情連結，孩子長大以後離開父母，自家庭關係中獨立，成為一位公民。公民社會當中，個人會自由尋求滿足欲求，透過工作與他人產生相互關係。這是只要締結對等契約，便能使用法律來管理行政的經濟社會，在這個社會當中，個人會為了自己的欲望而彼此利用對方（**欲望體系**）。

之後為了揚棄家族與公民社會的矛盾，出現了國家，讓自由與共同性得以同時實現。人倫的最高型態正是國家，在自我意志（道德心情）與國家意志（法律責任）一致的情況下實現了自由。黑格爾的哲學影響深遠，一路接軌到現代的政治哲學。

哲學史篇
近代哲學

97

現代以前的哲學

在第4章當中以「近代到現代的哲學」為主，介紹現代以前的哲學方向轉換事宜。

最一開始就是大家都很熟悉的尼采。尼采的思考方式是遠近法（觀點），每個人「看東西的方式」會因人而異，另外又加上「權力意志」的概念。人類會因為自己的欲望與感情，將看到的東西解釋為想看見的東西，因此並沒有脫離人類而存在的真理，這就是虛無主義。

這樣一來，近代以前的哲學基礎便遭到動搖。從前的哲學最高價值就是「神」，但因為尼采表示「上帝已死」，因此最高價值就此消失。此後開始推演嶄新角度的思想，認為人並非依靠理性，而是依照欲望來推動的。

美國的古典實用主義哲學也站在相對的立場，並不像近代哲學中認為有絕對真理存在。威廉・詹姆斯表示，所謂真理是對人類有用的真理，簡單地說就是「若結果是好的，那就是真理」。

實用主義認為自然科學也是人類在該階段將其作為真理，但將來自然科學法則也有可能變更。

佛洛伊德的精神分析學也對於現代思想產生重大影響。他認為人類的意識並不僅存於表面，

打動人類的是欲望而非理性！
用來深層解讀世界的方便思想

而是受到深處潛意識的欲望來推動的。如此一來，就並非以理性思考過後再行動，而是做了想做的事情以後，再為行為添加道理。所謂理性的主張也不過是藉口。

結構主義則重視潛意識構造帶來的關係性。因此現代化社會與未開化社會各自有不同的結構，並非現代化社會就比較進步，這也與文化相對論息息相關。

這些思想否定了近代哲學重視的實體、理性以及真理，甚至也否定了進步史觀。一言以蔽之就是大家終於明白人類的真實乃是「每個人皆因人而異、沒有什麼決定好的事情，而且大家都受欲望推動、無法掌控自己的行為、也沒有目的」。因此演變到現代，原先大家所深信不疑的人類理性，也嘩啦啦地崩流而去。

現象學則試圖跨越近代那種主觀與客觀的程式，而受到尼采系譜學影響的傅柯則往知識的考掘方向發展。維根斯坦之後的分析哲學（科學哲學）則只將語言分析作為哲學工作。

哲學會不好理解，正是因為此時演變出來的哲學推翻了古代到近代的哲學。但是連續比較過往的哲學與現今的哲學，便能夠拓展視野。

HISTORY 21

尼采的哲學與虛無主義

※※◇※◇※◇※

重新設定過往哲學的人

✳這種話講出來就一切都完啦

提到尼采的哲學，總給人一種很積極的感覺 P354 。當然其思想多少也對人有所幫助，不過他在哲學史上的意義，卻是將過去哲學全部翻轉。

一言以蔽之尼采的思想就是「所謂真實不過是認為自己想相信的事情就是真實」，這下可是血本無歸了。以這想法思考，柏拉圖的**理型論**當然是出局了。因為這只是相信有理型存在的人認定其為真理，只不過是因為感到現實非常痛苦，所以尋求超越現實的世界罷了。

基督教也不行！相同的道理，所謂的神也只不過是這樣說會覺得比較好，所以將此作為真理，但如果把這種道理告訴他人，理所當然會遭到其他人排擠。尼采最後是在孤獨中發狂，像個廢人般死去，走在時代前頭的天才結局便是如此。

自古至近代的哲學者也都表示「這樣想會比較開心」。這樣的話，本書的第1章到第3章算什麼啊？這點大家倒是不用擔心，因為哲學還會繼續發展下去。

弗里德里希·尼采	德國哲學者、古典文獻學者。24歲便當上瑞士巴塞爾大學教授，1879年辭退大學。歷經10年的思索，於1889年發狂，沒於威瑪。主要著作有《悲劇的誕生》、《不合時宜的考察》、《查拉圖斯特拉如是說》。
1844年～1900年	

✳只不過是相信就會有活力，所以才說是「正確的」

至此時為止的哲學自蘇格拉底 ☞ P21 以來都相信**邏各斯**（邏輯、法則），認為不斷堆疊理性思考，最後必定會到達真理。

但如果這個世界上根本沒有「真正的事物」呢？如果柏拉圖所說的「真實存在」或者最高價值也就是「神」，根本不存在的話？一切都回歸原點了。

看事物的方法會因人而異（相對主義），希臘時代就已經有人提過這件事情。尼采則著重在觀點（遠近法），也就是「觀察者的認知會根據觀看物體的角度產生變化」，這是一種視覺方面的「光學」問題，不是單純每個人看東西的方法不一樣。人類會看自己想看的東西，同時為了讓自己更堅強、並且存活得更舒適，會深信能讓自己那樣的解釋是「正確的」。

那麼，讓人類如此解釋的力量究竟為何？

尼采將其稱呼為**權力意志**，也就是意圖超越現在的自己、提升自己的根源性意志。他認為過去的哲學乃是人類的「權力意志」試圖提出解釋，將自己能夠變強的邏輯作為「真理」。

如何跨越無意義世界這個課題

✻自己認為是「真實」的，都只是求方便的解釋

人類所有思考和言行舉止，都是經過某種標準及價值評估的濾網以後輸出的東西，這不管以學問來說明或者使用道德來說明，都是一樣的結果。

尼采在他各式各樣的著作當中，舉出許多人類以欲望及感情的力量扭曲了邏輯判斷的例子。「為何要反對？——人類經常會反對他人的意見，但那只是由於無法贊同對方敘述的調調。」（引用《人性的，太人性的》）

反論的內容真假並不重要，因為想讓自己獲得優勢，總之先質疑「真的是那樣嗎？」之後再思考反對的內容就好。

「固執己見。——有人會固執己見，因為他認為憑藉自己的力量想到那一點而感到相當自戀；還有些人這樣是由於他千辛萬苦才學到那件事情，因此非常自豪能夠理解這件事情。這兩者皆起因於他們自己的虛榮心。」（同上）

當人類主張某件事情的時候，就會深信自己所提出的論點在邏輯上是正確的，但其實只是選擇與自己想要相信的事情最為符合的論點。如果想要主張某件事情，就會依照「為何我會希望能這樣想呢？」去尋求根據，之後就會分析自己：「唉呀，以這樣的設定來思考，我就會非常有活力呢。」人的欲望能夠操控邏輯，因此人類才沒有什麼理性，而尼采正是將這件事實揭開在世人眼前的哲學者。

✤克服虛無主義成了往後的哲學課題

尼采批判道德。一般人會認為道德是絕對正確的，但其實那是挑選對自己「權力意志」有利的東西，用來武裝自己罷了。

雖然大家應該隱約都注意到了這件事情，因為每當向別人提到道德一事，不知為何就聽起來像是說教，令人感到厭煩，這是由於道德可以拿來武裝自己。

尼采也探問**善惡**起源。為何人類容易認為弱者為「善」而強者為「惡」呢（舉例來說：貧窮乃為美德、有錢人是惡人）。這是由於弱者心中有某種怨恨（**無名怨憤**），因此會將弱小的自己解釋為「善」且「正確」。

「道德下的奴隸團結起義，是在無名怨憤本身具備創造性，試圖催生出價值的時候才會發生。這是由於真正的反應、也就是行為造成之反應遭到抗拒，因此只能靠**想像上的復仇**來填補之人的無名怨憤。」（引用《善惡的彼岸》）他使用「奴隸團結起義」來表現弱者轉換其價值試圖拉下強者一事，這實在是非常有尼采風格的強烈發言。

整理起來是，人類為提升自己而具有「權力意志」。由於所有事物都是「權力意志」提出的解釋，因此真實並不存在（虛無主義）。理型論或神都是弱者為了戰勝強者捏造出來的東西，其實並不存在。如此一來，最高價值的「神」並不存在，即是「上帝已死」。

因此人類失去了最高目標的神明，也就失去了「究竟為何？」這個生存目的。

之後尼采會對抗並試圖克服虛無主義（超人、永劫回歸 ☞ P257 等）。

實用主義哲學

⬡⬡⬡⬡⬡⬡⬡⬡⬡

古典實用主義非常正向

✳讓頭腦清靜的方式

皮爾斯是美國的哲學者、邏輯學者、數學家、科學家。他是實用主義創始者，也是符號學 ☞ P225 之祖。

皮爾斯的立場是**可謬論**（fallibilism）。這個論點採用英國經驗主義的內容，徹底慎重考量事物。

「也就是說，其實在發現真理的第一階段時，自己的認知也還不夠充分，應該要認清這一點。沒有比深信自己正確這種病，還要更阻礙知識成長的事情。」皮爾斯認為我們的知識會隨著引進嶄新觀念推論而隨之擴大，因此**並非絕對**。

皮爾斯提出「歸納綜合的內容構成了概念具備的所有意義。」也就是說思考「硬」也無法明白什麼事情，必須要刮鑽石發現不會有傷痕、用榔頭敲也不會破，從這些結果才能夠明白「硬」的意義何在。

查爾斯・桑德斯・皮爾斯
1839年～1914年
美國自然科學家、邏輯學家、哲學者。實用主義之祖，符號邏輯學、數學基礎論、科學方法論創始者。

威廉・詹姆斯
1842年～1910年
美國哲學者、心理學者，哈佛大學教授。著有《宗教經驗之種種》、《實用主義》等。

約翰・杜威
1859年～1952年
聆聽過皮爾斯授課，之後確立了探究邏輯學的方法作為其觀點，以教育為首推動社會改革。著作有《民主主義與教育》等。

❋由結果來思考便能明白「真實」

皮爾斯表示「思考這個行為是受到名為疑問（doubt）的刺激而生，止於得到**信念（belief）**。因此確立信念便是思考唯一的功能。」也就是不再有疑問的同時會產生信念，這一般就被稱為「真理」。如此一來，「真理」將來就有可能會變形。

皮爾斯將定型化的邏輯學規則稱為**實用主義的格律**。

身兼心理學者及哲學者的威廉・詹姆斯則繼續發展皮爾斯的思考方式（皮爾斯後來與詹姆斯分道揚鑣，並將自己的哲學名稱改為**實效主義**）。

皮爾斯談的是加諸實驗後於對象身上獲得的結果；但是詹姆斯認為個人特殊經驗也適用「實用主義的格律」。他提出的是個人的人生問題，如果對於人生能夠產生實際效果的話，那就是真理。

自此時開始，目標已經轉為科學與宗教的調諧。如果相信宗教就能有實際效果，那麼宗教就是真理，也接軌至美國的**正向思考** P354 。

接下來會拓展開來的是美國哲學？

※「活著有意義嗎？」的答案

我們經常苦惱於「生存意義」。人生真的有活著的價值嗎？詹姆斯表示，如果幸福狀態能夠永久持續下去，人就不會思考「活著有意義嗎？」

說到底會有這樣的疑問，是因為「人生困苦」。因此**人生的意義**不應該用形而上學的方式去思考，而應該要以實用主義的實際效果角度來重新思考。

詹姆斯表示，我們活著的時候有一些詞彙是用來表現「作為糧食的真理」，也就是「不受妨礙的明晰」、「喜悅」、「強悍」、「放鬆」、「安穩」等。像這類充滿安心與快樂的情感，便稱為**合理性感情**。他的焦點並非著重在尋求的終點，也就是真理，而是每個人為了不斷尋求生存糧食的真理而產生的思考與經驗。

詹姆斯表示，這是英國經驗主義走過的道路，「各式各樣概念的意義能使人生衍生出何等不同呢？」就是其內容。

只要使用這個方式，就只需要選擇「結果上」能夠獲得幸福的解釋即可，覺得「這只是自我安慰」就不合理了。這與原先所謂真理究竟何在的立場（柏拉圖的理型論等）是相反的，只要結果幸福，那就是所謂的「真理」。如果能夠維持經驗上對於自己來說「心情舒適」，這樣也行的想法當然就是合理的。還請多多想像「喜悅」、「強悍」、「放鬆」、「安穩」。

✳美國占領軍的「教育改革」

約翰・杜威受到皮爾斯、詹姆斯以及達爾文等人的影響，逐步推展實用主義。

杜威認為思考是一種用來控制環境的工具，控制是由行為造成的，而行為則是在分析、預測狀況之後實行，之後他將這種論點命名為**工具主義**（instrumentalism）。

他納入皮爾斯那種由疑問朝向信念努力的立場，認為反省思考有5個階段：

①產生疑問之問題狀況、②設定問題、③為了解決問題而提出假設、④使用推論再次建構假設、⑤依據實驗及觀察**檢驗假設**。

由於思考是一個工具，因此用過該想法以後覺得有效果就能繼續下去；若是產生問題就反省之後丟掉該想法，然後改使用全新的思考工具即可。

杜威與詹姆斯不同，他認為只有科學方法能夠使人為善。杜威也批評教育的單一性，認為應該將重點放在孩童的成長與活動上，並非常重視人類的自發性。他的實驗主義性質教育理論，被美國占領軍使用在戰後日本作為「教育改革」。

古典的實用主義歷經一番時間，自20世紀初期起到世紀中開始受到當時崛起的**語言轉向** ☞ P108 影響，因此提出了全新的實用主義，稱為**新實用主義**。理察・羅蒂等諸多美國哲學者繼續發展此理論。

維根斯坦的哲學

※※※※※※※※※※

邏輯學有點像數學、非常棘手

❋日本學校沒有教的邏輯學究竟是什麼？

尼采 **P100** 強烈批判過去的哲學，但是維根斯坦更是來勢洶洶彷彿要結束哲學本身，他試圖以嚴格定義語言來解決過去所有錯綜複雜的哲學難題。如此一來，哲學便踏入一個被稱為**語言轉向**的新階段。

將邏輯學作為單一領域化為體系的是亞里斯多德 **P27** 。邏輯學就有點像是思考的文法，就算思考的材料是完全相同的內容，也會因為其排列、質及量等要素，而產生邏輯真假的變化，研究這些不同情況的學問便是邏輯學。萊布尼茲 **P85** 就有個運用邏輯學達成的**普遍學構想**。在亞里斯多德完成邏輯學體系以後，相關研究跨越好幾個世紀都不見長足長進，到了19世紀中葉至20世紀前半，數學家開始接觸這類學問以後，才開始產生新的邏輯學。

新的邏輯學被稱為符號邏輯學，羅素 **P236** 與懷特黑德共同著作的《數學原理》則集其大成。

L.維根斯坦
1889年～1951年

奧地利維也納出身的哲學者，之後成為英國劍橋大學教授，取得英國籍。對於邏輯實證主義及牛津學派皆產生影響，確立分析哲學及科學哲學的基礎。著作有《邏輯哲學論》、《哲學研究》。

不能說的事情要沉默

✳將語言當成數學一樣計算的學問？

符號邏輯學被區分為「命題邏輯學」與「謂詞邏輯學」。

命題邏輯學關注命題的肯定、否定，以及命題本身與其接續詞（copula），來進行語言的符號化。舉例來說，將「這個月是4月」這個命題設為p，且將「有開學典禮」設為q，將兩者以「⇒」（若p則q，也就是「⊃」）的接續符號相連成為「p⇒q」之後，就表示「這個月是4月的話就有開學典禮」。

之後先不管p和q真假如何，只要計算pq記號關係是真（T）或假（F）即可。

另一方面，**謂詞邏輯學**則是將「某個x」作為主語，除此之外所有東西都視作謂詞。

謂詞邏輯當中，如果「所有動物都會死」，那麼「針對所有的x，其x為動物 [則] x會死」，符號表現就是∀x（Fx⊃Gx），頗為麻煩。

也有網站可以計算這類符號，想來頗為符合語言程式。如果繼續研究邏輯學和腦部結構，那麼AI  P337 能夠完全涵蓋人類思考的日子想必不遠。

過去的哲學問題都解決了？或者沒有？

❊語言及世界為一體兩面

維根斯坦所撰寫的《邏輯哲學論》的形式非常特殊，是現在打字機輸出的格式。

1 　　　　世界就是發生的一切。

1・11 　　世界因各事實且為所有事實而得到肯定。

1・13 　　邏輯空間中的所有事實為世界。

以這樣條列式的方式一直寫到最後「7　對於無法說明之事，人類只得**沉默**」。

維根斯坦認為語言與世界具備共通的結構，事件和語言就像一個硬幣無法切割開來。也就是說，由於語言的表現才有了這個世界。

一般來說我們認為世界是個獨立的存在，之後語言才依附上去，但不是這樣的，「世界本身就是語言」。

如此一來便能明白「這個月是4月的話就有開學典禮」這個命題，是正確映照出世界的。「2・12　像為現實的原型」，這被稱為**圖像理論**。語言和世界有著彷彿「音符與音樂」的關係。如此一來，只要使用邏輯學分析各式各樣的哲學命題，應該馬上能夠清楚計算出命題是正確的還是錯誤的。在大學中也有邏輯學的課程，考試也都是計算題，實在累人。大學生最好還是詳加考慮要不要選擇這門課程。

✳如果説問題本身就是錯誤的……

明確指出世界及語言的關係以後，就能夠根據正確的語言表現（邏輯學）來分析過去的哲學，因此世界及語言就能完全同步，語言能夠在邏輯學的符號化下完全表現出來。如此一來，世界上發生的所有事情都能夠以邏輯學的符號化（命題）來表現。

逐步分析之後會發現「世界的存在」、「人生的意義」、「死後世界」、「神的存在」這些近代以前的哲學問題，是原先就沒有答案的偽問題。

「6・521人類要認可生命的解決問題，就要先消去這個問題」

如果苦惱於「我不明白自己的生存意義」，依據《邏輯哲學論》的論點看來，「這個苦惱的問題本身是沒有意義的。因此要解決的方法就是消滅這個問題本身，無法說出口就維持沉默吧。」畢竟無法說出口就要沉默，這就表示「有」無法說明的事情，也就是將「我的意識」、「神」或者「死後世界」這些都歸類為某種無法說明的東西。但是邏輯的極限就是世界的極限，「語言的極限就表示世界的極限」。因此不需要以邏輯學來證明神的存在，只要放在心裡就行。

因此他也寫著「6・522　但是有無法表明的事物存在。那就開示給自己，那是神祕的事物」。

維根斯坦認為如此一來便解決了所有哲學問題，因此也退出了哲學。但是後來維根斯坦自己表示《邏輯哲學論》的核心「圖像邏輯」是錯誤的，這在哲學史上非常少見。因此維根斯坦開始精密考察日常語言，提出了語言具體多樣性的**語言遊戲**這個概念，維根斯坦的哲學之後會接軌至分析哲學的大河。

何謂結構主義？

×××××××××

重視經驗，性格上就會變得更慎重？

※因為有語言所以理解貓的存在

索緒爾是法國貴族末裔，出生於日內瓦老家。他很早就在語言學的領域中大為活躍，只在大學講授過3堂課。他的講義本身在死後便遺失了，但是聽講的學生們以自己的筆記來重現了索緒爾的講義，這就是《普通語言學教程》。這份講義也對哲學史上的**語言轉向** ☞P108 有著革命性的影響。我們一般認為，應該是眼前先有一個物理上實際存在的對象，然後將語言標籤貼上去，但是索緒爾表示，在使用語言命名以前，該物體或觀念並不存在。

索緒爾表示語言這種**符號**是由能指及所指一體兩面的關係構成。

所謂**能指**是指語言所具備的感覺。舉例來說，聽到貓這個詞彙，在中文當中就是「貓」這個文字和「ㄇㄠ」的發音，而所指則是由此能指表現出來的貓的外觀及貓這個概念（**意義內容**）。

其關係並無必然性（**符號的任意性**）。

C. 李維史陀
1908年～2009年

法國文化人類學者、民族學者，出生於比利時布魯塞爾，於法國巴黎成長。在法蘭西公學院講授社會人類學課程，研究美國原住民神話，為結構主義之祖。著作有《親屬關係的基本結構》、《野性的思維》等。

✳語言區分世界

　　所謂符號為任意性，舉例來說就是貓咪並不一定就寫作「貓」，或者發音唸成「ㄇㄠ」，也就是「貓」的名稱在語言當中會隨使用情況變更。但是明明沒有必然性，卻有能夠了解的系統，這就是語言的神秘之處。

　　這樣一想，就會明白要思考近代以前的哲學所提出的**那些東西（實體、本質）**當然是不可能的。這是由於我們必定會透過語言所表示的東西（能指），及被表現出來的東西（所指）這副眼鏡來更仔細地思考世界。

　　對於日本人來說，雪分為小雪、雪花、雪絲等等，而愛斯基摩人的語言當中則將雪區分為更加多種。並非世界上有不同的語言，而是相反的情況：語言會**劃分**出現實世界。

　　「事先確立的**觀念並不存在**，在語言出現之前沒有任何一件事情能夠判明」（引用《普通語言學教程》）。命名之後才能與其他東西有所區分、確定該事物的存在，這是索緒爾的大發現。由於這個發現而使各領域開始著眼於關係，這也成為**結構**論點的契機。

結構雖然看不見，但確實以關係的方式存在

✱成為結構主義靈感的語言論究竟為何？

結構主義是在1960年時以法國為中心發展起來的學問。文化人類學者李維史陀投身原住民當中，研究他們的親族關係及神話等。

他透過分析親族關係的結構，發現那些被稱為未開化的社會有著使文化與自然達到協調的構造以及他們獨特的思考方式，並將其命名為**野性的思維**。

李維史陀會有結構這個概念，是來自俄羅斯語言學家羅曼・雅各布森的音位學。雅各布森將索緒爾提出的結構語言學原理發揚光大。雅各布森表示，作為發音的音位（音素）並非物理性的東西。

舉例來說r與l的發音完全不同，因此英文中的rice是「米」，而lice卻是「蝨子」。但是在日文當中，r與l的發音沒有什麼差異，因為若有人說請給我「raisu」那就肯定是「米」。也就是不同的語言當中音位也不同，不管r與l的發音有多大差異，對於日本人來說那個差異☞ P210都是不存在的。發音會因為其意義而有所不同，也就是說，是先有關係（結構）。

李維史陀另外還應用了自然學者湯姆森提出的學說。湯姆森表示將魚的形狀放在座標上，然後使座標本身變形的話，就能夠變成各種形狀的魚。舉例來說若使河豚的座標「變形」，牠就會看起來像翻車魚。結構是沉潛於各現象的關係性，並且會不斷「變形」維持下去。

✻結構主義造成的影響巨大

在未開化社會當中，親屬及婚姻的關係與西方的關係在外觀上看來雖有不同，但以**結構的觀點**來看，則基本上來說並沒有所謂的進步或者是遲緩。

李維史陀認為「野性的思維」正是具體的科學。「過往的近代思考方具理性」這種先入為主的觀念遭到他的批判，催促人們應當徹底反省偏向**自我民族中心主義** ☞ P309 的西洋世界觀及文明觀。

「他們明白表示人類生命具備的意義與尊嚴皆濃縮在自己的社會當中。不管是那些社會或是我們的社會，會相信歷史及地理上五花八門的存在方式中唯有一種包含人類的一切，那肯定是極端的**自我中心主義**同時又極度天真單純。人類的真實存在於一個由各式型態之間的**差異與共通性**構成的體系當中。」（引用《野性的思維》）

但是存在主義者沙特 ☞ P179 主張是人類自由的主體性推動了歷史。結構主義的思考方式是主體在**無意識**的情況下受到背後的系統（結構）影響，因此這等於完全批判了認為主體人類使社會進步的近代西歐思想，也因此與沙特的存在主義對立。

受到結構主義影響的巴勒斯坦人愛德華・薩依德（1935～2003）曾提出**東方主義** ☞ P309 。另外，繼承了結構主義、批判近代主義及啟蒙主義這類重視進步主義及主體性的學說，而試圖脫離這些學派的思想運動稱為後現代主義。也有些人將德勒茲、伽塔利、奈格里 ☞ P304 都列入後現代主義（但當事者並未表明是後現代主義）。李歐塔 ☞ P206 著作有《後現代狀態》一書。

現象學創始者胡塞爾

所以現象學到底是什麼？

✳詢問處於外界的世界確實性真是挺難的……

第一次接觸現象學的人，都搞不清楚現象學到底在說什麼，說到底究竟是拿什麼當成問題也搞不清楚。因此接下來會稍微做點介紹，好讓大家能夠有個模糊的概念知道這到底是在做什麼的哲學。

首先，我們回到這個世界可能是虛擬世界這個有點脫離常軌的思考模式，可以認為「這個世界是不是一場夢？」或者懷疑「這是不是我的妄想」。

究竟主觀「看到的東西」和客觀對象「被看到的東西」是如何達成一致的呢？笛卡兒曾經試圖解決神的存在證明，斯賓諾莎提出了泛神論和**心物平行說**，康德 ☞ P93 提出主觀與客觀是**先天性**的形式，黑格爾 ☞ P96 則使用辯證法讓主觀與客觀達到一致（**絕對知識**）。

但是無論有多麼想讓主觀與客觀一致，這個世界仍然可能是自己的妄想、不具備確實性。

埃德蒙德・胡塞爾
1859年～1938年

出生於普羅斯捷約夫，當時為奧地利領土。現象學創始者，28歲起曾任職於哈勒大學、哥廷根大學、弗萊堡大學，退休後仍精力旺盛地工作。著作有《算術哲學（Philosophie der Arithmetik）》、《邏輯研究》、《觀念》等。

❋這就是現象學的還原！

如果自己思考的東西並沒有和世界完全一致，那麼所有學問都會失去其**嚴謹性**。也就是說，必須要有「我的主觀正確捕捉到客觀對象」的確實證據才行。

因此奧地利哲學者胡塞爾使用新的方法來挑戰這個問題。胡塞爾繼承了德國哲學、心理學者布倫塔諾（1838～1917）的「**意向性**」概念。這個概念指的是意識總是「關於某種事物的」意識，也就是沒有空蕩蕩的意識（沒有所謂的無心、失神狀態）。

首先胡塞爾說明人類以**自然態度**捕捉世界。眼前有杯子，將其原原本本擷取至意識當中是非常自然的態度。

但是只要採取這種態度，自己就是處在世界當中的，因此主觀無法完全符合客觀。

胡塞爾採取的方法是捨棄那個自然的態度，而後將世界存在的方式放進括弧當中保留。杯子在外界而自己的意識捕捉它，這種方式必須要**暫停判斷（懸擱）**。這種操作方式便稱為**現象學的還原**。

世界有了意義而現身的那瞬間

❋還原以後，純粹意識就會出現

胡塞爾由於進行現象學的還原，因此乾脆地放棄確信世界的存在。接下來改為相反的方向，也就是直接探討被賦予的意識體驗要如何才能夠**確信（其妥當性）**杯子等東西確實處於外界。這是「超越世界詢問世界的根源」因此又被稱為**超越論的還原**。

當然就算說世界被「還原」，也並未否定世界的存在或者失去世界，這是一種類似思考實驗的東西。如果進行現象學的還原，至少眼前的杯子「在自己的意識上的確存在」這件事情是確定的，如此一來根本不需要考量是否為虛擬現實、夢境或者幻覺等。

也就是轉變為意識上推演出來的「杯子」。主觀客觀圖像當中有所謂的精神與物質，但此概念將舞台轉到意識的世界。而世界遭到判斷中止（懸擱）的當下，就不需要考量「那裡是否真的有杯子」這種疑問，而是切換為「為何我會確信那裡有個杯子」。

如此一來，就能脫離原先試圖以物理說明自己與杯子關係的立場，而在一個比較明確的界線上，討論我們在意識方面如何捕捉杯子。

如果能夠老實記述自己真實感受到的事情，那就不可能會錯，是誤會也沒關係，因為那個誤會的體驗也毫無疑問是自己意識方面的真實，而這個還原後的意識可以使用**超越論的意識、純粹意識**等用語來說明。

❋將自己得到確信的條件記述下來

在現象學還原之後，看著杯子時的我的意識內容本身就被真正的杯子占據了。這也就是變化為意識上推演出來的「杯子」。

由於現象學還原，舞台已經轉移到意識世界，因此依照以下步驟逐步分析事物在意識上流動的情況。首先追逐意識的流向：筆、桌子、筆記本。

胡塞爾認為意識中有著將各式各樣的體驗統整之後賦予意義的作用在進行，他將意向作用稱為**能識**（noesis），而成為意向對象的「筆、桌子、筆記本、杯子」等稱為**所識**（noema）。我們並非淡然接受外界進來的資訊而隨其任意流動，每次都會為它下定義。

結論是我們一般會帶著某種「這是正確的」確信活著，這是由於我們不斷為其下定義，並且從心底深處直觀之（**本質直觀**）。這個時候首先對於「這個世界是否為夢幻虛假」的疑問已有了答案。為何我們能夠確信這個世界並非夢幻也無虛假，是由於我不管在心中如何吶喊，杯子也不會忽然消失又出現，因此我們能夠確信杯子就在那兒。

除此之外，還有「無法自由自在變化對象」、「閉上眼睛再睜開眼，東西仍然在那兒」等意識經驗，因此能確信那確實存在於外界（並非證明外界的確存在），而由這些確信建立起的東西，就稱為「世界」。

如此觀察自己意識的現象學，被應用在海德格、梅洛-龐蒂、沙特、列維納斯等人的哲學當中。

傅柯與系譜學

區別正常與異常的人是正常的嗎？

✲精神病是由區別的方式產生的

法國哲學者傅柯最初被認為是個結構主義者，但由於傅柯自己批判結構主義，因此之後又被分類為**後結構主義**（眾說紛紜）。

傅柯在《瘋癲與文明》（1961）中依照時代論述瘋癲及至當時的精神病。我們一直認為精神病是從以前就有的，這是因為我們以為瘋癲與正常的標準早就決定好了。

但根據傅柯的說明，瘋癲並不是一開始就存在，而是由社會規範形成的。

也就是說，瘋癲這種東西是一種和理性（正常）的相對關係，是由歷史打造出來的，因此精神病其實是一種新的區分方式。

這個觀點受到結構主義☞P114的影響。傅柯表示西歐社會當中，在中世紀以前將瘋癲之人視為「神明附體」，工作就是接收神明的訊息（例如古代的巫女等）。

米歇爾・傅柯
1926年～1984年

法國哲學者。1968年時擔任巴黎大學萬塞訥分校教授、1970年成為法蘭西公學院教授。受到結構主義影響，開發科學史、思想史思考之考古學，探索西歐文明歷史中思考形式結構的變遷。著作有《瘋癲與文明》、《詞與物》、《監視與懲罰：監獄的誕生》等。

「知識架構」隨歷史產生變化

但瘋癲終究成為監禁對象。會這樣是由於理性受到重視，而拉出一條劃分**正常與異常**的界線，結果瘋癲便轉變為精神病這種「疾病」。

這也與現代醫療問題有所關聯（例如：醫師認為憂鬱症無法明確定義等）。

傅柯回顧歷史證明了這些事情，具體來說，法國在王朝的絕對君主治下公告於巴黎設立一般療養院，用來關閉瘋癲之人。之後自18世紀末起，就建立起瘋癲之人需交給保護設施的制度（17～18世紀是理性哲學☞P72全盛時期）。

也就是說傅柯認為瘋癲被定義為精神病以後，**精神醫學及心理學**才得以成立。

傅柯又繼續追究人類知識的流向及系譜，並明確點出不同時代下的**知識**（episteme；知識結構、思考基礎）（知識的考掘）。他在著作《詞與物》（1966）中說明中世紀文藝復興☞P74的知識是「**類似**」。舉例來說，就是「核桃和大腦很像，因此吃核桃對腦部有益」這種類似性質的思考方式。

我們的社會也是個監獄？

※將理性的價值觀作為標準已太古老

到了17世紀後半，進入將對象分類整理的時代，也就是像笛卡兒 **P78** 這類，這個時代的知識是以**理性**來判斷對錯作為標準。這個時期發展出各式各樣理性學問。

19世紀初期的知識則逐步發展出經濟學、言語學、生物學、人類學、心理學等。傅柯認為這個時候誕生了所謂「**人類**」的結構，並表示作為「主體」的人類，不過是近代的「發明」。當然，從以前就有生物學上的人類存在，但這個時候所謂的「人類」，是透過嶄新的「知識」這個濾鏡看到的人類。

而傅柯表示**人類終將面臨盡頭**，因為只要未來的「知識」改變，「人類」也會走到盡頭（這並非指人類滅亡）。意思是說未來可能會出現完全不同的看法，這也是一種讓腦筋軟化的思考方式。

傅柯以這種方式點出了西洋的人類（理性）中心主義有所極限及其問題所在。近代以後以人類理性作為尺度的文明社會，將疾病、瘋癲、犯罪等反理性之事物自日常生活當中排除，這件事情是為了強化社會管理，因此接軌到監視社會。

近代的理性人類觀由於思考起「自己是理性的存在」因此要求道德性的自立，繼續發展下去就會將根源問題「性」給逼到角落。

✳如果覺得有人在監視，那就是你自己

傅柯的著作有《監視與懲罰：監獄的誕生》（1975）當中有一部分提到邊沁 ☞P150 所規劃的**圓形監獄**。圓形監獄的設計是中央有個監視塔，能夠直接監視放射狀獨居牢房裡的囚犯動靜。

正中央有塔、而監視員會巡邏，但是囚犯看不到監視員。如此一來囚犯並不知道自己何時受到監視，因此他們會監視自己，成為**順從的主體**。

而「順從的主體」是否具備主體性則成疑。其實我們也可能生活在圓形監獄，因為覺得「說不定有人在看著我（雖然沒看到人在看……）」而規範自己的行動。看起來像是自己決定的，但其實是受到周遭強制的痛苦就來自於此。傅柯點出的是管理統轄的權力結構。

「這個空間被封鎖、被細分並於各處都遭到監視，同時每個人都有其固定的場所，無論有多麼微小的舉動都會遭到取締、發生的所有事情都會被紀錄起來、書記作業未曾中斷，連結了都市的中樞部位與周邊，在階層秩序性質的連續圖樣下行使相同權力，不停評斷檢查每個人，區分出生存者、患病者及死者。」（引用《監視與懲罰：監獄的誕生》）

傅柯的思想影響深遠及至社會學、政治學、教育學等各領域，可說他將尼采 ☞P102 與佛洛伊德等人的理論都搭配在一起思考，思想軌的流向則接至德希達、德勒茲等人。

精神分析的歷史

佛洛伊德的精神分析非常厲害

✳第一個將潛意識結構以科學方式開釋的人

由於近代理性主義使科學技術得以發展，支配自然的方法也大有進步，但是這也導致人類壓抑**內在自然**（感情、衝動、本能等），心理疾病與社會現象息息相關。

20世紀初奧地利精神科醫師佛洛伊德在研究夢境與治療神經疾病時，發現了人類心底深處存在著**潛意識**的領域。

這個潛意識被稱為**本我（id）**，是支撐生命體的本能領域。本我是由身體領域衍生出的**性衝動**（libido）場域。性衝動會隨著幼兒成長而一同發展，5～6歲的男孩子性衝動對象是母親，希望能夠獨占母親的愛情，因此會嫉妒父親。

這個時候對於母親的愛情，以及對於父親的憎恨會壓抑至潛意識當中，形成**超我**。佛洛伊德將這種心理狀態以殺死父親，並與母親結婚的希臘神話伊底帕斯王命名為**伊底帕斯情結** ☞ P210 。

西格蒙德・佛洛伊德
1859年～1939年
奧地利的精神科醫師、精神分析創始者，確立神經症狀的治療方式、精神分析。著作有《夢的解析》、《精神分析入門》等。

卡爾・古斯塔夫・榮格
1875年～961年
瑞士心理學者、精神分析學者、巴塞爾大學教授，1948年於蘇黎世成立榮格研究所。著作有《轉化的象徵》、《心理學類型》等。

✳去除潛意識腫瘤的便是精神分析

超我會抱持著「不可以～」、「要維持～」、「必須要～」等禁止事項及追求理想事項，自我則負責調合本我與超我，判決**內心能量**就是自我的工作。

佛洛伊德嘗試治療歇斯底里患者，發現患者們在意識背後毫無例外都隱藏著性方面的創傷。另外，他也確認了藉由將該記憶由遺忘之海中打撈起來使其**意識化**、讓病人**有所自覺**，患者的歇斯底里症狀便會消失。根據他的說明，與性相關的慾望體驗若遭到扭曲的形式（性方面不愉快的體驗等）阻止，為了保護心靈，心的自動安全裝置便會啟動，將該體驗內容推往記憶遠方壓抑。所謂壓抑，就是將那些不愉快的體驗、異常體驗全部塞進潛意識的倉庫內。

神經衰弱患者的心靈也是由於潛意識的壓抑所造成，只要加以解放，便能夠消除神經衰弱症狀。這與現代的心靈外傷或PTSD（Post Traumatic Stress Disorder：創傷後壓力症候群）研究也有所關連。

佛洛伊德開發出**宣洩法**來治療病人，只要回想起遭到潛意識壓抑的內容並將其化作言語表現出來，症狀便會消失。

榮格的心理分析也很厲害

✳何謂所有人共通的「集體潛意識」?

榮格是受到佛洛伊德影響的瑞士精神病學者兼心理學者,確立其獨特的**深層心理學**。深層心理學認為相對於意識,潛意識的作用占了相當大的位置。

深層心理學的學派由佛洛伊德創始的精神分析為代表外,尚區分為榮格的分析心理學派、以及阿德勒 P128 的個人心理學等。

佛洛伊德觀察的是個人的潛意識,而榮格則認為心底更深一層有著**集體的潛意識**,這種意識並非由個人經驗而生,而是從遺傳繼承而來、與生俱來的心靈領域。**原型(archetype)**是所有人類心底深處具備的普遍形態(type),這會超越時代與民族,在人類的神話、民間故事、藝術、宗教以及個人夢境當中共通出現。神話學當中稱為「母題(motif)」,而在人類學當中則稱為「集體表徵」,「集體潛意識」就會透過「原型」出現。

榮格著眼於不同的國家與文化培育出的人類,一樣都會看見蛇的幻覺等,認為「集體潛意識」也包含了祖先的經驗。

榮格舉出「原型」包含了「**偉大的母親**」、「**阿尼瑪(Anima)**」、「**陰影**」、「**孩童**」、「**年老智者**」、「**童話妖精**」等。當中「偉大母親」負責的是包容(或者吞沒)一切的工作,「阿尼瑪」則是以女性姿態出現的心靈,在神話當中會以人魚、森林精靈等樣貌出現。

✳看著圓便能緩和心靈

榮格的心理學當中解釋原型意象的意義，目的在於整合個人的意識與潛意識，達成「個性化」，如此一來便能解決心靈分裂、陷入五花八門情結的問題。

榮格將心靈產生複雜感情反應之事稱為**情結**。「父親情結」表示對於父親的敵對之心，以及想要超越父親的心情。以男性來說，會出現反抗上司或地位較高者的態度，而女性則會成為對年長男性的戀愛情緒。

「母親情結」則是體會到女性溫柔對待時，就會過度撒嬌或纏著對方，同時帶出「想被愛的心情」、「為何不愛我更多一些」的怨恨感，以及「被拋棄」的失望感。「該隱情結」是兄弟姊妹之間的競爭心與嫉妒等情緒反應。「救世主情結」是藉由助人來確認自己的存在、試圖立於優勢的情緒反應，包含了自我（Ego）的整體就是**自性**（**Self**），探究集體潛意識也是治療的一環。

榮格認為東洋的曼荼羅是象徵自我內在各式各樣要素整合為一的整體性，透過曼荼羅能夠打開潛意識，使壓抑的心靈能源逐漸開放。

他說明曼荼羅「在喇嘛教當中，尤以怛特羅密教中，是作為揚特拉用於禮儀的圖樣、是魔法之圓」（引用《心理學與鍊金術》）。榮格透過中國的曼荼羅了解中國的鍊金術，同時針對西洋的鍊金術 ☞P340 進行研究，然後從中找出「結合對立之物」這個主題，另外他也提出**共時性理論**等。

阿德勒心理學、其他

×××××××××××

人生的煩惱全部都是對人關係？

✳因為想產生更高的價值才會煩惱

佛洛伊德的精神分析認為過去的經驗造成心靈能源停滯，但是奧地利出身的精神科醫師阿德勒卻認為並非過去的經驗決定了我們的某些事情，而是端看我們過去的經驗對於未來賦予了什麼樣的意義，才決定了人生的意義，他將這個對人生的意義稱為「**生活模式**」。

另外，我們總是希望能成為比現在更好的存在而活下去的，阿德勒將此稱為「**追求卓越**」。

「為所有人賦予動機，吾人對於吾人的文化所有貢獻之泉源乃為追求卓越。人類生活整體憑藉著此活動之寬線，自下往上、由負往正、自失敗朝勝利前進」（引用《自卑與超越：生命對你意味著什麼》）。

但是人一旦遭遇挫折就會感受到**自卑（情結）**，而這種「自卑（情結）」正是人類一切進步的力量。

阿爾弗雷德・阿德勒
1870年～1937年
奧地利的精神醫學者，主張精神異常的原因乃是對於卓越的欲求過度。著作有《認識人性》《自卑與超越：生命對你意味著什麼》。

威廉・賴希
1897年～1957年
於奧地利、德國、美國活動的精神分析家、精神科醫師。提倡生命力理論，被認為是偽科學。

✳克服自卑情結的勇氣

人類也具有提升自我的力量，這與尼采的「權力意志」 P103 有所關聯。

但是就算想提升力量也不一定能償願，這就是人生。一旦超越這個力量的等級，**自卑情結**與**卓越情結**便會產生表裡一致的心理。

自卑情結會以「藉口」的方式出現。舉例來說，如果「不擅長與人見面」，只要說自己「不擅長」就能夠不去行動，也就是這樣比較輕鬆、心情會比較好。

自卑情結的背面則是卓越情結。彷彿自己是比較卓越的人類、採取以充滿虛榮心的態度來面對自卑感。

不斷聊著自豪之事、華麗的穿著打扮等都包含在內（當然，興趣為誇張時髦的人並不一定是懷抱這類情結）。

情結是由對人關係而生的。如果只有自己一人，就不會在意自己是卓越抑或卑劣。

阿德勒認為人生的煩惱都來自對人關係，這是由於每個人都非常害怕與他人產生關係。

心理學的各式各樣應用真厲害

✳因為會自卑所以才能前進

阿德勒表示自卑情結與卓越情結是一個傾向的兩面，因此他認為精神疾病的本質也在於逃避自卑，若無法以社會性、現實性的方法克服自己的自卑感，就會產生精神疾病。若無法克服自卑感，就會將自己的行為推給不合理的藉口，也會憑幻想讓自己立於優勢。

阿德勒還認為犯罪的心理因素也在於自卑感，犯罪雖然非常多樣化，但共通點都是奪取他人的物品、身體或者名譽等。他認為犯罪這種行為，是傾向於用最簡單的方法去克服自卑感，藉此獲得他人的矚目來提升自我。

另外，大部分的人都有著消極之心，然後希望自己能積極向前，畢竟自卑的對象是人類，所以這樣也還好。

但是若想在對人關係當中保持優勢，就變成要與他人競爭，其實可以說一邊追求卓越，在提高自己的同時、他人也一同提升，這樣是最為理想的。

阿德勒以**共同體感覺**來表現人類與他人的結合，這包含了自己所屬的家族、學校、職場、社會、國家、人類、宇宙一切的意義。個人的行動是為了生物學上保存個體及保存種族的目標，以及社會學上有所屬、心理學上則恰如其人所屬的目標。

✻在美國引發社會現象的賴希思想內容是？

出生於奧地利的精神分析學者賴希也在佛洛伊德名下進行研究。他後來去了柏林，也曾撰寫《法西斯主義群眾心理學》批判以納粹為代表的法西斯主義，之後移民到美國。

相對於佛洛伊德的立場是將**性衝動**做文化性昇華，賴希則為了解放性衝動，選擇走上改革社會制度的道路，這造成了社會現象。

賴希使用一種機械測量研究快樂時產生的能源——某種生物電（性衝動的物理現象）是如何流動的，另外還將非生命物質與生命物質轉移階段時發生的囊泡，命名為胞原（bion）。

賴希建立了一個「生命力放射（orgone radiation）」的假設，加熱海砂時會產生胞原，並將這種力量之源稱為**生命力能源**。接下來的研究階段當中，賴希開始製作能夠吸收生命力能源的裝置（生命能源累加器）。之後他將胞原置入這台儀器當中觀察，據說看見了非常明確的光學現象。

賴希另外還主張，當某種雲出現的時候就會讓人有呼吸困難的氣氛，動物的動作也會變得遲鈍。他思考著若是將雲層中的負面生命力能源吸出，不知將會變得如何。

於是他立了一個長長的金屬管對準雲端，並拉了條纜線將其連往深井中、接向地表，這個實驗裝置被稱為**種雲機**。

賴希的生命力理論被認為是偽科學，而未受到肯定。但其自由的思考方式當中也有許多值得學習的東西，像這類思考方式，有時也可能延伸出全新的科學發現。

5

社會與經濟思想

經濟學與哲學乍看之下毫無關係，但兩者結合在一起之後卻能夠改變世界，因此與我們當下的生活是密切相關的。

古典經濟學由亞當‧斯密的經濟理論放眼至 J.S. 彌爾的經濟學。這個時候大家主張的是自由放任主義，國家的方針以盡可能不介入為主。而提出功利主義的傑瑞米‧邊沁則主張政策應該以「最大多數人的幸福」為目標，J.S. 彌爾繼承此一主張推演出功利主義。

另外，彌爾的個人自由主義（liberalism）當中主張不造成他人困擾範圍內的自由，這種哲學是用來重新考察我們面對什麼、能夠有多大自由時的重要工具。

工業革命造就了資本家與勞動者階級，拉開了貧富差距。哲學者兼經濟學者卡爾‧馬克思撰寫了分析資本主義的《資本論》。

馬克思批判黑格爾的唯心主義辯證法，同時重新以唯物主義的辯證法來塑造黑格爾的歷史法則。由於他認為歷史就像牛頓力學一樣具備同等法則（因為這就是物質集體進行運動），因此隨著資本主義的發展，矛盾將會擴大並產生社會主義革命，經過無產階級獨裁階段以後，進入全新的無階級社會也就是共產主義社會，這件事情可

以用科學證明（這個理論認為從科學上看來必定會如此）。

馬克斯列寧主義眾說紛紜，但一般認為社會主義為過渡期，而共產主義則是終點。

1929 年發生的經濟大蕭條造成大量失業人士，為了挽救此一局面，美國實施了羅斯福新政，增加公共事業以提供工作機會給失業者。

經濟學者約翰・梅納德・凱因斯，提倡國家介入經濟、創造出需求來抹消失業者的理論，之後也成為羅斯福新政在理論上的背書。

以自由主義經濟為主體的國家，其介入政策與社會主義政策中針對國家經濟介入的等級有所差異。究竟何者較佳，是我們為了避免再次發生經濟恐慌、面對未來必須要思考的問題。

在第二次世界大戰當中，希特勒的納粹抬頭、猶太人遭到虐殺，被世人批判為「極權主義」，戰後的法蘭克福學派分析了這個問題。另外，哲學者漢娜・鄂蘭也曾分析極權主義，如果能夠明瞭產生極權主義的大眾心理，也許就能夠預防這種事情。

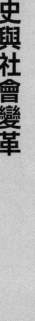

為了解讀現今，試著思考經濟史歷史與社會變革

社會契約說與革命

><><><><><><><

由機械論哲學推往政治哲學

✳所謂自然狀態究竟是什麼樣的狀態？

英格蘭的哲學者霍布斯撰寫了一本《**利維坦**》，其是出現在《舊約聖經》中「約伯記」第41章的海中怪獸。霍布斯以虛擬的怪物，來表現國家這個巨大的創造物，推演出他的**社會契約說**。

霍布斯和笛卡兒及斯賓諾莎相同，基礎是建立在機械論的世界觀 **P81** 上。此論點認為人類就像是自動機械，以機械性質來說明人類的知覺、感情及行動。就這方面來看，人類在身心方面各能力都是生來平等的（立基於理性主義的平等思想）。

社會契約說則是先設定**自然狀態**（原始狀態）之後推演思想，但此自然狀態並非實際存在於歷史上的狀態，而是用來作為思考實驗起點的前提。

社會契約說中用以作為根據的原始狀態，也應用在20世紀政治學者羅爾斯 **P218** 的《正義論》當中。現代思想中也經常會以過往的知識作為前提，因此只要能明白哲學史及思想史，要閱讀最新的思想書等也會比較容易。

托馬斯・霍布斯
1588年～1679年
英格蘭哲學者。在17世紀的近世哲學當中機械論世界觀的先驅者，提倡人工國家論與社會契約說。

尚-雅克・盧梭
1712年～1778年
法國哲學者、出生於法語圈日內瓦共和國，主要在法國活動。著作有《論人類不平等的起源與基礎》、《社會契約論》等。

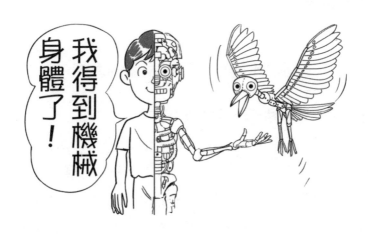

✳因為鬥爭太糟糕了所以才成立國家？

自然狀態中人類具備保存自我的本能，具有守護自己生命的**自然權利**。這裡所謂的自然權利，是為了保護自己的性命可以使用暴力的權利。如此一來「人類對另一個人類來說就是狼」，因此會出現「萬人對萬人的戰爭狀態」。

過度使用自然權利就會產生鬥爭，但人類畢竟不是笨蛋，因此會思考著「這樣下去是不行的！」

畢竟若是過於試圖守護自己的性命，結果反而遭到死亡恐怖威脅，那可就得不償失了，因此壓抑個人自然權利的**自然法（理性命令）**便開始運作。

眾人將自己所持有的自然權利共同讓渡給一個共通權力，並且結下限制該權力的協約，霍布斯認為這就是國家的成立。

霍布斯被稱為政治哲學的創始者，正是因為他將政治的原理解釋的簡明易懂。

之後英國經驗主義的洛克 ☞ P86 再次登場，洛克也思考了自然狀態，但和霍布斯提出的戰爭狀態完全不同。

與日本國憲法息息相關的思想

✳明白所有權就能明白現代政治哲學

洛克表示自然狀態當中，人類不曾危害他人權利，而是過著平等和平的生活。洛克所謂的自然權利是指**生命、自由、財產**。

但是由於貨幣的發明，人類之間產生了財產差異，有時還出現了侵害他人所有權之人，然而自然狀態下並沒有進行處罰的共通權力，這樣一來非常不方便。

因此在保護各自財產或互相奪取的問題之中，為了要轉移至能夠確保彼此安全的狀態，就必須締結一個相互不可侵犯的契約。

洛克表示基於每個人的同意，將自然權利托付給一個合議個體，由此形成了政治社會。在洛克的認知論當中主張人類生來是白紙一張（Tabula rasa）🔍 **P86**，這也與平等觀息息相關。

洛克非常強調**所有權**。首先，每個人的身體為其自己所有。身體是個人的所有物，而使用身體這個所有物進行的勞動為該個人所有，因此土地、工具這類生產手段的勞動成果之生產物及財產都有各自歸屬。要「所有」某個事物，就表示使用該事物時排他（使用權）、占有（占有權）、可自由處分（可處分權）。

洛克認同針對政治體制之**抵抗權與革命權**。如果立法部門或執行部門侵害了人民的生命、自由、財產（自然權利），那麼人民就有抵抗的權利。最高的權力在人民身上，而議會或政府不過是接受了眾人將權力委託給他們罷了。

❋使人明瞭「主權在民」、「尊重基本人權」起源的盧梭思想

法國政治哲學者盧梭認為人類本性善良，自然狀態下的人類有著「自我保存的欲求」以及**憐憫**之情。但有了私有財產以後就產生貧富差距、發生了不平等狀態，因此盧梭認為要恢復本來的社會狀態，應該只能打造一個可以保證個人自由的最佳政府。

盧梭認為政府不過是主權者人民意志的執行機關，是由自由的社會契約形成的單位。在嶄新的自由國家當中，「人民是主權者」。另外，國家的主權是以全人民共通利益為目標的**公共意志**。

舉例來說，一群朋友想一起吃午飯，但是有人想吃漢堡，也有人想吃咖哩或者拉麵。這種情況因為四分五裂，所以稱為**個人意志**。因此，若是有個店家販賣「漢堡、咖哩、拉麵套組」，那麼公共意志便成立了。公共意志是一種能夠判斷何者正確的善良意志。公共意志無法讓渡也無法將之分割，是一種絕對之物，因此政府及法律都必須仰賴它。

公共意志是人民的自由意志，因此服從公共意志等於服從自己（畢竟是自己決定點那個套組的，實在不能抱怨什麼）。人民遵循自己制定的法律，權利得以受到保證，因此獲得自由。

另外政治是建立在公共意志這個基礎上，因此盧梭批判「間接民主制（議會制）」，提倡「**直接民主制**」。基本人權、主權在民、自由平等這些思想是近代公民社會的原理，也對法國革命有著重大影響，之後也會接軌到馬克思的思想 ☞ P275 。

哲學與經濟學的關係

✕✕✕✕✕✕✕✕✕

經濟學的背後有著人類的情感

✾批判重商主義的亞當‧斯密

我們生活在**市場經濟**當中,這是從 16 世紀以後於歐洲建立起資本主義經濟時就開始發展的事情。要成立市場經濟,前提是土地及勞動等生產要素能夠於市場進行交換,而使這些條件完備的便是**重商主義**政策。

歷史上非常有名的英國東印度公司等殖民地政策就是從重商主義來的,而且不斷推動重商政策,其他國家也會為了不要落後而以相同的方式來對抗,同時還會設下關稅障礙來壓低進口,因此對國外的貿易便會停滯。

英國的哲學者、經濟學者亞當‧斯密便以《**國富論**》一書來批判這件事情。重商主義認為代表財富的東西是金銀或者「財寶」,這種經濟政策將金銀貨幣的價值放到最大,並且重視擴大貨幣的價值,要獲得金銀的手段就是國外貿易,因此獲得富的場所乃是國外市場。另外也以低成本出口低價格的商品,如此一來勞動者的薪資就被壓低,同時處於長時間勞動的困境。

亞當‧斯密
1723年～1790年
英國哲學者、倫理學者、經濟學者。蘇格蘭出身,批判重商主義、主張自由經濟。著作有《道德情操論》、《國富論》等。

大衛‧李嘉圖
1772年～1823年
英國經濟學者。主張「比較優勢理論」,與馬克思、凱因斯齊名的經濟學者。著作有《經濟學及賦稅原理》等。

❋神那「看不見的手」催生財富

亞當‧斯密批判此事，認為富並非特權階級（重視金銀的階級），主張富乃是增加各階層人民的「生活**必需品**與**便利品**」。

要讓大多數的人生活豐裕，就必須「讓國家富有」，為此若能藉由本國勞動提高生產力，就能夠增加富的量。「但是如此一來，他便會與他大部分的情況相同，在這種情況下受到**看不見的手**引導，促進連他本人都未曾想到的目的。」（引用《國富論》）

另外亞當‧斯密於 1759 年出版了著作《道德情操論》，這本書的內容是關於哲學（尤其是倫理學），這裡所謂的情操是指**同理心**（同情、同感）。人類藉由同理心尋求他人的評價及認同，但現實中每個人都有自己的主張，因此產生利害關係，所以人類必須以「公平觀察者」的立場為標準來決定利己心、相互愛、慈悲心等感情。

這個哲學主張乍看之下與經濟學並無關係，但其實也與《國富論》當中的「利己心」、「看不見的（神之）手」（現代的供需均衡理論）息息相關。

瀏覽一下古典經濟學基本走向

✳哲學和經濟學的關係是？

斯密的哲學認為神給予人類**利己心**這個本能，之後便放任人類不管。神在創造人類以後，大概是說了「隨你們自由去做」，因此人類只要盡量活用本能即可。

應該說人類只需要充分發揮神明賜與的利己心比較好，這樣才是神希望能夠實現的事情。

斯密的《國富論》當中指出，利己心一般被認為是惡劣的德行，但是這種惡劣德行卻在不知不覺之間推動了社會公益福祉，也就是神在人類內心植入的「利己心」會自動執行。

發揮「利己心」之後，就會催生**「節約」**、**「勤勉」**等德行，當中特別明顯的是考量健康、財產、社會地位及名譽的態度（**「慎思」**之德）。

另外，市場價格也根據自由競爭來決定，會依照商人們的利潤以及眾人的需求自動決定。就算市場商品的需求及供給有所相異，價格也會成為市場自由競爭的指標，而能自動達到**均衡價格**（斯密將此稱為自然價格），但是要成立此情況的條件是**「完全競爭」**。

條件是賣家和買家分別自由決定價格及供給量、商品皆為相同品質、價格只有一個，同時所有人都能自由加入市場或自市場撤退。要在現實當中驗證這件事情，條件實在是非常困難。

✻「賽伊法則」無法說明現代經濟？

當時多數人主張工業革命造成的貧富差距是由於私有財產制度與專制政治，而馬克思☞P196則在人口法則當中尋求貧富差距的原因。

英國的古典經濟學者大衛・李嘉圖雖然接受人口法則的說法，但批判馬克斯的《利潤論》，主張穀物自由貿易。李嘉圖提出地價、薪資、利潤分配給地主、勞動者、資本家這三大階級的原理。另外也說明隨著資本累積，三大階級的分配將有所變化，同時於著書《經濟學與賦稅原理》（1817）中將**勞動價值說**作為基礎的分配論化為體系，同時也推演國際分業論（比較優勢論）。

勞動價值說的內容表示，商品價值是由生產商品時於該社會所需要的勞動時間來決定的。在英國由斯密、李嘉圖等人提出的學說，之後在法國也得以發展，最後在馬克思手上完成。

但是法國經濟學者讓巴蒂斯特・賽伊（1767 ～ 1832）卻主張貨幣不過是交易的媒介手段。不同的生產物會與其被支付的東西有著同等價值，因此社會整體的生產與消費（販賣與購買）一直維持同等。

如此一來，賽伊主張不可能發生整體生產過剩的「**市場定律**」，這是一個「供給會自行打造出需求」的公式，凱因斯將其稱為**賽伊法則**。也就是說，只要東西做了出來，之後一定會賣掉（有點怪怪的……）。

之後古典經濟學者之間以賽伊及李嘉圖的理論為主，但在李嘉圖過世以後，便開始推演 J.S. 彌爾的經濟學☞P153。到了 20 世紀以後在凱因斯的論點下，市場定律也遭到全面批判。

馬克思的唯物史

〜〜〜〜〜〜〜

為何會沒有力氣工作呢？

✳資本主義下，勞動者會失去工作意願

　　德國哲學者兼經濟學者馬克思將黑格爾的唯心主義切換為唯物主義，提倡使用辯證法來引導出歷史的科學性法則。黑格爾以辯證法 🖙 P96 說明勞動，認為人類會將內心的東西由自身抽離（**異化**），使其客觀化以對於自我有所自覺，如此成長下去。

　　原本勞動是用來表現自我的方式、非常愉快的自我實現。這表示心情愉悅的勞動，才是勞動真正的樣貌，但是為何我們會覺得勞動是痛苦的、盡可能想要避免勞動呢？

　　馬克思認為在資本主義社會當中，生產物是商品，就連勞動力都遭到商品化。影響馬克思與恩格斯的德國哲學者費爾巴哈認為人類是「**類存在**」，所謂類存在是指藉由物質生產之交換來幫助彼此的存在。在資本主義社會當中，似乎是沒能實現這個理想。馬克斯認為會有這樣的現象，問題就在於資本主義社會本身。

卡爾・馬克思
1818年～1883年

出身德意志普魯士王國的哲學者、思想家、革命家、經濟學者，確立了科學性社會主義，31歲之後以英國為活動據點。與友人恩格斯共同著作有《資本論》，對於20世紀以後的國際政治及革命運動有重大影響。

✻若陷於勞動異化，就會覺得自己不像自己

如黑格爾所說，人類有著希望受到他人認可 ☞ P95 的欲望，並且為此而勞動。但在資本主義社會的「分工」當中，自己的個性會遭到抹消、以匿名的方式打造生產物。如果在這種狀態下勞動，很可能會覺得自己只是機械的零件。

這種情況下自己的手就會逐漸遠離生產物（產生異化），陷入「自勞動狀態遭到異化（**勞動異化**）」的情勢，這並非原先以自我實現為目標的人類姿態。

另外，資本主義當中人類與人類之間的社會關係遭到扭曲，轉為以物品與物品的關係為主。在交換各式各樣的商品時，金子成為共通商品，這就是貨幣。

人與人之間的社會關係遭到扭曲，物品與物品之間的關係變得比較重要（物神化），就會產生貨幣本身具有價值的錯覺（物神崇拜），而將金錢、物品當成萬能之物來崇拜的態度，便稱為**戀物性格**。若是資本家具有戀物性格，就會為了存自己的錢而嚴苛驅使勞動者。那麼，應該要如何才能使勞動者恢復原先的自我呢？

為了找到能夠生氣蓬勃工作的地方應該如何是好？

☀生產關係進入某個階段以後，人就會引發暴動

馬克思表示商品具備有用的價值（**使用價值**）以及交換的價格（**交換價值**），而拿來交換的物品共通之處就是「勞動」。也就是說，花費多少勞動便決定了該物品的價值（**勞動價值說**）。他認為勞動者的勞動也是一種商品，而與勞動力交換的東西便是「薪資」。薪資用來支付使勞動者能夠工作的最低限度食衣住費用。

資本家使大量勞動者工作產生「剩餘價值」並且「榨取」勞動者。在資本主義社會當中，會發生「生產手段（土地、工廠、機械等）之私有」，並且**勞動者的勞動力被化為商品**。生產物是商品、勞動力也成為商品，並且這些生產物是屬於資本家所有。

馬克思表示：「達到一定成熟階段後，就能夠脫離特定的歷史型態，將地位讓給更高的型態。」對歷史有深刻解讀的馬克斯預測了資本主義未來將會如何演變。

公司與公司互相鬥爭，因此公司逐漸遭到淘汰，種情況擴散到整個世界之後，資本主義必然會崩毀（眾說紛紜）。

若社會上各種物質生產力量繼續發展下去，到達一定的階段以後，各種生產關係以及財產所有關係就會產生矛盾。也就是生產力提升以後，貧富差距便愈發擴大，一旦到了某個程度，那些遭受奴役的人也會因為無法忍受而起身暴動，這就是**階級鬥爭**。

☀馬克思的理論仍然在進行中？

馬克思認為經由社會生產人類生活需要的物資，便會形成某種生產關係（資本家、勞動者），而這會成為社會整體存在方式的**底層結構**（基礎），結構其上則是由法律制度及政治制度（意識形態）成立為**上層建築**。即表示有經濟基礎後，才能夠成立政治、法律、文化等。

但是將生產力與生產關係的矛盾比作一個槓桿，可以試著以辯證法來觀看其發展。我們會發現生產力不斷變化、持續發展，但是生產關係上使用者與被使用者的關係卻是固定的、始終沒有改變，如此一來就只能引發革命了。

一旦經濟基礎發生變革，上層建築整體也會產生變化，便發生歷史性革命，這是以**唯物主義**作為基礎、使用科學法則來理解的理論。

資本主義在辯證法上遭到破壞以後，就會進入社會主義制（走向共產主義制的過渡期）階段。在這個階段當中因為沒有資本家，因此勞動者不會遭到壓榨，也就能夠生氣蓬勃工作、並且進入「依其勞動獲取報酬」的理想狀態。

社會主義制會再進一步轉往「依需求收穫」的歷史終點共產主義（大家隨時能夠烤肉吃到飽的理想社會）。

實際上就算轉化為社會主義制，蘇聯也仍然崩毀（1991），並沒有依照此理論前進，中華人民共和國則是在共產黨政權下施行資本主義政策（一國兩制度）。

但若是讓頭腦具備柔軟的哲學性，也可以自由的思考看看「若發生經濟大恐慌，馬克思主義是否會復活？」這類情節。

凱因斯經濟學

※※※※※※※※

若發生經濟恐慌，應該採取何種對策？

※這個世界上會有失業者的理由？

　　古典經濟學 ☞ P140 認為會產生大量失業是由於過高的薪資比，也與阻止薪資比下滑的行為（工會的行動）息息相關。

　　根據這種說法，失業是**自發性的失業**。所謂自發性失業指的是，雖然有工作意願，但對於目前薪資太低感到不滿而失業的狀態。

　　因此政府盡可能不介入經濟（小型政府）、放任大家自由，慢慢地工作者就會增加了。這種思考方式與賽伊法則 ☞ P141 一直被認為是正確的。

　　但是 1929 年發生經濟大蕭條，造成了大量失業者，出現許多明明想工作卻無法工作的**非自發性失業者**。

　　凱因斯認為若市場上沒有能夠消除非自發性失業的力量，那麼就應該要給予某些刺激。也就是既然勞動者的數量過多，那麼就必須要提高勞動需求。

J.M. 凱因斯
1883年～1946年

英國經濟學者。於其著作《就業、利息與貨幣的一般理論》當中推演有效需求論、乘數理論、流動偏好論，他點出失業及蕭條的原因，提倡達成完全就業的理論，政府根據此理論積極介入經濟。

✻為何財富及所得不公？

凱因斯認為，我們生活的經濟社會不佳之處，就在於並未實現完全就業，並且財富及所得的分配不公。凱因斯的**總體經濟學**批判古典經濟學中的自由放任主義，促使經濟學產生極大轉換。總體經濟學當中生產額、消費、投資、利率等是相互依存的關係。

凱因斯提倡的理論認為增加投資就能增加工作、所得也會因此增加（乘數理論），同時他認為必須減稅。另外，只要能夠引誘大家增加對於公共投資等政策的投資，**有效需求**（使用貨幣購買）便會增加。

失業的原因在於有效需求不足，而勞動者數量過剩的理由是生產物需求（消費與投資）不足。因此凱因斯主張應該由政府來創造有效需求，也就是增加工作來克服經濟蕭條以及實現完全就業。

凱因斯表示當景氣不好的時候，刻意下降**利率**，那麼人們自然會將錢拿去投資在新事業上，景氣就會變好。為此不能在意過往心繫的維持財政均衡一事，國家反而應該**發行國債**，藉此能夠讓事業變得更加活躍。

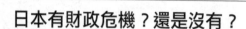

日本有財政危機？還是沒有？

✳大部分的人不買股票而把錢存起來的理由

所謂投資就是考慮將來收益之後當下以意志做的決定。為了將來能夠獲利率，借貸大量金額之後對於不確定的將來開始執行事業，因此投資會受到將來獲利率以及眾人對於費用的**預想（期待）**左右。凱因斯表示主觀性強的現象就是投資的本質。

另外，利率決定之後就能夠確定投資，確定投資以後就能決定有效需求。有效需求確定下來之後就決定了生產量，而該生產所需要的就業量也能夠得到確定。這個利率並非指官方利率，而是企業由金融市場借入設備投資資金時提出的平均長期利息。

在傳統經濟學當中，利率被解釋為忍著不在當下消費時的報酬（等待論；waiting theory）。凱因斯批判這種情況。這是由於我們獲得所得以後，就會決定當中有多少部分拿去消費，而當中有多少部分儲蓄起來，這被稱為**消費傾向**。凱因斯表示雖然利率上升了，但是消費和儲蓄的比例是一種習慣，因此很少有人會忍著不買東西而將金錢、所得都存起來。

一旦透過消費傾向決定了儲蓄金額，就會思考要如何儲蓄，是要留現金在手邊、一半拿去定存一半拿去做信託投資，又或者是乾脆地全部投入股票或債券呢？這種時候會被列入考量的就是利率，也就是說，利率會左右儲蓄型態的內容。凱因斯所提出的世界，是個未來充滿**不確定性**的世界，大家會傾向選擇不會產生利息的貨幣作為資產型態的一種。

✳思考日本是否發生財政危機的提示

針對大家選擇貨幣的情況，凱因斯將其命名為**流動偏好**。利息高的時候，表現出流動偏好傾向的人就少；相反地若是利息偏低的時候，大家會擔心利息上揚而判斷應該中止投資，因此有流動偏好傾向的人（選擇貨幣的人）就會變多。

這些通常是來自**心理**因素，政府高官的一句話就能造成重大影響，動搖工作之人的就業情況。

若是利率確定下來，就能預想資本的邊際效益（可預想之利潤）來決定投資。在決定投資的過程當中就會發生有效需求，也就會生產該有效需求能吸收的財富及服務，而該生產也只會增加需要量的工作。但是這樣無法確定能否達到完全就業，若是大多數人的需求超過完全就業，那麼薪資及物價都會上升，造成通貨膨脹。若是無法達到完全就業，就會有**通貨緊縮**，造成非自發性的失業。

若是通貨緊縮，就必須刺激景氣，金融政策當中會採用失業者對策來緩和金融。在公開市場操作方面，中央銀行會接手購買債券等，以這些額度增加貨幣的供給，這就是凱因斯提出脫離金本位、主張目前的**貨幣管理制**的理由。若是無法阻止通貨緊縮、金融政策不順利的話，就以**財政政策**來增加政府支出，就是類似「○○政權、提出□□兆的預算案」的情況，只要別太小氣、放手去做，景氣就會恢復。

但若是政府借款開始產生盈餘時就必須還錢，若沒有這麼做，而是因為財源變得比較充裕就花費更多在刺激景氣的政策上，便會產生財政問題。究竟國家是否應該借錢來積極執行財政政策呢？又或者是維持財政收支平衡比較好呢？這到現在仍然是非常具爭議性的話題。

功利主義思想、其他

×∞×∞×∞×∞×

目標是「最大多數人的幸福」！

✳功利主義到現代仍然有著重大影響

英國哲學者、經濟學者邊沁將功利主義化為一個體系，對於社會造成非常重大的影響。邊沁認為自然將人類置於「**快樂**（pleasure）」與「**痛苦**（pain）」兩位君王支配之下。

邊沁的嶄新觀點在於認為道德善惡標準也是快樂與痛苦帶來的，他斷言增加快樂的行為就是善，帶來痛苦的行為就是惡（**功利原理**）。

由這種想法看來，道德或宗教所提倡的禁欲乃是一種錯誤。如此一來「禁欲＝道德之善」的根據變得非常薄弱，與先前的道德哲學完全相反。

功利主義認為行為的善惡並非由行為本質來決定，而是由行為產生的「結果」能夠帶來多少快樂決定的。這種思考方式又被稱為**結果主義**，可以與康德的動機主義 ☞ P93 進行比較。如此一來，就必須要以行為是增加或者減少利害關係者的快樂，來決定其是非。

傑瑞米・邊沁
1748年～1832年
英國功利主義哲學者兼法學者。出生在富裕的律師家中，12歲便就讀牛津大學。著作有《道德與立法原理》。

約翰・史都華・彌爾（J.S. 彌爾）
1806年～1873年
英國政治哲學者、經濟思想家、科學哲學者。著作有《經濟學原理》等，其《邏輯體系》一書當中處理的是因果關係與真理性的問題。

✱試著計算快樂！

因此邊沁主張某個行為的結果，必須得知其會產生多少快樂或痛苦，來比較其大小，方法就是**計算快樂**。並以下列 7 項計算：

①快樂有多麼強烈（強度）

②快樂能夠持續多久（持續性）

③有多確實能夠產生快樂（確實性）

④有多快速能夠獲得該快樂（近接度）

⑤該快樂是否有產生其他快樂之可能性（多產性）

⑥該快樂是否可避免其他痛苦混入（純粹性）

⑦該快樂能夠使多少人快樂（範圍）

依照以上條件可以決定快樂與痛苦的總量。

功利主義可以將快樂替換為幸福，因為社會是由許多個人構成的，盡可能讓越多的人避開痛苦、獲得快樂，幸福就會增加。邊沁認為如果所有個人的幸福總合來到最大，就能達成**最大多數人的幸福**。

要實現社會整體的幸福，就要將功利原理擴大到**立法行政原理**。邊沁的**政治哲學**對於現代仍舊有非常大的影響。

J.S. 彌爾的哲學、社會學、經濟學

❋並非一味增加快樂即可

英國哲學者兼經濟學者 J.S. 彌爾雖然學習了邊沁的功利主義，卻批判其內容然後重新推演。彌爾繼承了邊沁的「最大多數人的幸福」，卻認為快樂有品質上的不同，而快樂計算當中只重視結果。

彌爾對此抱持著疑問，認為快樂應該也有高級與低劣之分，他提出「與其當隻滿足的豬，還不如當個不滿足的人類，與其身為一個滿足的愚者，還不如成為不滿足的蘇格拉底」（引用《功利主義》），主張**品質功利主義**。

雖然豬沒有人類這些煩惱，但還是不想變成豬。彌爾思考的是若能夠增加品質較好的快樂，就能夠實現功利主義的成果。另外，若是社會上所有人都追求品質良好的幸福，就能造就理想的社會。

彌爾的品質功利主義曾由現代政治學者桑德爾 P220 在日本也非常有名的《正義》課程當中以非常獨特的方法進行實驗。但是個人的幸福（快樂）與社會的幸福（快樂）並不一定會一致，因此必須以自制之心克服利己心，擴大**利他主義**。

個人為了社會共通的幸福，可能必須犧牲自己的幸福，奉獻給真正的幸福快樂。要實現這點，一般認為最重要的便是耶穌的**恕道**：「你們願意人怎樣待你們，你們也要怎樣待人。」

❋日本現今與未來相關話題

彌爾撰寫了《自由論》，認為個人的思想及行動只要交付自由判斷，就能夠將社會規範壓低在最小限度。

這裡說明的是社會對於個人能夠行使的權力極限。彌爾認為只與自己相關的領域，就是人類自由原先的分際，他提出了①思想與良心的自由、②興趣及探求的自由、③團結的自由這三項自由，個性的自由與完整發展正是人類的目的，因此必須予以尊重。另外，若是為了**防止危害**他人，則能夠干涉個人的自由（傷害原則）。

彌爾也是個經濟學者，他認為私有財產制度與競爭並非永恆不變，而是一個歷史性的制度。只要時代進步，為了眾人的幸福，社會一定會有所改善，這是受到社會主義歷史發展階段理論的影響。

生產的法則是物理性的，因此恐怕難以變更，但是分配給眾人的制度，是依循社會法律及習慣而來，則可能視使用人為變更。

彌爾在生產論當中也考察關於增加勞動生產力的方法，其要素包含「勤勞」、「技能與知識」、「以單純協工與基礎為分工之協工」、「大規模生產」等。但生產增加會受到限制這件事情，在馬爾薩斯 ☞P197 和李嘉圖 ☞P141 之後，大家已經對於人口法則及**土地收穫遞減法則**有共通認知。所謂土地收穫遞減法則是指為了增加農業生產量而花費的成本，會因人口增加導致農業生產仍舊無法迎頭趕上的預測學說。

彌爾認為若要改變社會制度，就必須改變這些生產法則，因此要改善勞動者的生活，如此就必須使用產子限制來抑制人口，這個話題也與現代日本少子化問題息息相關。

極權主義與倫理思想

⬥⬥⬥⬥⬥⬥⬥⬥⬥⬥

為何會發生納粹虐殺猶太人

❋**若國家發生危機，就會打造出惡人、發生欺凌現象**

出身德國的猶太人哲學者兼思想家漢娜·鄂蘭在希特勒掌握政權以後，於 1933 年流亡到巴黎，1940 年由於法國投降德國因此再度亡命，1941 年來到紐約，於 1951 年出版著作《**極權主義的起源**》。書籍內容是分析失去歸屬意識的孤立大眾，逐漸被納粹人種意識形態擄獲的過程。

鄂蘭表示，19 世紀的歐洲由於文化聯繫而結合成**民族國家**。所謂民族國家是指共享文化的眾人集合體，以統一民族及國家為目標而形成的國家。

但是當時的國民當中存在著富裕階層及貧困階層，因此就算說「文化上是相同的」也無法順利進行。

而猶太人是以猶太教結合在一起的，這使得他們在階級社會以外成為另一個分離的團體，因此國家當中發生任何不滿，人民就會怪罪到猶太人身上。

漢娜·鄂蘭
1906年～1975年
出生於德國的猶太人政治哲學者兼思想家。著作有《艾希曼在耶路撒冷》等，對於社會有極大影響。

伊曼紐爾·列維納斯
1906年～1995年
法國哲學者。受到胡塞爾及海德格的現象學影響，以其獨門的倫理學提倡他者論。著作有《整體與無限》等。

極權主義

❋政治宣傳的洗腦

典型案例就是屈里弗斯事件。阿弗列·屈里弗斯是一名任職於法國參謀本部的猶太裔軍官，由於間諜罪嫌被逮捕，同時也因為他的猶太人血統導致他被加以重嫌，最後被判決終生流放。

在資本主義轉為**帝國主義** P304 的同時，就表示持續輸出資本的政府能夠強制支配其他國家。民族國家應該是在歷史上共享領土、人民、國家的團體，但在帝國主義的階段下會同化異質居民，強制其「同意」。

一旦危機感提高，個人就會失去歸屬意識而成為隨波逐流大眾當中的一人。如此一來，人會感到孤立而無力，就很容易受到能給予他歸屬感的空想妄言吸引。

因此**納粹的政治宣傳**表示人類有支配人種與奴隸人種、白色民族與有色民族、高貴血統與低劣血統之分的區別（這也與優生思想相關），大眾便受到此概念吸引。

結果就將民族國家的程式轉變為德國人＝亞利安人，希特勒不認同猶太人是德國人，就此開始合法排除猶太人。

打造一個能夠與他人互相理解的社會

✳能夠自由開口說出各種意見是理想，但是……

生存在這個世界上的不是 1 個人，而是群眾，每個人都具有自己的獨特性，無法以一個框架連貫（**複數性**）。

但是人類要與其他人共同生活，在此具備公共性的社會當中，每個人的生存方式五花八門，當失去一個公共性的卡榫時，就會將極權主義向前推進。

鄂蘭在《人的條件》一書中以古希臘為例，將人類的基本活動區分為「**勞動（labor）**」、「**工作（work）**」、「**活動（action）**」。所謂「勞動（labor）」是指為了獲得生活資源而進行的生命維持活動，「工作（work）」則意指製作工具等文化性質活動，另外「活動（action）」則是指人類利用「勞動」、「工作」以外的時間談論政治的自由言論活動時間。

鄂蘭主張正是應該由公民自由的「活動」來承擔公共政治空間的角色（**公共性**）。但是位處私人共同體根源的卻是食慾等生存本能（共通本性），因此每當社會陷入恐慌，就很容易把事情都交給其他人，這是希特勒這類獨裁者會出現的重要因素。

鄂蘭認為大眾將事物都交給獨裁者，因此「大眾自己犯下罪惡」。

鄂蘭強調多數意見非常重要，能夠自由談論、參加共同活動的自由行為，這樣的公共性才能夠發揮人類的個性與能力。

為了不要讓極權主義再次抬頭，或許線索就在此處。

✳正因為有他者，所以才有我？

猶太人哲學者列維納斯被逮捕至納粹的俘虜收容所，他的家人幾乎全部被殺死，存活下來的列維納斯開始以現象學 ☞ P116 來推演**他者**與殺人相關的倫理學。

列維納斯將非我或他人的「匿名性」這種「僅僅是存在」的狀態稱為「**ilya**」，自「ilya」出現的「我」是「絕對孤獨」。

孤獨的「我」雖與「他者」相遇，但「他者」與「我」是絕對不會交會的存在，我也無法進入「他者」的意識。現象學者胡塞爾曾試圖對「他者」進行情感移入 ☞ P267 來說明他者，但這樣表示他者也是自我意識的一部分，因此無法順利解決問題。但是列維納斯認為他者是無法理解的（**超越性**）存在，他者內心經驗絕對無法傳遞給自己。

我會面對那位他者的「**面孔**」，感受到背後那超越性的他者存在。「他者」雖然不在這個世界上（位於超越這個世界之處），但能夠透過「面孔」來明白「他者」。

「此無限之物比殺人還要強烈，早以＜他者＞的面孔抵抗著我們。此無限之物為＜他者＞之面孔、為本源性之表現，最初的話語就是『**你不可殺人**』。」（引用《整體與無限》）

並且「他者的存在本身就是倫理」。「他者」是無法隨自己所欲的存在，而這件事情便會在衝動下發展為殺人，動手之後「他者」就不是「他」了，這就是殺人。

「面孔」給予我們一個「你不可殺人」的訊息，列維納斯認為負起對於他者的無限回應之責任就是倫理。

法蘭克福學派的思想

><※><※><※><※>

為了避免獨裁者現身的預防思想

✳為何會發生猶太人虐殺

　　法蘭克福學派指的是，1930 年代聚集在德國法蘭克福**社會研究所**進行研究的一群人。霍克海默是第一代所長，之後他被納粹追殺因此亡命國外，戰後才回國，並於 1950 年重開社會研究所。第 1 代成員包含霍克海默、阿多諾、班雅明 ☞P202 、馬庫色、佛洛姆，第 2 代成員則有尤爾根‧哈伯瑪斯（1929 ～）等人。

　　納粹虐殺猶太人是最具代表性的例子，一旦國家發生危機，大眾在組織的命令下會毫不在意地做出暴虐行為。

　　阿多諾在《否定的辯證法》當中提到，人為何會尋求所謂**原本（固有）的自我**呢？

　　這是因為人類受到希望能夠維持一致的念頭束縛，由於一致性會排除不一致的事物，因此會強調民族的純粹性，他主張這就是造成納粹大屠殺猶太人的因素。

提奧多‧阿多諾
1903年～1969年
德國哲學者、社會學者，被納粹追殺而逃亡至美國。著作有《權威人格》等。

馬克‧霍克海默
1895年～1973年
法蘭克福學派的代表，與阿多諾一同設立社會研究所。著作有《啟蒙辯證法》（與阿多諾共同著作）等。

埃里希‧佛洛姆
1900年～1980年
德國社會心理學者、精神分析學者、哲學者。猶太人血統，融合馬克思主義與佛洛伊德的精神分析。著作有《逃避自由》等。

※以為自己是理性的，可能會回到野蠻狀態，要小心！

　　德國哲學者兼社會學者霍克海默是法蘭克福學派的創立者，與阿多諾一同撰寫了《啟蒙辯證法》一書。

　　原本近代的理性應該能夠將世界從神話般的魔術中解放，建構出一個自由的文明社會。但是理應具備理性的人類，卻倒退回神話時代，開始進行殘虐的行動。

　　阿多諾及霍克海默問道：「為何人類並沒有進步為真正人類的樣貌，反而落入一種新的野蠻狀態呢？」

　　理由就在於為求有效率、合理實現特定目的，理性在形式上落為一種技術性的**工具理性**。工具理性會讓人類自己也成為工具一般的存在，因此才會有納粹虐殺猶太人這等野蠻行為。此時出現了由「野蠻」到「啟蒙」又回到「野蠻」的辯證法過程（**否定的辯證法**）。

　　理性的工具化是理性本身的崩毀，因此他們主張應該要恢復為思考人生價值等原本的理性，也就是**批判的理性**，能夠暴露出支配性思想的問題及矛盾的理性，就是批判的理性。

彷彿預料未來的《逃離自由》

✱為何人類會想逃離自由？

德國社會學者佛洛姆將盲從上位者權威且要求下位者服從自己，支撐不合理蠻橫納粹主義的社會性格稱為**權威人格**。

這原先是新佛洛伊德學派的出發點，經過佛洛姆之手後由法蘭克福學派繼承的概念。

佛洛姆表示近代人自中世紀社會的封建拘束中解放而獲得自由，卻面臨了孤獨感及無力感。對於近代人來說，自由有著「雙重意義」，一方面由於自傳統權威中解脫，因此自覺到自己是有著自律性質的「個人」。

但是另一方面，近代人卻因為自己身為「個人」而感到「孤獨」，由於難以忍受孤獨，因此被迫要從「逃離自由負荷尋求嶄新依靠與歸屬」或者「繼續實現以人類獨特性與個性為根基的積極自由」兩者之間擇一。

佛洛姆認為「服從新型態的權威」可能成為孤獨的避難所，最典型的就是納粹的極權主義，由於對自由過於不安，所以乾脆把整件事情丟給獨裁者。

納粹對於希特勒這個現有的指導者「無我般奉獻」，而對猶太人等弱者則採取「絕對支配」的態度。這是由於「**虐待**衝動與**被虐**衝動同時存在」。

✳納粹掌權人同時滿足了被虐狂和虐待狂？

佛洛姆說明納粹抬頭是由於德國中產階級的社會性格。

「恐懼的個人……試圖藉由脫離自我來重新獲得穩定感，被虐就是達到此目標的方法之一。努力受虐的各種方式，都只為了一個目的，也就是逃離個人自我、失去自我，換句話說就是逃離**自由的負擔**。」（引用《逃離自由》）

佛洛姆表示由於第一次世界大戰戰敗，國家制度及經濟崩壞使中產階級的立場相當不穩定，因此他們服從納粹來滿足被虐的欲望，另一方面也藉由支配猶太人來滿足他們虐待的欲望。

另外，在高度發展的資本主義各國則能看到以下的狀態，這完全就是現代的樣貌。「……人們在心理上終究是無法忍耐失業狀態的痛苦，擔心失業讓他們的生活一片黑暗。……失業讓老人更加成為驚弓之鳥，大多數工作都相當歡迎年輕人，即使他們對此工作不夠熟悉，只要能夠適應就沒有問題。這是由於年輕人很容易就能被改造為該特殊場所需要的小齒輪。」（同前）

這簡直就是在說當下的現代社會。

佛洛姆認為人類自發性將「實現個性整體」當成目標來行動乃是**積極的自由**（對～的自由），需要有「愛情與創造性的工作」。

「所有人都渴望愛。……但幾乎沒有人認為愛是需要學習的。」（引用《愛的藝術》）

6

生與生存的哲學

第6章介紹的是一般認為「哲學」＝生存方式的近代與現代思想。話雖如此，這些思想的基礎仍然是康德的哲學及胡塞爾的現象學等，因此若是感到「搞不清楚在講什麼」而心生不滿，這也是理所當然。

首先是阿圖爾・叔本華繼承了康德的知識論，他將康德的「現象與物體自身」代換為「現象（表象）與意志」。這部分稍微有些困難，這樣說應該比較容易理解：雖然現象有限但是意志無限會不斷湧現，因此結論是人生充滿痛苦。

亨利・柏格森的哲學真的是非常困難，但由於與笛卡兒哲學的心身問題以及現代腦科學問題相關，因此還是花費一些章節來解說。

「純粹綿延」這個真實時間的概念是個大難關，不過結論上來說就是「腦部與精神確實有關係，但是精神一切都由腦部而生，這個結論是不是下得太快了一點？」這是對於現代將一切都回歸到腦部的還原主義提出的疑問。

索倫・齊克果通常被認為是存在主義哲學的先驅。以哲學來說，哲學者的人生通常會與其思想有緊密關係（蘇格拉底遭判死刑、尼采發狂等），有時他們的人生境遇也能幫助我們理解他們的思想。齊克果也是這樣的，他的家人問題多

多、受到社會大眾打擊、毀棄與維珍妮的婚約等，過著驚濤駭浪的生活，這也與《非此即彼》一書中提到的著名人生選擇問題息息相關。在哲學史上他將近代的絕對性真理切換為對於自己來說的真理，也就是主體性的真理，後世對此有著相當高的評價。

海德格可說是深奧哲學中的冠軍，他採用現象學針對「存在」究竟是何種事物這個主題有著冗長的說明。另外，他依循古希臘亞里斯多德、基督教的存在論、近代知識論來推演他的思想，如果猛然踩進這區可就糟糕了，要小心。

雖然他提出的是現象學式的存在論，但不知為何卻因為分析「死亡」而大紅大紫，有時候甚至被認為是提倡「死之哲學」的存在主義者。「存在論」也是相當棘手的東西，很容易讓人退避三舍，使人感受到即使是在科學萬能的現代，也還是有科學無法說明的領域。

卡爾‧雅斯佩斯的哲學也非常深奧，但他思考的是人類的極限狀況，確實描繪出我們的人生梗概、讓人有深刻體會。

阿蘭的《幸福論》用來轉換心情非常有效，畢竟是屬於自我啟發的性質，用來思考生存方式再好不過。

由心的內側直接了當明白之事，就是真實存在活著的自己

柏格森的哲學

❋❋❋❋❋❋❋❋❋

當今腦科學全盛，讓我們思考一下心靈

❋真的能用腦部說明心靈的一切嗎？

法國哲學者亨利・柏格森的哲學，為心中浮現的記憶提供一個答案，在其著作《時間與自由》、《物質與記憶》當中，說明了身體與精神的關係。

在笛卡兒哲學當中精神與物質是獨立的實體 ☞ P80，因此產生了心靈與身體的關係（心身問題），這個問題留到現代轉變為心靈與腦部的問題。

心靈自腦部而生這個思考方式非常具說服力，但是腦部就像一台精密的電腦，即使有保存回憶的複雜結構，人對於「回憶就保存在腦部的海馬體當中」這樣的說明仍是摸不著頭緒，即使告知「你認為味增拉麵好吃的刺激，就位於腦部的這邊⋯⋯」，還是沒辦法將味增拉麵那濃郁風味與腦部機制連結在一起，也就是說，**心靈與腦部**一直保持著**平行**狀態。

雖然學校教導的理論是人類使用腦部記憶事情，但偶爾也不要受到這種理論迷惑，試著與自己的內心對談吧。

亨利・柏格森
1859年～1941年

法國哲學者，出身巴黎。1927年獲頒諾貝爾文學獎，1930年獲頒法國榮譽軍團勳章。法蘭西公學院教授。提出「純粹綿延」的時間，認為「生命」是創造性質的進化活動。著作有《物質與記憶》、《創造的進化論》等。

✹真正的時間是純粹綿延，非常深奧的説法

所謂意識是龐大的流動，就像音樂旋律整體是一個完整的東西，不會逆轉、或者將其四分五裂擷取出音符。

柏格森將此稱為**純粹綿延**。純粹綿延無法用鐘錶的指針及間距這種空間來表現，真正的時間是以一個整體進行流動。

但是柏格森將物質直接以視覺補捉到的顏色、形狀等視作**形象**（image）的集合，相對於物質是形象的集合，精神則是保存過去形象的記憶本身。柏格森在極為複雜的思考過程之後，提出的結論是精神（記憶）與身體（物質）「位於綿延**緊張與鬆弛**的兩端」。

精神是綿延緊張的狀態，但是經選擇的形象集合之物質則為綿延鬆弛的狀態。

這實在不是很好理解，不過若是沉浸於過去的回憶、又看看眼前的杯子，不斷重複這些動作，精神與物質就能相連，往返於兩者之間。

如此一來就是精神與物質的二元論，但是並不需要將兩者一刀兩斷，只要用純粹綿延來統整即可。

有精神的記憶， 然後有物質

✳腦部做的是像電話公司那樣的工作？

柏格森認為記憶並非保存在腦部，這是與現代腦科學相異之處。柏格森認為記憶並非像腦部資訊那樣留存在其中。

關於這點，柏格森將記憶比喻為收音機的電波和收訊機。電波在與收訊機無關的空間當中流動，但為了要成為聲音播出來，就要有收訊機器。相同的，精神上所保存之記憶的過往形象，為了要因應當前行動而將需要的東西取出、重現，就需要**腦部這個媒介物**。

因此柏格森認為腦部就像電話的接線生（現在應該是智慧型手機的電話公司）那樣選擇形象，是一個「選擇的單位」。這就是為何腦部雖然與心靈有著密切關係，卻無法還原心靈的一切。

柏格森受到新柏拉圖學派非常大的影響，因此多少帶有一些神秘主義的色彩。在《精神能量》一書當中他提到了非常神祕的事情。

「即使認同精神與腦部嚴密的意識及身體共享命運，精神將與身體一同死去，在研究與任何系統皆毫無關連的事實以後，我們反而認為**精神的生命遠比腦部的生命來得龐大。**」

或許精神並非自腦部而生，而是一種完全包覆腦部的物質，現代哲學也再次聚焦於此理論（馬庫斯・加百列等人）。

☀由生命衝力轉為愛之衝力

馬塞爾・普魯斯特的作品《追憶似水年華》當中，有一段提到角色由於瑪德蓮小蛋糕浸泡在紅茶當中的香氣，而忽然回想起孩提時代的記憶。

所謂回憶不單純是重現資訊，而是一種緩緩被喚醒的東西，那令人無法認為是單純依靠物質而生，是相當神秘的事物。自己想想，如果是「由於腦部的電位反應而沉浸在回憶當中」這種說法，是不是覺得哪裡怪怪的？（不過到現代也有人提出電腦具備意識的看法 ☞ P339 ）

柏格森同時提出宇宙整體是「生命的綿延＝創造的進化」世界，並撰寫了《創造的進化論》一書。這是以史賓賽的社會進化論為出發點，加上「綿延」的思考方式，推廣至生命的進化。推動生命進化前進的根源力量，就是**生命衝力**（élan vital）。

另外，在《道德與宗教之雙重起源》中則由創造性進化立場提倡道德說與社會說。在進化的途中，人類具備了知性因而能夠明白自己的死亡，便會陷入利己主義，為了防範此情況，自然會產生權威性道德（靜態道德）與迷信宗教（靜態宗教）。

在這類由道德與宗教支配的**封閉社會**當中，集團會陷入內部停滯以及排外抗爭，因此聖人們深潛於創造性生命，藉由與神合一來實現以人類愛為基礎之「開放道德」、「動態宗教」，以求打造出**開放性社會**。

柏格森的哲學完全依循「根本原理」→「自然結構」→「生存方式」這個古典哲學流程。現代在重新思考腦部與心靈關係的時候，或許他的哲學也能提供些線索。

齊克果的哲學

※※※※※※※

關於當下活著的 「我」 的哲學開始了

※齊克果生存的時代

齊克果是活躍於北歐小國丹麥的19世紀思想家，幾乎沒有人能夠理解他的思想，於42歲時結束他短暫而孤獨的生涯。據說他本人並未特別研究哲學，原先打算寫的是基督教相關書籍。

但仍有許多人就算不是基督徒，也受到他的哲學思想影響，這是由於即使把基督教的事情拿掉，還是能夠從齊克果身上獲益良多。

齊克果生存於19世紀前半，號稱是「丹麥文化」的黃金時代，當時出版了大量的新聞、雜誌，是媒體有著顯著發展的時期。另外，還出現「絕對王政之崩壞」、「施行自由憲法」等社會轉機，因此也是一個自由逐漸遍及各處的時期。

齊克果遭到媒體打壓、與教會意見相違，有著各式各樣的煩惱。在他的家庭當中，父親過於嚴格、而母親與兄弟們又接二連三過世，充滿不幸。

索倫・齊克果
1813年～1855年

丹麥思想家，被認為是存在主義的先驅。於哥本哈根大學神學部畢業後，1841年～1842年於柏林大學成為謝林的學生。以匿名方式留下許多著作，包含《非此即彼》、《不安的概念》、《致死的疾病》、《基督教的修練》等。

✳由客觀真理轉為主體真理

齊克果的哲學是與絕望的鬥爭，存活下來的齊克果與弟弟及父親面臨的是萬分黑暗的生活。他曾經體會過一個被稱為「大地震」的經驗。「那時大地震……，我的父親能夠長命，並非由於神的祝福，我有預感，那是由於神的詛咒。」（1835年的日記）

具體上來說，我們並不清楚這件事情的內容。在這種意識改革以後，齊克果又歷經維珍妮之事（後述），之後開始進入深沉的思索。

他追究的不是黑格爾 P233 那種客觀精神，而是對自己來說**主體性的真理**，因此要徹底考察絕望。

「要理解我的使命正是個問題。我必須找到對我來說彷彿真理的真理，發掘我願為之或生或死的理想。也就是說，嘗試找出客觀的真理，難道能對我有什麼幫助嗎？」（引用《齊克果日記》）

以黑格爾來說，他認為世界巨大的動態具備法則，但齊克果思考的是**活著的我**（存在）。

絕望使人成長

✽所謂絕望是人無法死亡卻活下去的狀態

齊克果表示不管是什麼樣的人都會陷入「絕望」，這是由於人類一輩子都得要與自己往來，因此一定會發生與自己關係不好的時候，就像與長久居住在一起的家人偶爾也會吵架一樣。

因此如果與自己的關係不好，就會自暴自棄、放棄一切的時候就會開始感到「絕望」。齊克果表示這份絕望，就是對人類來說最可怕、會**致死的疾病**，這並不是指人類會因絕望而死。

「絕望」是指雖然想死卻死不了，仍然活下去的狀態。連肉體之死都能超越的苦惱就是「絕望」，也就是活屍狀態。不過絕望也有很多種類，最糟糕的就是自己明明非常絕望，卻沒有發現自己處在這種狀態下。

不管任何人都一樣，即使開朗過活，也一定曾經面對過絕望，這就進入了「對於自己陷入絕望狀態有自覺的絕望」階段。對於被快樂及幸運拋棄的自己感到絕望，進入逃避現實狀態，是比較**微弱的絕望**。

相對地也有非常強烈的絕望，就是認為這個世界上沒有人可以理解自己是多麼優秀的人類，因此頑固地堅持一些莫名道理而活著的絕望狀態，大概就是「沒有人懂我！」

所謂**罪惡的絕望**，則是指明明認為有神，卻讓自己維持在絕望的罪惡狀態。因為明明有正確的事情，卻轉過頭不願面對，這樣是自暴自棄的狀態，而這就是「致死之病」的極限狀態。

✳因為絕望所以能夠前進

齊克果認為「絕望」對於人生成長來說非常重要，若實際上以絕望方式生存卻不明白這點，這樣的狀態反而危險，這就是**不明白的絕望**。如果覺得人生開心就好，完全不去思考哲學性的東西，一旦有什麼危機之事發生時，將無法應對，會陷入嚴重的絕望之中。

齊克果表示跨越絕望來取回原先的自我是非常重要的，而「不明白的絕望」無法引發自我形成的運動。

但是齊克果自己在24歲的時候，對維珍妮·奧遜一見鍾情，兩人也締結婚約。維珍妮一天比一天更愛齊克果，但是齊克果卻開始在日記上寫著非常陰暗的事情。「只要我自己沒有改變，相較於我和她在一起的幸福，她失去我的不幸，應該還比較能稱的上是幸福吧。」

也許是齊克果太過多心，總之他越是愛她、越是希望她能獲得幸福，就開始覺得自己是個配不上她的人。這就像想要相信神卻無法相信而產生罪惡感一樣，這是每個人非常內心深處的想法，因此我們無法完全理解。他在之後以匿名方式接二連三出了許多書，這些其實全部都是寫給維珍妮的訊息。

齊克果的存在三階段非常有名：①**審美的存在**（耽溺享樂而遭到挫折）、②**倫理的存在**（想要認真過活但仍遭受挫折）、③**宗教的存在**（在神的面前以單獨者自立），同時齊克果也認為宗教的存在才能讓主體性恢復。

海德格的哲學

⊗⊗⊗⊗⊗⊗⊗⊗⊗

會思考存在問題的只有人類

❋思考所謂「有（在）」究竟為何

德國哲學者海德格一開始研究的是基督教神學，之後受到胡塞爾現象學、齊克果及尼采思想的影響，於1972年主要著作《存在與時間》當中使用存在論式的解釋學來追究探問存在。

探問「存在的意義」、「何謂存在」，一直都是柏拉圖及亞里斯多德 ☞ P29 以來的西洋哲學根本。

亞里斯多德認為引發「何謂存在」這個根本問題的哲學動機是「驚訝」，也就是「對於有什麼感到驚訝」。沒有世界也沒什麼，那為什麼會有？而「有」又是什麼？

萊布尼茲 ☞ P84 也曾經提出過世界並非無、為何會存在的疑問，海德格則表示，在所有存在者當中，只有一個人類受到存在之聲呼喚，體驗到存在的驚異。

馬丁・海德格
1889年～1976年

德國哲學者、弗萊堡大學教授。推演發展胡塞爾的現象學，導出「存在本體論」，1972年發表主要著作《存在與時間》第1部。於納粹政權下就任弗萊堡大學校長。1950年以後的理論則被稱為後期思想。

✳ 存在與存在者的不同為何？

　　海德格表示「存在者的存在本身並非一種存在者」（**存在論差異**）。這個存在者並不單純指人類，杯子和桌子也都是存在者。畢竟是讓杯子及桌子存在那兒的作用，因此「存在」本身並不是像杯子和桌子那樣能夠看見，或者用手去拿起來的東西。因此就算在杯子和桌子之間尋找「存在」，也是找不到的，讓所有東西「出現於此」的就是「存在」。而成為這個存在作用場域的就是人類，海德格將人類稱為**此在**。

　　為何要特地重新更名為「此在」，是由於「人類」有各式各樣的定義，像是雙腳行走的生物啦、會進行創作的動物等等。針對「非常在意存在的存在」這個方面，重新將人類以此在這個詞彙表現出來。

　　由於此在完全了解「存在」，因此以現象學 ☞ P116 對自己進行訪談，就能夠明白「存在」究竟是怎麼一回事。

　　海德格認為「存在」是於此在當中運作的存在作用，因此對於此在的存在結構進行分析。

領略死亡的先驅哲學

✳自己發現的事情是世界整體的樣貌？

海德格認為我們「平均的日常性」當中便隱藏著存在的秘密。

基礎構造是**世界內存在**。我們的存在並不是像球一樣被丟入名為世界的箱子，因為那樣就會倒退回主觀及客觀程式（就算我把我給去掉了，箱子依然在那兒），因此切換到現象學的方式，就會發現我們從一開始就是與世界緊密接合存在的。

舉例來說，如果是貓的世界，那就有個與貓相關、只有貓的生活場域（這一定只有貓才能理解），而此在了解世界內存在，因此將與此在相關的世界理解為「我們的世界」。以這個觀點來看的話，這兒就不是科學、客觀的世界，而我們也能夠看清對於自己來說相關世界的一切事物。

海德格以工具的使用方式來對這個＜世界＞進行分析，所謂工具是不能僅有其本身孤立存在的（**工具關聯**）。

以我們的生活來舉例，就像是充電器是要拿來幫智慧型手機充電，智慧型手機則是要拿來開啟APP，這樣的互相關聯。這是由於此在擔憂著自己的可能性，用智慧型手機拍照，然後使用APP加工，再把加工過的東西上傳到SNS上……，如此一來擔憂就會抹消，也就是說，世界就像是我們擔憂的集合體。因此近代那種將工具關聯拿掉，剝奪其使用價值，將之視為單純的物體看法非常奇怪。

✳覺悟死亡來以主體性生存

此在開始發現自我的可能性，然後慢慢收斂起來，這樣的網絡是一種理解世界的線索。

同時海德格也明確點出此在的存在為**時間性**，這並不是指能夠以鐘錶計算等同目前持續下去的時間，而是此在真實存活的時間。但是日常性就是誕生與死亡之間長度不一定的時間，欠缺**真實的整體性**。

為了捕捉時間性，海德格開始思考再往前也可說是絕無任何可能性的終極可能性，也就是自我的「死亡」。只要能夠補捉與「死」相關之此在，那麼就能夠明白此在的整體性與根源性（也就是能夠明白整體自存在至死亡這一整套性質）。

日常性中的此在具備「留心」而依循好奇心追逐著流言蜚語等，同時會不斷與朋友**聊**這些事情。這個時候，人類並不是以自我而活，而是讓自己配合世間等級而活的（**人**＝常人）。所謂「常人」會為了忘記自己是「走向死亡的存在」而採取這類行動，這是由於「常人」會表示「死亡暫時還不會到來」，並未坦然面對「死亡」。

海德格表示原本的自我也就是此在接受這件事實，具有對死亡的**先驅覺悟**，就能夠恢復為具備整體性、原先的自我。這是由於如此一來，此在便能夠明白將來的可能性且到達該處。

所謂先驅覺悟並非克服死亡的逃避方法，而是此在對於死亡有所覺悟以後，下定決心呼應**良心**的呼喚，因而將生存方式目標轉變為以原先的自我身分來行動。

沙特的存在主義哲學

人類自己打造自我

✻人類的意識有所龜裂

法國哲學者沙特推演出獨門現象學。

小石子這類東西就只是在那兒，並沒有任何感覺（**在己存有**）。相對於此，人類是會反省（內省）自我的存在（**對己存有**）。

笛卡兒認為「我」是實體，但是沙特認為「我」也是自反省狀態而生的一個對象罷了。大概就是「思考著『我是什麼呢……思考此事的我……』此事的我……」這種感覺，無論如何都無法抵達我的盡頭。

這是由於自己並沒有將自我統一化。沙特認為「人類經常在自我當中抱持龜裂」，那是一種自己不是任何事物的「**無之龜裂**」。

意識會出現在自己的眼前，卻又存在於離自己有一段距離之處。沙特表示這個無法可想的距離就是「無」，由於這個「無」，意識經常會從自己身上被拉離開來。

尚-保羅・沙特
1905年～1980年

法國哲學者、小說家、劇作家。出生於巴黎，與西蒙・德・波娃訂立契約婚姻。受到胡塞爾現象學與海德格存在論的影響。著作有《存在與虛無》（副標題：現象學式存在論之嘗試）、《辯證理性批判》《嘔吐》、《何謂存在主義》等。

✳「存在先於本質」是什麼意思？

從前人類就不斷追尋著「在己存有」（其自身完結的存在）且同為「對己存有」（具備意識的存在），也就是「神」 P245。但這是不可能的，追尋神的存在就只是一種空虛的努力。

如果神不存在，那麼人類從一開始就沒有本質。這就表示人類是先存在，之後才由每個人的自由意志打造出自己。

沙特表示這是「**存在先於本質**」，又或者說是「必須由主體性出發」，並舉例來說書籍和割紙刀這類物體，是由於師父腦中描繪出「裁斷」這個概念才打造出來的。用來定義割紙刀而產生的製作方式及性質整體，便可說明割紙刀的「先有存在」[1]，但是無法定義思考著存在主義的人類，因為人類一開始就什麼都不是。

「人類於其後才成為人類，是由人類自己打造以後才定型。」

（引用《何為存在主義》）

---

[1] 從前的書籍裝幀是將紙張折起後裝訂，因此出貨到讀者手上時紙張邊緣相連，必須割開才能閱讀。割紙刀經常與拆信刀共用。

存在主義與馬克思主義的合體

❋他者會讓我凍結？

　　沙特的人文思想給人一種悲劇的印象，這是由於人類沒有任何憑藉根據、沒有任何幫助，必須由自己打造出自我來賦予世界意義。

　　對於人類來說，並沒有其他的可能性。另外，人類也沒有任何可以逃離之處，必須對於自己所作所為的一切付起全面責任。如果是像割紙刀那樣的物體，就不需要煩惱任何事情，但是人類的意識當中有著帶有龜裂的無，因此必須經常性克服自己、超越自我，成為一個非我的東西。

　　就依沙特的著作《存在與虛無》的主題以一句話來表示，就是**物體與意識**。

　　另外，沙特對於他者問題也有著獨到的分析，人類長時間是相對於他者的存在，而所謂他者指的是「將視線面對我的人」。他者將「視線」朝向我，對我行使注目之禮，就能成為掌握我秘密之人，並且讓我實際體會到這點，理由就是他者和自己擁有相同的意識。

　　「他人即地獄。」（引用《無路可逃》）

　　人類對於將「視線」轉向自己的他者具有自由意識，感受到「那個人和自己一樣有著意識」。

　　因此，我們暴露於他者的視線之下，忍不住會感受到身體有些僵硬。沙特表示他者是「讓我原地凝結」的敵人。

✽參加社會推動世界

當他人將視線面對自己，我就會失去自由的「對己存有」而被化為對象，成為一個物體的「在己存有」。

因此人會將「視線」回以對方，主張自己也是一個具備意識的存在。人際關係就是不斷相互回以「視線」，可說是自由主體「相剋」的狀態。

沙特認為即使暴露於這種他者的「視線」之下，也必須不斷**拋出**自己的行為前進。另外，他也非常強調人類要實際上參加社會。人類進行行為就表示「約束自己投入」該行為，同時該行為也是「約束並捲入全人類」。舉例來說，支持一夫一妻制，就會將全人類都捲入一夫一妻制問題。

「選擇自己」就是「選擇全人類」，所有行為都不過是「參與（**介入**＜engagement＞）社會」罷了。

沙特還表示自己也不斷進行參與社會的活動，加深對於歷史狀況的認知，最後認為馬克思主義是「跨越不可能的思想」。沙特在《辯證法理性批判》一書當中試圖融合存在主義（現象學式存在論）與馬克思主義的唯物史觀。

沙特自己的活動其實頗為特殊，他和波娃是契約婚姻（每兩年更新一次），而兩人終生都是伴侶。

波娃在主要著作《第二性》當中否定既有的女性樣貌，主張「人並非生而為女性，而是要成為女性」。她的女性解放思想對於女性主義及性別理論都影響重大。

雅斯佩斯的哲學

此哲學思考無可取代的自我

✳由內側說明人類的存在主義

德國哲學者雅斯佩斯並未將人類化為客觀對象，而是主張應為主體的「我」。雅斯佩斯反對讓事情合理化的近代哲學原理，也就是拒絕將客觀主觀的觀點都化為對象，反而試圖由內側思考「人類究竟為何？」換句話說**存在主義**並非由外界來看我，而是一種思考由內側看見的我（齊克果、沙特等）的哲學。

而雅斯佩斯則為了探究存在（現在活著的我），而更加深入研究**存在本身**。

人類和物體一樣存在世界上，都可說是世界的一員，但是人類無法單純以物理學的對象物質來說明。以生物學對象的生命，或者心理學對象的心靈來說明也不夠充分。

雅斯佩斯認為不應該由外界來說明，而是要解析、解釋無法以其他東西取而代之的自我本身的存在，才是哲學的課題。

卡爾・雅斯佩斯
1883年～1969年

德國哲學者、精神科醫師。存在主義具代表性的一人。於海德堡的精神病院擔任醫師，並於海德堡大學講授精神醫學，1948年成為瑞士巴塞爾大學的哲學教授。著作有《精神病理學總論》、《哲學》、《現代的精神狀況》等書。

✱阻礙人生的極限狀況

雅斯佩斯的存在哲學是由客觀世界走向存在（我），然後由存在繼續往**超越者（神）**前進。

所有人類都必須在極限狀況中生存下去。所謂**極限狀況**，就是人類無可避免的「死亡」☞P255、「苦惱」、「鬥爭」、「罪責」。「死亡」無人能免，而人生又有「苦惱」與「罪責」，雖然似乎能夠努力避免「鬥爭」，但其實辦不到。

會這樣是由於自己只要生存，就已經從其他人身上奪取了某些東西。舉例來說，如果自己占有公司當中的一席之地，那麼就表示其他人無法占據這個位置。相反地，自己的位置也可能被他人奪走。

「我們的此在對於我們極限狀況的背後，幾乎可說是除了極限狀況以外什麼都看不見。極限狀況就像是一堵牆壁，我們只能撞上去然後感到挫折。」（引用《哲學》）

極限狀況只有自己能夠明白，因此必須在自己的內心接受，與別人商量無法從根本解決問題，因此需要以自己頭腦思考的哲學。

人與人在愛的同時鬥爭

✴在極限狀況下接收超越者的暗號

如此一來人類無法避開極限狀況，但這也是讓哲學性思惟覺醒的契機。雅斯佩斯表示「我們只有在真正掌握極限狀況下，才能夠選擇絕望或回生其一來應對。」

因為不能絕望，因此就必須要選擇人生的「回生」，而這必須要我們改變自己的意識。這個意識就是自己被包覆在超越自我之物當中，同時又受其支撐的感覺（一切都是包含者）。

另外，雅斯佩斯認為只靠黑格爾以後的理性主義無法理解人類，因此重視**理性與存在**雙方。「因此理性與存在於各式各樣的包含者當中相互交會，成為我們存在的一大兩極，我們是無法離開這兩極的。這兩極各自若失去其中一方極點，就會失去另一個極點。……存在因理性而變得明白，只能憑藉理性得到內容。」（引用《理性與存在》）

他以此論點表示依靠理性的存在受到理性照耀，才能夠明白**超越者（神）**。

這會產生一個意識，明白自己是由自我以上的存在——也就是超越者所傳遞來的東西。如此一來，世界整體都是指稱暗示超越者的**暗號**。暗號是超越者的話語，普遍化之後就成為神話及藝術等。另外，使用哲學中可傳達的形而上學 ☞ P248 思辨性話語，便能夠傳遞暗號（畢竟哲學本就充滿暗號，所以這真是挺棘手的）。

✳不斷交談到最後就能互相理解

雅斯佩斯認為存在之間的人際關係，必須要敞開胸懷坦誠一切，這使人類追究彼此根源，並且由該處逐步建立人際關係的確實基礎。

「透過交流我明白遇見了我自己，但交流之後他者仍然是他者，也就是唯一性正是他者這個存在的實體性現象。**存在的交流**……絕對就在於每次唯一的單次性當中。」（同前）

人類在極限狀況中會受到挫折，但能夠開啟超越該處可能性的正是「存在的交流」。自己與他者相遇之時，就會獲得無可取代、僅有一次，沒有替代之物的相遇。

藉由2個自我相遇、於相互認可情況下進行交流，就能夠發現彼此原先的自我，帶著創造性生存下去。

雅斯佩斯表示的是，人類相愛的時候，會非常在意**對方的真心**究竟在何處，同時他也表示若試圖互相確認，那麼就已經是鬥爭了。

雅斯佩斯於存在的交流當中特別強調愛，人類盡可能希望別人不**要追問過於太深入的問題**，對於他人也盡可能淡薄交流，或許認為彼此無條件認可就好，但是這樣的交往**內容實在過於空虛**。

不如自己受到品味、同時也品味對方，互相確認彼此的真心（這也是一種鬥爭）。

雅斯佩斯主張人類不應該為了獲得相互認可的權力，或者主張自我優越性而鬥爭，應該實踐「**彼此愛而鬥爭**」。

阿蘭的幸福論

⋙⋙⋙⋙⋙

> ## 如果沒有下定決心要變幸福， 是無法獲得幸福的

✳正因為天氣不好，要心情更好！

法國哲學家阿蘭的本名是埃米爾-奧古斯特・沙爾捷，在巴黎的學校執教鞭的同時，撰寫由極短篇章構成的哲學隨筆，將這些隨筆集結成的書籍就是《幸福論》（並沒有完整哲學體系）。

阿蘭和法國哲學者柏格森 ☞ P164 都對20世紀前半的法國思想影響重大，阿蘭的《幸福論》當中介紹了各式各樣使人不受感情或念頭擺布的方法。

下雨的話，大家都會覺得心情不好，但是阿蘭在「**變幸福的方法**」當中給了好好利用壞天氣的建議。

阿蘭在撰寫《幸福論》的時候正好下了雨，因此他想著：「下了雨之後屋瓦上便有雨聲，由無數的排雨溝傳來聲響。」明白這種美似乎是非常重要的。

天氣不好的時候，更應該要有良善的表情，這是一種積極的思考方式 ☞ P355 。

阿蘭	本名是埃米爾-奧古斯特・沙爾捷。法國哲學者。康尼爾高
1868年～1951年	中等學校教師，於第一次世界大戰時志願從軍。不提倡有
	體系的哲學，使用笛卡兒等哲學者的論點撰寫了《幸福
	論》。

❈不幸的心情其實是由於身體不適

如果將我們丟在一邊放著不管，就會變得**心情非常不好**，總是得要激勵自己。

如果持續這樣下去，有許多人都會感到疲累，但是阿蘭表示，如果要幸福，就必須要**努力**讓自己幸福才行。

阿蘭想說的是大家明明想變得幸福，卻沒有積極的去想辦法達成。「會感到不幸或者不滿並不困難，人類只要像個王子般地坐在那兒等著其他人來逗自己開心就好。」（引用《幸福論》）

那麼，應該要如何才能夠有幸福的心情呢？阿蘭強調的是心情不好的原因，大多來自**身體不適**所造成。

這是來自笛卡兒的《靈魂的激情》。笛卡兒在提倡心物二元論 📖 **P80** 後，為了克服二元論而撰寫了《靈魂的激情》。笛卡兒認為身體當中的動物精氣透過血液到達腦部便是激情，身體的行為反過來影響到精神這點，現代已經以心理學及腦科學解析出來。因此煩惱不僅止於心靈，也要解決身體狀態的問題才行。

如果不提振心情， 自然就會低落

☀如果見到討厭的人，那是一種修行

阿蘭以下面這樣的例子來說明**身體問題**會影響到精神。

「若是有人感到煩躁或者心情不悅，通常都是由於那個人實在是站太久了，」這種時候「請拿一把椅子給那個人。」（同前）

另外，他也說如果不積極努力的話，就無法幸福。

「無論去到哪兒都擺出討人厭的臉孔」或者「明明非常專注於惹人厭，卻對於別人不喜歡自己感到驚訝」，又或者是「因為自己的心情而感到不悅」，這樣是不行的。因此最重要的就是一口咬定：「好冷呢，真是冷到我要凍僵啦。這樣對健康很好！」這樣的態度。

阿蘭表示消沉之人是處在「要求自己某些義務、束縛了自己。愛撫著自己的痛苦」狀態下，所以變得像是「生悶氣的孩子」。這種時候，最好是不要一直想著**自己的心情**會比較好。不要刻意讓意識去面對「自己的心情」，變得「不關心」自己的話，心情就會穩定下來。

那是由於當時自己處在「被激情擄獲」、「煩躁不已」的狀態下，因此暫時遠離會比較好。

另外，阿蘭也說：「如果見到了討厭的人，必須先展露笑容給對方看。」他表示應當留心讓自己溫柔、親切，行禮如儀並微笑。

✳如此一來肯定就能夠獲得幸福

他也寫著：「生活的秘訣就是絕對不要為了自己所下的決心、自己做的工作，跟自己吵架。」

阿蘭認為悲傷就和感冒沒有兩樣，只要好好地忍耐下來，自然而然就會變好的。

「心靈的悲傷就跟肚子痛是差不多的。」如果覺得心情沉悶，他建議不要責備自己，只要忍耐著就好了。

另外，人一旦閒下來就會想東想西，因此最好動一動身體讓自己忙碌些比較好。要幸福只要別染上會不幸的習慣就行，如果追究煩惱的理由，那就只會加深煩惱。人類只要得到幸福就會覺得有些不適應，因此反而會習慣想要找回不幸的感受。

另外，人無法追逐自己的影子，因此有許多人認為幸福會像自己的影子一樣逃走而就此放棄。但是阿蘭表示，只要在現實中尋求獲得幸福，就一定能夠得到。

同時阿蘭也推薦**好心情法**，這是在《幸福論》當中最重要的修行方式。首先，若是有人對自己說些負面的話，那麼就想著這樣可以鍛鍊心靈，並且承受那些話語。如果有人說了討人厭的話，或者遭受責罵，都想作是鍛鍊心靈的機會。

應用篇當中還提到，自己可以刻意接近那些說負面話語的人，聆聽他們說的內容，然後想著「今天似乎會有很強烈的一擊呢」而有些興奮，這可說是一種鍛鍊心靈的方式。現代的誹謗重傷和霸凌情況非常多，這種思考方式應該會大有幫助。

叔本華的哲學

✕✕✕✕✕✕✕✕✕

從唯心主義看見不一樣的世界

❋複習一下現象與物體自身

德國哲學者叔本華著作有《作為意志和表象的世界》一書，這本書改變了尼采的人生，同時據說也對佛洛伊德產生影響。

叔本華主張自己是康德的**知識論** ☞P91 正統繼承人（他批判黑格爾）。

針對**現象與物體自身** ☞P92 的關係，比喻為電腦遊戲就很好懂了。現象就是遊戲世界，以這個意思來說就是虛擬現實（假象），但是能夠和他人對戰，是由於遊戲的根本有著程式，而這就相當於物體自身。在遊戲的世界當中可以開機關槍掃射、購買機關槍，也能和朋友組隊或交談訊息，但絕對無法了解背後的程式。

在康德的哲學當中，認為我們雖然生活在現象的世界裡，但是絕對無法了解其根源所在的物體自身，而叔本華持反對想法，主張有能夠**了解的方法**。

A. 叔本華
1788年～1860年

德國哲學者。受到古印度哲學影響，1819年於他31歲時出版《作為意志和表象的世界》，也對音樂家華格納及尼采有重大影響。

✳若是觀察自己的身體，就能明白宇宙根源？

叔本華表示，若是仔細地觀察**自己的身體**，就能夠同時明瞭現象與物體自身。

身體位處於現象世界，因此能夠自外界觀察，但是我們也可以從自己身體內部進行觀察。手雖然是客觀的對象，但是握手以後就能夠明白其與自己內心「握起來的**意志**」產生同步。

也就是說，我們能夠明白身體當中具備「意志」，換句話說，身體這個現象的內部，能夠確認具備意志這個物體自身，因此透過身體就能夠明確了解**物體自身＝意志**。

舉例來說，「眼睛」就是「想看」這個意志具**體化為現象（客觀化）**。「想聞」這個意志化為現象（客觀化）以後就是「鼻子」，「想吃」化為「嘴」、「想走」化為「腳」。

以此類推就能夠明白世界根柢存在著「意志」，動植物也有「意志」，因為它們也能夠化為現象。植物張開葉片是因為想進行光合作用，蜘蛛結網是因為想捕捉食物，貓也具備貓自己的「意志」（想吃東西、想睡覺等）。

人生會充滿如此多苦惱的理由何在？

✵這個世界是糟糕中最糟糕的，消失比較好？

接下來叔本華的理論忽然變得非常黑暗。這個意志指的是「**為求生存的盲目意志**」，沒有任何目的或終點。也就是說，所有的存在都只是為了「想做～」罷了，動物和人類都是一樣的。如此一來，**人生就沒有任何意義**（這與尼采的虛無主義☞P100有關）。

但是，叔本華表示「為求生存的盲目意志」是無限的欲望，而欲望與欲望在這個現象世界互相撞擊，就會形成**戰爭**。因此這個世界上，戰爭永遠不會消失。意志是無止盡飢餓的存在，但是現象界是一個具備物理限制的世界，因此欲望永遠不會得到滿足。

所以人生除了苦惱沒有其他東西，一切努力都是空虛的，如此便產生追求、不安、苦惱。飢餓的意志是絕對不會感到滿足的欲望團塊，經常苦於缺乏感的痛苦中，在現象當中對自己感到狂亂煩躁。

另外，意識越是鮮明、苦惱就更大，而人類則是其頂點。這個世界怎麼想都是**最糟糕的世界**，叔本華主張如果再更糟糕一些，那就連存在都辦不到了。

叔本華表示人**沒有存活的價值**，與其作為這種人生存在，還不如當個不存在的事物。

依據著這樣的理念，將這個世界說得如此糟糕，反而讓人覺得頗為爽快，真是不可思議。

✳痛苦的暫時對應方式是藝術與同情他人

話雖如此，如果到此結束的話那就沒有救贖了。但是在《作為意志和表象的世界》一書後半寫了三個解決方法，分別是**藝術之觀照、同情（同苦）與禁慾**。

叔本華認為，我們能夠提高對於個別事物和**理型**的認知，奉獻給意志便能夠獲得解脫。柏拉圖認為藝術是理型 `☞ P24` 的複製品，而世界上個別的東西又是其複製品，因此非常討厭藝術。但是叔本華表示，天才的藝術作品乃為純粹觀照捕捉到的永遠的理型，表現出世界所有現象本質那不變的原型。

叔本華對於藝術當中的音樂有特別高的評價，他認為音樂並非理型的複製品，而是表現出意志本身（這個思想受到尼采及音樂家華格納的喜愛）。

另外，在苦惱的世界中要讓心靈休息，就必須要同情。人類看見不認識的人感到痛苦時，馬上湧現的感情就是「同情」。但是叔本華表示，藝術之觀照和同情都只是暫時性的**痛苦止痛藥**。

人最終要從痛苦當中脫離需要採用的並非這兩種方法，而是必須要禁慾。禁慾的目標在於否定意志本身。靠著禁慾，人類對於欲望驅使自己造成的不安就會消失，便能夠得到完全的安穩。

尼采繼承了這個想法，由否定意志更進一步成為**肯定意志**。

之後就會接軌至接受所有痛苦的「命運之愛」 `☞ P257` 和超越虛無主義的「超人」 `☞ P249` 思想。

7

接軌未來的思想

I部的最後一章，我選擇一些對於解讀現代特別有幫助的思想。

與第5章古典經濟學相連接的馬爾薩斯《人口論》有完全命中現況的部分，也有些已經過時之處，但是目前人口問題依然延燒，因此將其理論列入介紹。

戰爭論最常被拿來比較的是19世紀的卡爾‧馮‧克勞塞維茲《戰爭論》與古代中國《孫子》。這兩本書的時代相差甚遠，但是能夠表現出東西方的戰爭觀相異之處。

現代的結構主義之後發展為後結構主義，讓-弗朗索瓦‧李歐塔著有《後現代狀態》一書，讓後現代一詞成為流行語，他不表明自己是後結構主義，而以後現代思想來統括一切。

尼采的哲學以後，開始推演起由欲望觀點來眺望世界的思想，也出現了批判理性哲學的「反哲學」思想。這也是哲學非常有趣的地方，竟然出現了「認為『哲學不行』的哲學」。

吉爾‧德勒茲與菲利克斯‧伽塔利共同著作的《反俄狄浦斯》非常難以理解，書中由「欲望機械」這個章節題目開始，講述精神分裂、馬克思與資本主義，以非常人言談的連串語句來推演內容，這是衍生出許多解釋的哲學書。

尚‧布希亞著作有《消費社會的神話與結構》一書，成為後現代主義最具代表性的思想家。布希亞的著作《擬仿物與擬像》（1981）則是電影《駭客任務》的思想根據。

羅蘭‧巴特則針對寫作推演其獨特的思想，這也讓我們在閱讀某些東西的時候，能夠獲得極大的線索。

媒體思想則提出馬素‧麥克魯漢。媒體本身即含有某種訊息（資訊、命令等）的思想，到了現在已經隨處可見，今後想當然也不能無視媒體的多樣化。

美國的約翰‧羅爾斯撰寫了《正義論》，而使近年來政治哲學忽然大受歡迎。麥克‧桑德爾推演的也是政治哲學，其與我們的生活有著深切關係。

古代與近代的哲學形式是由世界原理說明生存方式，而現代是個科學時代，因此世界原理便交由科學去負責。哲學對象的領域則擴大到包含科學在內的社會、文化、政治、語言等，並且越來越複雜，同時也開始發展出科學哲學等難以區分究竟算是理科還是文科的領域，這種綜合學科正可說就是「哲學」。

人口論與糧食問題

人口問題如今也是重大課題

✳由於有食慾與性慾，因此人口一定會增加，真糟糕

英國經濟學者馬爾薩斯（古典經濟學者）撰寫的《人口論》，當中提出了與現代仍有相當深切關係的人口問題。

日本除了由於少子化導致人口減少以外，也有糧食自給率過低的問題。糧食有一半以上仰賴進口，因此世界上若發生各式各樣的災害或者戰爭，就可能影響到日本的糧食情況。

工業革命自1760年代起就分為農業與工業兩頭進行。農業由於議會法案劃分土地，因此使資本主義的大農經營變得非常普及。如此一來，自原先土地被趕走的農民成為流浪者進入都市，進一步轉為薪資勞動者。

而工業方面，則由於紡織業確立了機械制工業，生產高效率化以後有大量工人失業。

但是馬爾薩斯主張貧困與惡德並非因制度而生，乃是人類的人口法則結果。

托馬斯・R・馬爾薩斯
1766年〜1834年

英國代表古典派經濟學的經濟學者，1805年為東印度大學教授。1798年時匿名發表《人口論》，其以限制生育來救濟最貧困階層的思考方式被稱為「馬爾薩斯主義」。

❋不增加農業生產物就會非常糟糕

人類具有食慾和性慾這兩種本能，但是人口會依照**等比級數**1・2・4・8・16……增加，然而糧食增加的傾向卻是等差級數1・2・3・4・5……，如此繼續下去，生活資源肯定會不足，如果完全不抑制人類繁殖，那麼人口增加速度會比現實的人口狀況還要大上許多。

馬爾薩斯表示為了不要讓生活水準下降，必須抑制結婚（**預防性抑制**），而糧食缺乏將提高貧民孩童死亡率、不健康的居住環境、過度勞動、傳染病、饑饉（**積極限制**）等裝置開始運作便能逐漸減少人口，同時這個波動會不斷重複。

此人口法則引導出2個重要的政治主張，其一是救貧制度並沒有增加糧食，只會增加貧民人口，並未消除貧困，因此救濟貧民的救濟方式有害無益，應該予以廢止。

另一點則是「其他經濟學者主張的平等社會根本不可能實現」。就算實現了平等社會，也會因為人口急速增加導致糧食不足，社會便會崩壞，這個主張與嘗試在政策及平等分配上進行社會改革的思考方式對立，因此也受到批判。

糧食自給率過低的國家很危險

✳人口增加情況應該已經抑制下來了啊……

馬爾薩斯認為政策當中應該以擴大農業生產物為優先。另外，進口大量穀物會降低**糧食自給率**，這樣不好。

「財產盡可能均一化在長期上是絕對有利的，若是所有者數量增加，當然勞動者數量就會減少。也就是說社會上大多數的人都成為財產所有者，能夠得到幸福，未持有自己勞動以外財產的不幸之人將成為少數。」（引用《人口論》）

另外馬爾薩斯也在1814年的「穀物法論」中承認穀物自由貿易使得國家能夠進口低價穀物，的確有其優點。但缺點就是若發生戰爭或歉收，將導致無法進口的危險性。

糧食依靠外國會威脅到國家安全，同時也會造成國內農業衰退、過度集中於工業，而工業產品輸出依賴的對象仍是外國市場，這也是經濟的不穩定因素。

另外，馬爾薩斯在「穀物進口限制論」當中更加明確支持穀物法，主張高昂的穀物價格造成地主須支付的地價，會轉為對工業產品的有效需求。同時他也主張恐慌的原因在於地主消費過少，因此應該增加地主的有效需求。

即使如此，「人口增加力與土地生產力之間有著自然的不均衡，而自然大法則會試圖保持兩者上達到均衡。」（引用《人口論》）馬爾薩斯的主張認為即使增加人口，也會發生抑制作用導致人口減少。

☀危機並不一定會到來

那麼應該要怎麼解決人口問題呢？馬爾薩斯自己表示：「我並不明白人類應該要如何，才能逃離此支配所有生物的法則重壓。」（同前）

馬爾薩斯以美國舉例，美國是自由且不太抑制早婚的國家，因此「人口僅25年就增長為2倍」。以此增加率為基準來看，若是不抑制人口，那麼每25年就會變成2倍。

有人會認為如果農業生產物不足，那麼就飼牧大量牛和豬就行了，但是家畜也要以農業生產物作為飼料，因此還是需要**農業生產物**。

馬爾薩斯認為：「大家都明白，畜牧之國無法像農耕之國養那麼多人。」（同前）

工業生產物只要增加產能高的工廠即可提高數量，這樣就能在某個程度上提升成果，但是要增加土地生產物的產量，雖然可以改良農機具、改良土地、確保土地寬廣、灑肥料等，但當時這些方法因為非常困難而無法推廣開來。

這點現在可以用科學技術的進步補足，因此預測上並未完全準確。在馬爾薩斯提出他的論點時，肥料還是以傳統的有機肥料為主，化學肥料是之後才發明的。

馬爾薩斯認為人口增加以後，會因為各種因素導致人口減少，而這樣的波動會不斷重複，這類抑制人口的議題在馬爾薩斯之後仍然繼續發展。1900年世界人口約為16億人，1950年約為25億人，20世紀末的1998年時已經爆增到60億人（目前為77億人），人口問題由於人口抑制及科學技術發達，未來也許能夠逐步提出解決辦法。

東西古典戰爭論

克勞塞維茲的戰爭論

✳ 首次推演戰爭本質理論的人，正是克勞塞維茨

克勞塞維茲是普魯士王國的軍人，同時是一位軍事學者。他在拿破崙戰爭當中是一位俄羅斯將校，戰後則專注於研究及寫作。

《戰爭論》在他死後的1832年才發表，於戰略、戰鬥、戰術研究領域中都留下重要功績。《戰爭論》當中坦然面對戰爭的「真實、本質」，徹底推演戰略理論。

克勞塞維茲表示戰爭不過是延續政治的其他手段罷了。另外，他也認為政治就是目的，而戰爭能夠達成此點。

他主張戰時以軍事誘導獲得的戰果，就是政治與外交。

另外人類活動當中雖然會有偶然，但是「偶然發生的作用沒有比戰爭當中更大的」，因此「會發生不可預料的事情」。

卡爾・馮・克勞塞維茲
1780年～831年
普魯士王國的軍人兼軍事學者，在拿破崙戰爭中以俄羅斯軍將校身分大為活躍。《戰爭論》為其死後發表的作品。

孫武
紀元前6世紀前後？
中國古代春秋時代的武將、軍事思想家。出身齊國，被認為是撰寫兵法書《孫子》的作者，也影響了毛澤東等人。

✳軍事指導者居然是這麼想的，真驚人！

克勞塞維茲認為戰爭的目的是「完全打倒敵人」。另外，掠奪一些敵國國境附近的領土以後，是要**永久占領**該地區，又或者是作為講和條件時的有利交換物品，這是由勝利的一方自由選擇的。

克勞塞維茲認為，政治活動會透過平時及戰時一貫進行，要理解戰爭就必須理解產生戰爭的政治狀態。同時他也表示，若是政治走到一個極限，就一定會發生戰爭。

《戰爭論》當中提到戰爭不過就是**擴大的決鬥**。

「戰爭的目標就在於使敵人的防禦完全無力化」（這稱為絕對戰爭）、「敵人的戰鬥力務必要殲滅，換句話說，我們必須將敵人的戰鬥力逼退到他們無法繼續戰爭的狀態。」

簡單來說，他不接受半途而廢的攻擊，認為一定要讓對方完全失去戰鬥意志。另外，本書當中也提倡「防禦是比攻擊更堅固的戰鬥方式」、「防禦而不反擊之人必定毀滅」。

對工作也有所幫助的 《孫子》兵法

✽簡單說明領導者應當何為

《孫子》是在紀元前500年左右，據傳由中國春秋時代的孫武所撰寫的兵法書。《孫子》當中有一句「知己知彼，百戰不殆」（引用「謀攻篇」）實在是非常有名。

《孫子》當中提到戰爭在開打之前就已經決定了勝負條件。若是打勝了，那麼原本就有打贏的理由；輸了也有輸的理由。在《孫子》的「軍形篇」就提到「先勝而後求戰」。

「是故百戰百勝，非善之善也；不戰而屈人之兵，善之善者也。」（引用「謀攻篇」）

這是由於只要開戰，己方之兵必有損傷。戰爭當中最好的對策就是全軍無傷，只要讓我軍受傷就不能說是最好的策略，他提倡最理想的就是不戰而使對方屈服。畢竟是為了獲得勝利的結成的組織，就算被認為有些頑固，還是應該好好維持上下關係、有明確的命令系統，否則就無法獲得勝利。

《孫子》當中提到「戰爭的時候若決定了暗號卻無人聽從，下了命令也沒有人遵守的話，責任就在將軍」，另外「若是確實說明了，仍不遵守暗號或命令的話，那麼士兵也有責任」。

書上也寫著「視卒如嬰兒，故可以與之赴深溪」（引用「地形篇」），當中表現出一個領導者應該要珍惜部下的思想。

☀長久戰鬥下去損失極大

戰鬥最好的是在戰爭態勢當中抓穩勝利契機，而不要追究個人士兵的失敗。另外，必須讓人才適得其所，打造出對戰爭有利的狀態。

「拖延 P361 」是我們的日常煩惱之一，但是若戰爭中發生這種情況，那就可能成為長期抗戰。

「其用戰也，貴勝，久則鈍兵挫銳」（引用「作戰篇」）

他也提倡不能只使用正面攻擊，偶爾也應該試著使用平常未曾使用的奇計。

「凡戰者，以正合，以奇勝。」（引用「兵勢篇」）

「故其疾如風，其徐如林，侵掠如火，不動如山，難知如陰，動如雷震。」（引用「軍爭篇」）

另外，還有「兵之形避實而擊虛；水因地而制流，兵因敵而制勝。」（引用「虛實篇」）

《孫子》的特徵之一是當中提到許多領導者應該注意的事項，現代的商務人士似乎也有許多人會參考《孫子》的內容。《孫子》一書並不是只寫著要打贏勝仗，它的價值就在於盡可能不要引發戰爭，試圖達成國家之間的和諧。

《孫子》充分展現出人情濃厚，而克勞塞維茲的《戰爭論》提倡應合理讓敵方完全失去戰意，兩相比較之下或許就能夠理解東西方各式各樣不同的思考方式。

媒體論與現代社會

※※※※※※※※

只發生一次的事情真是厲害！

※唯有一次的「靈光（aura）」逐漸消失

　　班雅明是法蘭克福學派中的一人，為德國文藝批評家兼思想家。班雅明撰寫的《機械複製時代的藝術作品》於1936年出版，他在照片及電影的歷史尚淺的時代就試著探討「複製」這個問題。

　　班雅明表表示，古代有銅板上的圖樣及銅像等藝術作品，但是到了19世紀卻能夠以印刷這種複製技術大量生產，而到了20世紀，相機、有聲電影等影像與聲音的複製也廣為流傳。

　　班雅明使用了**靈光**（aura）這個詞彙。「靈光」是只會發生一次的現象，他認為作品的靈光會隨著複製技術進步而逐漸減少。「靈光」是藝術理論上的概念，就像是宗教上禮拜對象所擁有的那種絕對莊嚴性，班雅明表示在某個夏季午後，躺著以眼睛追逐群山及樹枝等，正是「靈光」在呼吸。由於這只會發生一次，且不會再次發生，因此非常具備價值。

華特・班雅明
1892年～1940年
德國文藝批評家、哲學者、思想家，法蘭克福學派。在第二次世界大戰時被納粹追捕而逃亡，據說在庇里牛斯山中服毒自盡。

馬素・麥克魯漢
1911年～1980年
出身加拿大的英文學者、文明批評家，曾演出電影。著作有《古騰堡星系》、《理解媒介》等。

✳結合共產主義與自由媒體的未來？

當然，複製開始泛濫並不一定就會走向不好的方向。報紙及電視新聞的影像提供的資訊會不斷改變，因此會有「**無限射程**」擴展開來的情況。

靈光也與演員「現在」、「此處」這種一次性息息相關。

另外，複製技術若與政治結合，也會有非常大幅度的動作。對於原先閱讀搭配插圖的報紙的讀者來說，若使用照片來解說，就可能將其理解的內容往一定的方向引導。

在複製文化當中也有一般公民可以參加的項目，若是努力也能夠在電影中演出一個角色吧。現在則有YouTuber或者播放直播影像的人等等，有各式各樣全新的形式。

班雅明認為像納粹等法西斯主義將征服媒體架構，為了創造出禮拜價值而利用媒體。相對於此，共產主義社會則能夠以無「靈光」之可複製媒體，讓自由表現與政治連結在一起。

班雅明的《拱廊街計劃》撰寫的是19世紀到20世紀左右巴黎街道變遷以及歷史考察。

何謂 「媒體即訊息」？

✳活版印刷技術的優點與缺點

麥克魯漢是出身加拿大的英文學者、文明批評家，他的媒體論起於1962年發表的《古騰堡星系──活版印刷人的造成》。

麥克魯漢引用各式資料說明人類在認知的過程當中，最初是以聲音來進行，之後逐步轉移為文字與符號。中世紀文化以朗讀及吟遊詩人為主流，但是隨著資訊量增加，知識的視覺開始受到組織化的刺激，因此產生透視技巧的畫作。

另外活版印刷的出現也為世界帶來重大變化。**活版印刷物**是「史上最初的大量生產物品」，同時也是「可反覆製造之＜商品＞」。麥克魯漢表示，由於印刷文化而產生了視覺上的經驗均質化，如此一來包含聽覺在內的五感混雜之複合感覺便會減弱，也就是說活版印刷技術這個印刷文化，會將經驗還原為視覺這種單一感覺。

另外，書能夠帶著走，也對於確立個人主義這方面有極大貢獻。這是活版印刷技術的經驗，造成感覺四分五裂而傾向專門化，這並不是說活字文化拓展開來會造成壞處。

「這本書的主題並不是在於印刷是好是壞這種問題，而是探討不管是印刷或者其他事情，對於一個力量所具備的效果毫無知覺，可能招致悲慘的結果。尤其若這是我們自己打造的人工力量，就更是如此。」（同前）

✳由身體擴張產生嶄新機械

麥克魯漢認為，活版印刷形成的固定觀點主義是時候結束了，如今應該重新編制為嶄新的媒體。

另外，麥克魯漢也主張人類是由身體直接性技術延長而發明了印刷，因此人類對於自己好似擁有力量，能夠獲得以往無法取得之物一事感到非常興奮。

就像汽車及腳踏車是腳的擴張、收音機是耳朵的擴張，某種科技或媒體是「擴張」身體的某個特定部分，但這並不會單純發生擴張行為，也會伴隨著「擴張」之後必然的衰退造成之歸結與「切斷」。

麥克魯漢認為，人類幾乎將從前以自己身體進行的工作全部都開發為擴張的技術，他表示：「武器的發達是由牙齒和拳頭開始並以原子彈作終，衣服和房屋則是人類生理調節體溫的擴張結果。」

他也說：「電器用品、望遠鏡、電視、電話、書及等，全部都是藉由跨越時空傳遞聲音，來擴張肉體行為的道具範例。」確實以這種思考模式來想，也許就能夠預料未來會有什麼樣的機器。

麥克魯漢「**媒體即訊息**」的主張特別有名。一般來說媒體的焦點都放在資訊傳遞的內容，但是麥克魯漢主張媒體自己就已經包含了某種訊息（資訊、命令類的訊息）。

這在歷史上，也許可以使用比較晚近發明的智慧型手機來思考。以這種概念來說，智慧型手機的設計也是一種訊息，或許蘋果創立者史蒂芬・賈伯斯內心也有這個概念。

李歐塔的哲學

⬥⬥⬥⬥⬥⬥⬥⬥⬥⬥

「龐大故事」 結束了……

✳明白指出「後現代主義」的哲學者

「本研究的對象，是高度發展的先進社會中關於知的現在狀況，我們將其稱為**《後現代主義》**。」（引用《後現代狀態》）

法國哲學者李歐塔於1979年撰寫了《後現代狀態》一書，他以馬克思主義者身分活動，提倡「龐大故事的結局」、「有智之人的結局」。李歐塔也使《後現代狀態》成為流行語。

後現代主義的思想源流，是尼采、佛洛伊德、海德格 ☞P172 的思想與結構主義。結構主義中的後結構主義，是因為批判西方仍殘留理性主義而出現的思想，而後現代主義的思想則是更大一些的範圍，包含雅克‧德希達、德勒茲 ☞P210 、伽塔利等（眾說紛紜）。

李歐塔表示馬克思主義這樣宏偉的體系，就像是一個**龐大的故事**。這個「龐大的故事」結束後，高度資訊化社會就會開始大量消費因媒體而產生的符號與象徵。

讓-弗朗索瓦‧李歐塔　　法國哲學者，受到馬克思主義、佛洛伊德精神分析、現象
1924年～1998年　　　　學的影響。於阿爾及利亞擔任哲學教師，也曾任巴黎第8
　　　　　　　　　　　　大學教授，參加1968年的巴黎五月革命。著作有《後現代
　　　　　　　　　　　　狀態》等。

✳對「龐大故事」的不信任感

《後現代狀態》的序文當中提到以下內容。

後現代主義思想的特徵是由對於「**龐大故事（後設故事）**」的不信任感開始的，所謂「龐大故事」是指支配近代世界觀的人類及歷史的思考模式。

「龐大故事」就是名為「自由」的故事、名為「革命」故事，以及「解放人類」這類故事。這些故事對於人類來說具備普遍性的價值，因此將其作為理論與實踐「正當化」的助力。

但是李歐塔表示，這個正當化的根源之前其實橫亙著人類是否確實具普遍性的信用。對所有人來說都是正確而真實的事情就在人類當中，這是非常古老的思想。

舉例來說，黑格爾 P272 的「歷史會理性前進」，或者馬克思的「歷史將由資本主義逐漸發展為社會主義、共產主義」（唯物史觀）P275 這類進步史觀等皆屬此類。尼采則提出虛無主義，認為歷史沒有絕對性的目的與價值，而後現代主義也受到此點影響。

後現代主義很難理解的理由？

✳提到 IBM 的電腦技術

「龐大故事」會結束是由於科學進步，因此在資訊化社會當中，知識會拓展開來。

「像IBM 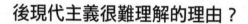 這樣的企業，若是擁有一條環繞地球周圍的軌道，並且將通訊衛星以及資料庫衛星都射上去。這樣的話誰會來使用這些東西呢？誰又能對其頻道或資料設下限制呢？國家嗎？」（引用《後現代狀態》）

另外李歐塔也表示，科技會因「為政者」而「正當化」，因此科學也與政治相關聯。「社會控制機能也就是再生產機能，將來會逐步離開所謂行政官之手，而交給自動人偶之手吧。」（同前）因此至今為止的國家與國民、黨、職業、制度等，將人類聚合在一起的力量都會逐漸喪失。

依照進步史觀及馬克思主義來看，歷史是有其固定走向的，但如此一來目標已經不在於那些「龐大故事」，反而是「生活目標交由個人自己」，這被稱為「渺小故事」。

「無論年輕或年長、富有或貧窮、是男是女……經常都被置於溝通線路的《交結處》上。」李歐塔認為，個人處在過去從未如此複雜的流動性關係打造的編織物當中，以其各自「渺小故事」來推動世界。他表示近代將理論正當化的故事都將無效，會出現嶄新的知識條件。

✳就算有索卡爾事件，後現代主義也沒問題？

未來的世界將失去「龐大故事」這類知識統整，也不具備共通尺度，因此「不會有相異語言遊戲的和解，只殘留難以調停的對立」。

後現代主義就是一種對於這種狀況下人類要如何活下去，以及如何找到「嶄新的故事」，又或故事是否真的需要嶄新道路等，展開多方位思考的思想。如果資訊化繼續發展下去，**渺小故事**就會擴散開來，想想當今的網路社會 P333，或許這點真的是說中了。

話說回來，每當提到後現代主義思想，就會提起**索卡爾事件**。紐約大學物理學教授艾倫‧索卡爾，在1996年於學術專刊上發表了一篇論文。索卡爾模仿後現代主義思想家的文體，以大量科學用語及算式打造出一篇沒有意義的假論文，並且成功刊登在學術專刊上。

之後本人揭露這件事情，批判後現代主義思想家不過是與自己的假論文一樣，使用數學與科學用語來表現出權威、欺騙世人。

1998年，索卡爾發表《知識的騙局》，提出雅各‧拉岡、布希亞、吉爾‧德勒茲、伽塔利等思想家之名，批判他們使用自然科學用語的方式，就和自己捏造的假論文一樣胡說八道又沒有內容。但是索卡爾批評的是後現代主義思想使用自然科學用語來打比方，並不是批評思想內容本身，因此也有些人認為後現代主義的**思想價值**並沒有受到動搖。

總之，後現代主義的思想實在非常深奧，但是德勒茲與伽塔利等人的思想影響深遠，現在也還有人提出各式各樣的解釋。

德勒茲的哲學

※※※※※※※※

資本主義是 「欲望機械」

✻對於資本主義的嶄新分析

法國哲學者德勒茲與雅克·德希達等人，是代表後現代主義思想的哲學者。

德勒茲研究哲學史，包含休謨、柏格森、尼采等人，而他在《差異與重複》一書當中，認為西歐哲學的柏拉圖主義式傳統為「同一性」的哲學，而加以排斥，並提倡**差異的哲學**。

1972年，德勒茲與精神分析家菲利克斯·伽塔利，共同發表著作《反俄狄浦斯》，本哲學書是以結構主義為背景，同時批判佛洛伊德的伊底帕斯情結等思想。

伊底帕斯情結 **☞ P124** 的中心概念，是在家族這個狹窄範圍內的欲望動作。《反俄狄浦斯》重新調整用來分析資本主義社會的馬克斯思想，以及針對資本主義社會中生存的人類（個人），進行分析的佛洛伊德精神分析概念，他們試圖加入各種科學智識以後，用來分析現代資本主義社會。

吉爾·德勒茲
1925年～1995年

法國哲學者，出生於巴黎。在巴黎第8大學任職哲學教授。重新研讀柏格森、尼采、康德等人的哲學史，並且發展獨特見解。《反俄狄浦斯》、《千高原》是他與菲利克斯·伽塔利的共同著作。

✳「欲望」是「機械」是什麼意思？

佛洛伊德認為人類在成長過程當中，若是欲望盡可能遭受壓抑，才能夠長大成人，並且社會上也是文明狀態。

《反俄狄浦斯》與《千高原》，其實是《資本主義與精神分裂》這部作品的第1部及第2部。

在佛洛伊德的想法中，認為人類本能領域的性衝動——換句話說，就是欲望，是實際存在的一種東西。相對於此，德勒茲與伽塔利認為所謂欲望並非自行成立的實體，而是存在於關係當中的（此論點受到結構主義影響）。

如此一來，伊底帕斯情結就並非人類與生俱來的法則。

《反俄狄浦斯》與佛洛伊德意見相左，認為欲望是沒有實體的「機械」。

他們同時將那自己不斷增殖的無意識欲望連鎖，稱為**欲望機械**。由於具備關係性的整體就是名為欲望的裝置，因此應該不是單方面由潛意識流出的單純樣貌。

搞不懂到底在講什麼的哲學？

❋「原始土地機械」這個用語不好？

我們將世界上各式各樣的存在區分為有機物及無機物、植物與動物等，但是德勒茲和伽塔利認為自然與人類是處在同一個地平線上。另外，他們將佛洛伊德的潛意識 **P124** 由原先的「心靈背後的存在」，重新解釋為「我們生存的世界整體」。這個世界整體（潛意識）有無數的「欲望機械」彼此連結又切斷，不斷擾動著。

那名為「欲望機械」之物是無數流動的「分子」，在聚散離合後誕生出生物與物體、社會制度與生產物。這個理論並非單純認為世界是機械構造的唯物主義，而是直接飛躍到「世界整體是潛意識的世界」。潛意識（此處指世界整體）是無數分子構成的「欲望機械」的巨大整體。另外，**「沒有器官的身體」**就像是欲望的原料，與人類的身體器官結合在一起之後，就會以食慾及性慾等具體欲望的形式出現。

相對於黑格爾或馬克斯的歷史演變，德勒茲與伽塔利將歷史區分為三個階段：①**「原始土地機械」**（原始共產制）、②**「專制君主機械」**（專制君主國家）、③**「文明資本主義機械」**（資本主義制）這三大社會機械。

另外，資本主義是「欲望機械」抵達的終點，煽動這個世界上的欲望後又誕生出新的欲望。我們會有欲望，就像是「肚子餓了就要吃東西」這樣，是由於欠缺了什麼，但是依照他們的理論來說，即使滿足了也會產生新的欲望。這是在思考資本主義時非常重要的線索。

✳曾經風靡一時的「偏執」與「分裂」

德勒茲與伽塔利將執著於同一性的**偏執者**，與不執著於同一性而以欲望之多樣性為目標的**分裂者**置於對立。

德勒茲與伽塔利表示，在縫隙間看見潛意識造成了**精神分裂**，正如同傅柯 P120 所說，這是醫學為其劃分出來的疾病名稱。

但在精神分裂發作的前一階段，分裂這項工作會以藝術及技術之創造活動等自由活動的形式出現。由於這種分裂的運作，才能在資本主義中打造嶄新的創造活動（另外，共產主義革命也會因此而延後）。

另一方面，**偏執狂**則執著於整合性的事物，若是傾向偏執，就會拼命勞動而使得資本累積。

由此可知偏執的目標在於整合，但相對地分裂則會畫出一條新的**逃走路線**（無法被固定之物補捉到的路線），而能從整齊劃一性質中逃脫出去（所謂的逃脫並非從當下所處的位置逃出去，應該是指能夠自由劃分世界的意思）。

分裂並非定居而是**游牧型**的，如此一來，資本主義就是「欲望機械」。即使是整齊劃一，而偏執性的腦袋無法適應的資本主義社會，也能憑藉分裂性、游牧性來從各式各樣的角度眺望世界、提高自由度。另外，資本主義是游牧性質的（開發、再開發等），因此欲望被煽動以後，資本主義就會更加發達。

德勒茲與伽塔利認為西方的形而上學，是像笛卡兒哲學的演繹法 P78 那樣，使用一個絕對之物衍生出樹狀圖來解釋世界。看來游牧性質的根莖模組，能夠使人具備柔軟的腦袋呢。

孔恩的典範轉移

×××××××××

研究科學史就能發現進步會有所飛躍

✳科學的進步，是完全破壞後重來

孔恩是美國的科學者兼哲學者。他在1962年發表其主要著作《科學革命的結構》當中提到，科學的歷史並非經常性累積之物，斷斷續續會有革命性的變化，這被稱為**典範轉移（轉換）**。

一般來說，大家認為科學是由過去的科學發現慢慢累積起來，逐步演變到現代科學。

但是孔恩表示，科學並非連續性的發展，而是在某個階段會將科學的基礎打掉、重新來過，建構出一個能夠連同當今科學現象在內，也足以說明的嶄新理論。

孔恩表示，科學者會在已經建構起的典範之範圍中不斷進行錯誤嘗試，但如果明白該典範也無法理解、說明至今為止的科學現象，就會發生新的典範轉移。舉例來說，就是在科學的世界當中，並不會像走樓梯那樣一階一階踩上去，而是像搭電梯那樣猛然跨越2～4樓，而且忽然就出現在隔壁大樓的5樓那樣。

湯瑪斯・孔恩	美國哲學者、科學者，科學史及科學哲學專家。在哈佛大
1922年～1996年	學專攻物理學，成為加州大學柏克萊分校教授，講授科學史與科學哲學。《典範轉移》的概念也影響了社會科學及人文科學。

✳由天動説轉為地動説，由牛頓力學轉往相對論等

就像牛頓力學被包含在愛因斯坦的相對論當中，整個理論基礎擴大的情況也是範例之一。

孔恩在《科學革命的結構》當中提到，自亞里斯多德的自然學變遷為近代機械論性的自然學，並非憑藉「累積」而來的發展。由於托勒密的天動說已經無法說明現況，因此由哥白尼的地動說取而代之，也是這類例子。

孔恩也說明了光的性質。

「在本世紀初，在普朗克、愛因斯坦等人推演出光量子說以前，物理學的教科書上寫著光是一種橫波運動。這種思考模式立基於19世紀初，楊格及菲涅耳的光學相關著作所建立起的典範。」（引用《科學革命的結構》）

英國的自然哲學者羅伯特·虎克（1635～1703）認為應當是如笛卡兒所提出的，空間當中充滿了細微物質乙太。牛頓則認為光是粒子，英國物理學者湯瑪士·楊格（1773～1829）則以光的干涉實驗指出光是一種波。

19世紀末前後馬克士威的理論得到驗證，確立了**光線波動説**。

脫離常識的假設可能是真的

❋「異常科學」被認可後成為「一般科學」

為光線波動說背書的乙太 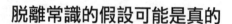，雖然屢次有人為了試圖證明其存在而進行各種實驗，但始終無法發現乙太這種物質。另一方面，1905年愛因斯坦提出光電效應，可以正確說明光線照射金屬表面時散射出的電子能量，在支持光線波動說的同時也提出光量子假設。

在孔恩的《科學革命的結構》當中認為此時發生了典範轉移，光究竟是一種波動還是一種粒子，這個問題到了20世紀逐漸確立量子力學的同時，得到的結論是「光同時具備＜粒子性＞與＜波動性＞」。「如果光是在牛頓法則支配的力學之下，於乙太當中傳播的一種波動……那麼在測量光線行走差異時必定會偵測到乙太波動，這是一般科學整個世紀以來的問題。」（同前）

孔恩表示，科學有兩種。也就是「**一般科學**」（「規範性科學」）與「**異常科學**」（「革命性科學」）。「一般科學」是指已經有具備權威的科學者集團表示正確，並加以支持的科學內容，大學的研究生們多半是繼續研究這類「一般科學」。

但有時候會發現少許這類科學規範力有未逮之處的怪異範例，一般來說會先試著在「一般科學」的框架之內，為這些例子找到一個適合的處方。

舉例來說，先前提到的光，後來增加了補充說明表示波存在於乙太這種媒介當中，因此保留了原先的思考方式，但若出現了提出與既有「一般科學」相異理論之人，這就被稱為異常科學。

✻未來可能還會再發生典範轉移

所謂「異常科學」就是與原先典範不合的科學，同時也是還不明其真偽的階段。

「異常科學」可能真的有錯、是「異常」，但若打從根本被接受的話，那麼它就會轉為「正常」，又會成為新的「一般科學」，而逐步成為制度（例如相對論和量子力學等）。

在科學理論變遷上，理論本身並非單純**累積而發展**下去，以**跳躍性觀點**來看，其實就是典範轉移。

「無論在哪種場合當中，革命性的理論通常都是在試圖解決一般問題而有所不順利，為了要搞清楚狀況才會出現的。」

孔恩認為學習牛頓力學、粒子光學等典範的學生「希望能夠加入大家工作，為了成為特定的科學者集團成員而做準備」，因此就算是出現異常科學的變異事項（舉例來說：時間並沒有絕對而是相對的情況這類概念），也很難切換自己的思考方式。

另外，孔恩認為應該要重視偶然變化要素以及社會要素的影響，因為在「一般科學」當中，會產生典範轉移的「科學革命」，並非完全是為了更加正確。舉例來說，伽利略由於天主教會的權威而遭到宗教審判，被迫撤回他的理論，這就是政治力量成為阻礙典範轉移因素的情況。也就是即使覺得難以理解，看起來是非常詭異的理論，也不應該完全否定，而要試著公平驗證。孔恩的理論除了自然科學領域以外，也使得人文社會科學領域中探討起典範論。

現代政治哲學

蓋上「無知的面紗」 以及選擇平等

＊為了找到正義而進行的思考實驗是？

美國政治哲學者約翰・羅爾斯於1971年撰寫了《正義論》一書，當中提出了縮小**貧富差距**的嶄新思想。

以往認為要縮小貧富差距，方法就是使用社會主義的重新分配財富等。但是羅爾斯的思考方式，是在資本主義經濟當中「認可自由的同時縮小差距」的方法。

他受到洛克及盧梭提倡的社會契約論 P134 非常大影響，推演出他獨特的**自由主義**。羅爾斯表示，每個人都有其各自的立場，幾乎完全不可能達成意見一致。

所謂各自的立場，指的是富裕或貧窮、人種、民族、宗教等相異，以及利害關係與社會地位等。

為了從中找出共通的「正義」，羅爾斯提倡一種思考實驗。他表示「正義的各種原理被隱藏在**無知的面紗**後進行選擇」。

約翰 羅爾斯
1921年～2003年
美國政治哲學者。對於自由主義及社會契約論復甦有所貢獻。著作《正義論》獲得極大迴響，使政治哲學開始興盛。

邁可・桑德爾
1953年～
美國政治哲學者。哈佛大學教授，社群主義代表者。著作有《自由主義與正義的極限》等。

✳公正分配需要的原理是？

　　雖然認可競爭社會，但由於要分配給貧窮之人，因此會應用到社會契約說中的「**原始狀態**（original position）」 ☞ P134 。如果能夠明白自己當下的立場是有錢或貧困、屬於什麼人種、性別差異等，那麼每個人的價值觀就會因而改變，因此試著以一個虛擬的「無知的面紗」來掩蓋。

　　這個**思考試驗**是讓人被「無知的面紗」覆蓋，那麼就不明白自己有什麼樣的社會地位。在取下面紗之後，如果是比爾蓋茲那樣的有錢人也沒什麼問題，但也有可能只不過是個遊民。因此羅爾斯表示，若是蓋上了「無知的面紗」，那麼所有人都會選擇平等主義。

　　如此一來羅爾斯將自己的正義稱為「公正的正義」，並且舉出2種正義原理。第1原理是「公正機會均等原理」，內容就是所有人皆平等，應當擁有最大限度的基本自由（言論自由與宗教信仰自由等）。

　　第2原理是「**差距原理**」，這是關於社會經濟資源分配相關的正義，也就是「公正分配」。

批判羅爾斯的桑德爾政治哲學

✳桑德爾的社群主義

羅爾斯站在自由主義的立場，認同某種程度的差異，但這個差異的條件就是社會內「最不受照顧的人群最大限度的利益」。

對此，美國的哈佛大學教授兼政治哲學者桑德爾批判羅爾斯的自由主義，同時提倡**社群主義**。

這是現代社會的問題，由於出身或者條件偶然重疊，導致一部分的人有獲得比較好的待遇之傾向。

因此為了要實現社會正義，就必須去除那些本人力量無論如何都無法處理的差距，依據本人努力打造的功績就能提升地位，這是理想的社會。但前提是必須有平等獲得功績的機會。

然而一旦自由主義繼續推進，**自由至上主義者**的立場便會抬頭。自由至上主義者認為私有財產權及私有財產制，乃是確保個人自由不可或缺的制度原理，主張應該要抑制國家的介入。

桑德爾批判這種自由主義及自由意志主義的思想。自由主義非常重視財產的「分配」，但是桑德爾認為「美德」應當比「分配」更為重要，人類並非單純存錢變得富裕就會幸福。桑德爾主張社會應該「培養美德」，也就是讓我們成為更好的人類，這顯示桑德爾繼承了希臘哲學者亞里斯多德  P26 的思考方式。

✳共同體成員共有的共通善最為重要

亞里斯多德認為事物都有其「目的（Telos）」 P29。

《正義》課程當中也有提到這樣的範例，提出「最棒的笛子應該讓什麼樣的人使用？」一般來說大家很容易回答「就算是最棒的笛子，大家也應該都有平等使用的機會」，這是平等主義式的回答。

另外，若是回答「最棒的笛子應該讓最棒的演奏者使用，能夠讓最多人感到開心」，就表示這是為了創造「最大效用」的功利主義回答。

桑德爾的回答則是根據亞里斯多德「**目的論**」所說出的答案，「最棒的笛子應該要由最好的演奏者擁有」。也就是說，從笛子的形相論式目的來說，笛子由最棒的演奏者吹奏，是為了「實現美德這個目的」而存在的。

也就是說，他強調的是不單要思索量、也要將質列入考量，換句話說就是「好」＝德這種希臘價值觀。「目的論」對於生活在現代資本主義當中的我們來說可能是有些奇妙的理論，不過桑德爾是以各式各樣的角度來批判羅爾斯的自由主義。

羅爾斯的「無知的面紗」理論中，不知道個人是存在何種地區社群當中，因此無法決定自我。

桑德爾認為說到底人類要理解自我的存在方式，就必須要理解個人被置於何種家庭或地區社群當中，否則他也無法決定自我。

桑德爾站在社群主義者的立場表示，共同體成員必須考量共有的共同利益（common good）。

現代消費與時尚

持續收集名牌商品也無止盡的理由

❋現代的「物品」價值逐漸改變

法國哲學者兼思想家布希亞在《消費社會的神話與結構》（1970）一書當中分析消費社會。布希亞被認為是後現代主義的思想家，他的分析指出現代消費社會當中，人們將商品**作為一種符號來消費**。

「洗衣機、冰箱、洗碗機等，具備與其各自道具意義的其他意義。」（引用《消費社會的神話與結構》）

原本服裝是用來保護身體不受冷熱影響及撞擊等，而包包則是用來搬運物品，但是它們的設計和顏色卻變得非常豐富，形狀也越來越多樣化。而判斷標準除了使用方式以外也混入了其他標準，如此一來，是否流行就比能否使用來得受到重視（換掉還能使用的智慧型手機型號應該也屬於這種情況）。

「物品」並不是為了使用價值及可達成之持續性而生產，而是為了「物品的消滅」生產出來的。商品並非物品而是符號，相較於「物品」本身的效用，反倒較為重視它與其他商品之**差異**。

尚・布希亞
1929年～2007年
法國哲學者、思想家，被認為是後現代主義的代表。巴黎楠泰爾大學教授。著作有《消費社會的神話與結構》等。

羅蘭・巴特
1915年～1980年
法國哲學者、批評家。法蘭西公學院教授。受到索緒爾、沙特的影響，推演寫作相關思想。

❋這個世界逐漸符號化

現代消費社會與近代生產時代不同，商品的品牌魅力受到重視，這造成了物品本身與其他商品的差異。

布希亞將需要生活必需物品的**欲求**，與追求社會地位差異的**欲望**區別開來。吃飯是屬於「欲求」，而穿戴漂亮、搭好車則是屬於「欲望」。「欲望」是人為了與他人有所區別，因此才會消費符號象徵。布希亞表示，「消費財」被轉換為「**機能財**」與「**符號財**」的結合。

「維持溫暖」、「保護身體」而穿的服裝是「機能財」，而為了與他人有所區別穿的服裝則是符號財。

另外，他也提出消費欲望當中，傾向於符號財的比例會讓財富更加符號化，因此消費社會將成為一個符號的體系。展現這種行動樣式的是具備上昇志向的中間階層（也就是所謂的品味高尚型？）類型，這個階層的人會為了尋求與他人的極小差異而有所行動。最後這類差異會相互消除而產生同一性，因此必須追尋更加嶄新的物品。

「符號帝國」 日本與文本

※因「作者之死」使「文本」獨自前行

羅蘭‧巴特是法國的哲學家兼批評家，他以文藝批評為中心，活動包含了神話、時裝、電影、攝影等多元文化。巴特以索緒爾的結構語言學為基礎，使用符號學來解讀世界。「文本」、「寫作」、「話語」等現代思想基本用語流行也是巴特提出的。

在巴特的《故事的結構分析》當中有一個「**作者之死**」的概念。當我們在閱讀文學作品的時候，認為該作品表現出作者的思想，我們會認為應該要理解過去作者心中描繪出的那些事情。

但是巴特認為這是近代的古老發想，由於「作者之死」，留下的並非「作品」而是**文本**，文本會離開作者之手，而讀者能夠深入閱讀。

文本並非表現作者心中的真實，而是在被閱讀的時候有了新生、被讀者加工，如此一來閱讀者也會產生積極性，也就是文本會透過讀者，獨自前行。

「文本」使用的原文單字有著紡織物的意思，因此就像是一直編織出新材料的紡織物，這個概念並不僅止於文學。

巴特同時也在攝影上進行他的推論，照片的本質在於「曾經有過」，而我們能夠知道這件事情，只是因為現在有那張照片，這也被認為是作者與作品的解體。

✳日本真的那麼奇妙嗎？

巴特表示會像是紡織物一樣的並不只有文學，可說是所有文化共通的情況。在分析時尚的《時裝體系》當中，巴特由其為何種符號的觀點，來分析由設計自由概念而生的時裝（服裝）。

另外，巴特曾經滯留日本撰寫一本關於日本的《符號帝國》，內容探討相對於西洋世界的「意義帝國」，日本屬於一個「符號帝國」。

在**符號論**當中，相較符號本身，符號表現出的意義更為重要。例如，紅綠燈的紅色，它的意義內容為「停止！」這件事情遠比紅色本身重要。廁所的男女性符號也是一樣，重要的不是符號本身，而是它所代表的「男廁」及「女廁」。相反的若是沒有意義的東西，那就無所謂了。

但巴特來到日本大為震驚的是，符號以一種與意義分離的方式被自由使用，歌舞伎當中女形[1]是女人卻非女性，限取[2]也難以理解；東京明明是一個大都市，中間卻出現皇居這樣非都市的空間，符號與其本身的意義完全沒有連結。

天婦羅是外層的編織物，其空隙只為了被享用而存在；壽喜燒的起點是盤子，而鍋子則是繪畫，他也考察了小鋼珠等，日本人確實非常普遍地進行在符號學上來說並無意義之事。還有像是石庭[3]等甚至與禪的體悟相關，對於現代的我們來說也有些難以理解之處，或許這對西方人來說更加如墜五里霧中吧。

---

1 女形指由男性裝扮的女角。
2 限取為歌舞伎演員的舞台妝，臉上的顏色及線條與角色有關聯但沒有絕對，與京劇中的花臉有異曲同工之妙。
3 石庭為日式庭園的一種，擺設上幾乎不使用植物，而以岩石及石礫安排畫面。

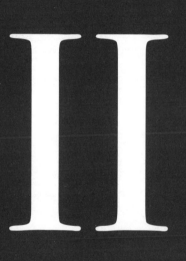

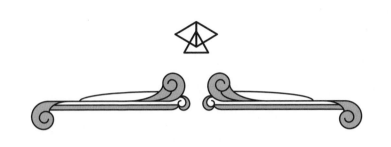

主題類別

篇

將現代問題
以不同主題區分出來，
使用思考工具
引導解決問題的方式

1

哲學、思想應用篇

在II部第1章當中會縱向分割I部的哲學史，以不同主題來應用在人生問題上，活用I部當中的知識，以自己的力量去思考、以哲學方式解決人生問題。

「以思考跨越障壁」當中自哲學起點開始，一路解說近代知識論走向。這是對於「外界發生的事情與自己主觀捕捉到的型態，真的一致嗎？」這個認知問題的解答。

日常生活當中並不會思考這類脫離常識的事情，但是哲學起於刻意對於自己的思考是否為妄想提出疑問，目標在於使主觀與客觀達到正確一致。若是難以接受妄想，那麼也可以代換成「誤解」（誤解就是小小的妄想。例：覺得去骨雞無骨〔小妄想〕，但其實有骨頭〔主觀與客觀的一致〕等）。

如果能將這種思考方式養成習慣，就會發現自己的人生就是一連串的誤解與既有概念，但是要修正誤解與既有概念，是思考的發展運動的一部分，因此我們可以明白，人生整體就是一種學習。

「該如何才能獲得幸福？」當中提出的是商量煩惱式的主題，對於提高意志力、增加幸福感等能夠有所幫助。另外，只要明白「追求幸福是

錯誤的」這樣的哲學，也能夠打破「哲學＝幸福論」的單純既定印象，想來也能讓大家重新明白哲學是非常多樣化的學問。

「思考動機與責任」一節當中，會多加詳細提一些I部當中無法介紹的基本事項，這些內容將接軌至II部5章的自我啟發。

「宗教哲學有點棘手」一節中，讓表示自己對於宗教什麼的沒有興趣的人，也能夠發現其實自己有些概念也來自宗教。這與宗派並無關係，要說明的是人類的本性就是會思考自己對於有限性的自覺，以及超越自然的神明。

哲學等級提升後，就會進入「存在論」這種更加棘手的階段。「世界的存在本身就非常神祕」中，概略觀覽希臘時代至現代的「存在論」。

一旦提到「存在」就會有「非存在」，因此無論如何都必須面對「死亡」這個事實。「生死之事」實在有些陰沉，因此於「更深刻思考關於死亡」及「何謂生存意義」當中為大家提出較為明朗的方向。

哲學追究的是位處現實背景的「真實世界」，因此能夠模擬自己看照到自身結束，徹底思考死亡之後，不知為何就覺得現在活著的每一瞬間都閃閃發光，真的很奇妙。

以思考跨越障壁

<<<<>>>>

人類只要思考就能明白世界

✳探求知識展開人類學

自幕末至明治初年，日本引進了許多西方文化。一開始「philoso-phy」是被翻譯成「希哲學」、「窮理學」等各式各樣的說法。之後西周（1829～1897）在《百一新論》（1874）當中將其翻譯為「哲學」後便延用至今，其意義表達的是諸學問統一原理之學問。

哲學乃為愛知之學，其探求的知識為乍看之下對人並無幫助的大範圍知識、根源性知識，這只要站在蘇格拉底 ☞ P18 的立場想想便能夠明白。對於智辯家來說，所謂知識是對於政治立場上的言論有所幫助的相關技術知識；而蘇格拉底所追尋的知識則並非追求對某些人事物有益的知識，而是「為了求知而需要的知」、「知識本身就具備真理性格的知」。

蘇格拉底提出，所有人類皆能夠符合的基本良好生存方式之「德」作為一個問題，表示盡力使靈魂成為一個有德之善物乃為**對於靈魂的考量**（好好生存），也就是說他思考的是尋求知識的人類本身。

但是哲學並非僅只於思考人類之事。在紀元前3世紀初，芝諾的斯多葛學派 ☞ P132 將哲學區分為**邏輯學**、**倫理學**、**自然學**3個領域。

✳人類學發展為知識論

邏輯學並非單純指亞里斯多德以後整合推論正當性的形式邏輯學，而是包含我們的表象如何成立外界的實際存在等這類知識論在內。斯多葛主義特別視為重心的倫理學，則是以理性抑制情緒、衝動、抑制及欲望，提倡公共生活中規範個人義務及社會的法律，這可說是蘇格拉底思想中應當考量靈魂的課題一路發展下來的結果。

相對於邏輯學與知識論、倫理學等談論人類的知識，自然學則繼承蘇格拉底以前的自然哲學 ☞P14。現代的自然科學會針對自然的各種現象分別向下挖掘研究，但自然哲學是將自然作為一個整體來思考，研究的是超越個別自然學的自然本身這個基礎，也就是研究「後設自然學」＝形而上學（metaphysics）。由於這種學問思考的是「存在」☞P28，正是物理學、化學、生物等各式各樣自然科學的基礎，因此之後發展為存在論，一直延續至今。這將和「生與死」息息相關。

擷取外界不明白之事

✳將會一直不明白，或者終將會明白？

　　康德將現象與物體自身區別開來，將**理論理性**（感性與悟性）可及範圍限制於現象當中，其知識論認為客觀，並不包含在物體自身當中（寶特瓶雖然存在於現象世界，但其真正的樣貌也就是物體自身是我們無法認知的）。但之後開始有哲學者批評康德提出的「我們生活的現象世界背後有不可知之處（物體自身）」思考方式。

　　戈特利布・費希特（1762～1814）將人類的客觀對象，擴張到物體自身的世界。他將人類稱為「自我」、世界則稱為「非我」，認為人類精神運作不過是由「自我」自行將「非我」努力轉變為自己熟悉的東西。

　　舉例來說，如果不明白電腦的使用方法，由於電腦並不是自己，那麼就會以「非我」作終，但是若努力在錯誤中嘗試，那麼它就會逐漸轉變為新知識，成為「自我」的一部分。

　　反覆進行這種操作，就能夠逐漸了解原先不明白的領域（物體自身）。實際上科學世界在踏入了先前並不了解的基本粒子領域以後，就將物質的謎題帶進了人類知識世界（但若到了最後的最後仍然留下無法明白之事，那麼就表示確實有「物體自身」）。

　　弗里德里希・謝林（1775～1854）將費希特的自我與非我關係，重新解讀為「精神（Geist）」以及「自然（Natur）」。精神與自然並非相異的東西，只不過有量的差異，一切都是相同的存在，也就是轉為「泛神論」。

✳產生矛盾便會進步

黑格爾 P94 綜合了費希特的「自我」、「非我」論點與謝林的「泛神論」，認為主觀與客觀在對立的流程中，知識也會逐漸擴大。精神若以心靈或者意識等個人精神方式出現，則為「主觀精神」；若為法律或國家等，則是「客觀精神」。他同時以**辯證法**說明由個人性主觀觀點轉往「普遍性客觀」時，精神會逐漸提升的過程。

若是獨自胡思亂想遇到難關時，就要吸收各式各樣的資訊，但若狼吞虎嚥那些資訊，精神活動就會暫停，因此要吸收更新的資訊來好好品味。

這表示自己的內部產生了辯證法式的活動。也就是說，主觀和客觀逐漸一致，最後便會接近普遍性正確的事物（絕對知識）。

這與蘇格拉底之後的反詰法形式非常相近，這種方法並不是某種思考停滯，而是吸收對立的自我當中不具備的資訊，然後慢慢咀嚼。這樣一來，就會逐漸萌生新的知識（辯證法 P274 ）。

由於這個世界經常變化，因此必然會發生對立、矛盾、障礙。所謂的動，就是要逐步克服某種障壁，只要活著就一定會面對某種障壁。不管是念書或者健身都需要加強負荷，這種時候發生的運動，就是吸收那些外界並非自己的東西成為自己內部的事物。

「只要活著，就無法逃避」這個從蘇格拉底之後的人類學所提出的法則。因此，還不如以一種跨越障壁成長的積極之心，使用哲學活下去比較好。

主題類別篇

哲學、思想應用篇

該如何才能獲得幸福？

〜〜〜〜〜〜

幸福論也是五花八門

✲以習慣建立自身之德

亞里斯多德 ☞ P283 撰寫了歷史上第一本倫理書《尼各馬科倫理學》。亞里斯多德在此書當中將知性及意志區別開來，而他認為要實現德行，最重要的就是經由意志來選擇行為。

人類會受到快樂及痛苦等情緒驅動，這是人類的自然本性，因此不能說是好或者壞。最重要的是，相對於這些快樂或痛苦情緒，我們採取的是什麼樣的態度。

亞里斯多德表示，靈魂的「德性（arete）」仰賴對於情緒的態度，好的態度是指不會隨著情緒起伏，無論是強或弱都不會有所反應、並中庸以對。

舉例來說若提及名譽，過剩就會成為「虛榮」、而不足則為「卑下」；中庸則是「高風亮節」。

若為幽默，過剩則是惹人發噱的「小丑」、不足則是過於無聊的「不懂人情世故」；而「中庸」則是「機智」。他認為德性，就是將中庸當成一種習慣並加以實現。使用習慣能夠讓自己具備德性，這就稱為**習性之德**。

✳功利主義是具影響力的幸福論

如今倫理學又被稱為實踐哲學、道德哲學等，因此倫理學偶爾也會採取「幸福論」的形式。

亞里斯多德也認為萬人所求的至高善便是幸福，他表示「中庸」的生存方式當中有真正的幸福。

創立伊比鳩魯學派的伊比鳩魯 ☞ P30 在快樂當中尋找幸福的生活標準，認為快樂是善、痛苦是惡，尋求不帶有痛苦的至高無上快樂「內心寧靜（ataraxia）」（快樂主義）。

相對於此，斯多葛主義試圖不受到快樂擺布，認為以禁慾的精神「平靜（apatheia）」才能夠找到幸福（禁慾主義）。

斯多葛主義的塞內卡雖然因為皇帝尼祿下令而自盡，卻表示應死之命運不擾亂心靈正是幸福。

功利主義 ☞ P150 的倫理學也是幸福論之一。

邊沁的《道德與立法原理》當中提倡「最大多數人的幸福」。

也有否定幸福論的哲學

✳羅素、希爾蒂、阿蘭這三大幸福論

伯特蘭・羅素（1872～1970）的《幸福論》撰寫的立場是將幸福視為善，他認為**不幸的原因**在於，將熱情與關愛只放在自己身上。

羅素表示為了要獲得幸福，必須要有旺盛的好奇心、將關心轉向外界，與他人友好往來。另外，也要找到工作的喜悅、活用愛情及分散注意力，努力快樂生活，如此才能夠獲得幸福。

卡爾・希爾蒂（1833～1909）的《幸福論》當中，則認為人類基本上是非常無力的存在，面對自己無能為力的苦難以及悲慘，就只能依靠神的力量。因此為了要尋求真正的幸福，必須面對這個現實、相信超越一切的神之救贖，過著生命中有神的生活。

雖然幸福論五花八門（阿蘭的幸福論 ☞P184 ），但哲學當中也有批判「幸福論」本身的理論。進入20世紀以後，分析語言及概念的分析哲學方法傳播開來，因此這個方法也被應用在倫理學問題上。

英國哲學者**喬治・摩爾**（1873～1958）就批判享樂主義。摩爾認為試圖以非倫理概念定義倫理性概念，這種錯誤是**自然主義式的謬誤**，他表示不應該使用與自然科學或心理學相同的方法來處理倫理性質的善，將它們視作相同的東西。摩爾認為倫理學的課題是回答「何謂善」，單純作為手段的善雖然符合使用目的，但其本身所謂的善是一種單純的觀念，無法明白定義。

✳快樂≠善？

後設倫理學當中並不處理個別事例的「○○正確」、「○○應當如何」這些問題，而是思考所謂「正確」或者「○○應當如何」這些概念的意義及定義為何，以後設等級（更高的等級）來思考。因此，要先分析「○○為善」等謂詞的意義。

但是就算規範「自我犧牲為善」，那也不是善本身。這是由於那只不過是使用「自我犧牲」這個其他性質來定義善，並不充分。這樣就只是單純以雙重意義來逼近而已，因此不能使用其他概念來置換「善」本身。

摩爾表示善無法作為經驗科學對象，並不是一種自然存在。他認為善也並非以神等作為根據那樣，超越感覺式的形而上學存在。善是**非自然的存在**，若試圖借用自然性質或者形而上學性質來定義它，當然就會產生誤差（這是自然主義式的謬誤），這就像是使用各式各樣的語言來表達美麗的藝術作品，也無法直接表現出感動一樣。

如此一來，就不需要採用間接的手續來證明或者定義「善」，只需要以直覺補捉就好了。所有人都能夠以直覺掌握那無法繼續上溯的直接明證性，這個立場被稱為**倫理性直覺主義**。

摩爾表示享樂主義雖然將快樂視作善的，但那只是大家將快樂與善這個價值結合在一起，錯誤就在於將事實判斷替換為價值判斷。

「善」是一種心靈能夠直接感受到的東西，只要不與「快樂」混淆在一起，也許就能夠明白善本身是什麼。

思考動機與責任

◈◈◈◈◈

複習一下康德的道德說

✳立基於道德義務？

康德的倫理學也否定幸福主義的倫理。康德認為人類的知性運作有其極限，並且背後有著無法以知性合理說明的領域（**物體自身**）☞P189。由於那是超越範圍性知識邏輯在運作的意志世界，因此乃是倫理的境界。

康德認為，就像是**理論理性**具備感性形式（空間與時間）以及悟性概念（範疇）作為其認知能力，意志也存在著法則般實踐理性行為的能力。

康德重視的是「行為的動機是否立基於道德義務上」（**動機說**）。

經常與其被拿來比較的邊沁功利主義則與之相反，重視的是增加快樂（**結果說**、結果主義☞P150）。

康德的倫理學論述撰寫在《道德形而上學之基礎》（1785）、《實踐理性批判》（1788）當中，將行為區別為「單純符合義務之行為」與「**真正義務帶來之行為**」。

若是「為求交通安全而遵守速度限制」那麼就是符合道德義務；但若是「不想被警察抓所以遵守規則」，那麼就無法認定這是真正義務帶來之行為。

✳用以品味自行決定的規則之方法

以這個觀點來思考享樂主義與幸福論，就會發現這些理論絕對不是將道德價值擺在「義務帶來的行為」。康德尊重義務，並且只為義務帶來的行為賦予道德價值。

康德表示執行由義務帶來的行為，這個意志是具備無條件之善的善意志。善意志以及義務皆須遵循的**道德法則**，被化為定言令式的形式就是：「你的意志格律（行為準則）會常態命令你在行動時，必須同時符合普遍性立法原理。」

格律 ☞ **P93** 便是指自己決定的個人準則（規範）。舉例來說，將「咖啡空罐丟在車站前其他人的腳踏車籃裡」作為自己的格律，而將此行動視為「經常同時且普遍進行」之事（也就是所有的人都會做一樣的事情）。

這樣一來所有的腳踏車籃都會塞滿空罐子，便沒有籃子能夠丟空罐，如此一來自己決定的格律也將無法執行，那麼就會明白，該格律是錯誤的。這個道德法則是人生公式，實際上也能夠應用在各式各樣的情境當中。

內部的形式 VS 外界的行動、 結果

❋人生不是為了享樂嗎？

康德認為每個人若都具備「善意志」，那麼大多數人就能經常性以符合妥當普遍之善良規則來行動。這個道德法則採取的是**定言令式**（「你應無條件～」）☞ P363 這樣道德律令的型態。

這是以「善意志」作為出發點，並未規範快樂、幸福等其他條件（意志之自律）。因此這等於是打從根本批判「人生只要快樂就好」這種思考方式。

如此便轉為「人生只要本身具備善便可」，這表示能夠自快樂與痛苦、損失與利益、幸福與不幸等其他律令條件解脫，而獲得自由。

也就是說，自一旁看來貌似不幸的人，也能在其內心獲得滿足。康德所謂的生存，對於現代人來說可是難上加難。

再怎麼說，現代科學技術已經將盡可能增加快樂、減少痛苦為佳這種思考模式變成常識了（在功利主義當中這樣是正確的）。功利主義的結果說和康德的動機說，也與**政治哲學**相關。

話說回來，康德的哲學雖然非常好，但在哲學的世界當中總會有藉由批判來打造出嶄新見解的動向，因此康德的倫理學也受到各式各樣的批判。

基本上受到的批判是，如果打造出無條件成立的道德規範，並將其作為一種公式，在實際生活當中會逐漸變得多樣化，進而成為抽象的形式主義。

✳正因有自由，所以有責任

德國哲學者馬克斯·舍勒（1874～1928）羅列出感官價值（舒適價值）、生命價值（健康價值）、**精神價值**（文化價值）、**人格價值**（神聖價值）。舉例來說，公司具備用來整合利益的感官價值、家人有生命價值、學問的世界是精神價值、教會帶著人格價值等，他同時表示這些都與社會相關聯。

比起「必須～」的意志，舍勒更著重於具備感情的價值意向性，將人格個性的根據置於愛的作用下，展現出人格倫理學。

德國社會學者馬克斯·韋伯（1864～1920）則將倫理區分為**心情倫理**與**責任倫理**。心情倫理的立場，是以心情之純粹這種動機來讓行為正當化（類似康德的立場）。另一方面，責任倫理則代表應擔負行為造成之可預測結果的責任。韋伯認為現代社會當中實際在運作的倫理方面，「責任倫理」遠大於「心情倫理」。

雅斯佩斯 ☞ P180 受到韋伯的影響，也提倡責任倫理。雅斯佩斯認為「存在」就是成為真正的自我，因此與其他人的「交流」是非常重要的（在愛的同時鬥爭 ☞ P183）。這是由於與其他人有了交流，就要擔負對於他人的責任，因此行為的結果會成為一種責任回到自己身上。

沙特也非常強調責任。他是無神論的存在主義者，否定普遍道德，因為人類是自由的 ☞ P178，因此自己與他人都是自由的，但是自由就表示需要背負對他人的責任。沙特認為應當要背負責任，選擇自己的行動而活。

將自己的行動分類為動機或結果、心情或責任等，或許能夠得到一個整理腦袋的機會。

宗教哲學有點棘手

‹‹‹‹›››››

若發現自己的微小就能明白龐大的存在

✳何謂信仰當中絕對性依賴情感？

德國哲學者兼宗教學者弗里德里希‧史萊馬赫（1768～1834），被稱為近代神學之祖。史萊馬赫將信仰之心，稱為人類對於宇宙的「直觀與感情」（**絕對性依賴情感**＝虔敬）。

就像是藝術的根據在於受到美感動的情緒，宗教也是受到某種影響產生情緒後成立的文化。

以藝術來說是受到美的打動，而宗教來說打動人心的則是超越人類力量及生命之物＝神（無限者、絕對者、超越者）☞P181。

這就誕生了名為宗教的文化。根據這種說法，認為「相信宗教在邏輯上是非常奇怪」的人，就等同於表示「說這張圖很美在邏輯上是非常奇怪」。

史萊馬赫將阻擋這種虔敬之心的行為，命名為「罪惡」。絕對性依賴情感（虔敬），被認為是對於自己所欠缺之物有所自覺的情緒。

絕對性依賴情感是一種由龐然大物打造的感覺（也可稱為**被造物感**），這表示有些人並非「痛苦之時依賴神明」，只是單純因為感動而有其信仰。

✹明白自己的極限，就能夠慎重生活

人類並不認為能夠自己讓指甲伸長，或者讓心臟跳動。確實自己什麼也辦不到，因此或許可說是有限又卑微的存在。也就是說，絕對性依賴情感是一種自己的根源，並非自我的情緒。

所謂宗教就是人類有所自覺，自己對於絕對者而言不過是**相對者**，面對無限者時自己不過是**有限者**罷了。

尤其，**人類的死亡**特別能夠顯示出人類的有限性。存在哲學者雅斯佩斯將那種超越我們日常中可以科學驗證的主觀自我、無以取代的存在方式，稱為「**存在（Existenz）**」 ☞ P180。要對「存在」覺醒就必須遇到「極限狀況」，面臨那樣的狀況才會有所頓悟，明白自己是只能祈禱的有限存在。

如果平常就執行這種哲學思考便能產生一些效用，使人即使面臨某種危機，也能夠不慌不忙。深呼吸之後稍微冷靜一下，重新思考也是個辦法。

神的存在能夠以邏輯證明？

✳希臘哲學以後靈魂不滅的邏輯

在柏拉圖的《斐多篇》當中提到，蘇格拉底認為哲學是「死之訓練」。柏拉圖表示人類的本性在於與肉體有所區別的靈魂，而靈魂是明白永遠真理的不死之物。靈魂於這個世界被困在肉體當中，因此平常就應該盡量讓靈魂自肉體中獨立，努力淨化靈魂。

《斐多篇》中說明日常的生活多留心這件事情便能辦到，如此自己的生命才能夠清淨、完全得以解放，回歸到自身。《斐多篇》的形式，是以哲學來證明關於不死的論點。

當中認為我們生命的源頭是純粹的靈魂形狀，而那純粹性正如同**理型** ☞ P24 絕對存在一樣，具備永遠不死的性質，超越我們感官所能夠掌握的範圍。因此認同理型的存在，就等於證明了靈魂在出生以前便已存在。

關於靈魂不死的論點，除了柏拉圖以後的希臘傳統認為知性及理性之本性不滅外，基督教提出的死後復活信仰也對哲學有重大影響。基督教認為死亡的意義是贖罪，人類相信耶穌 ☞ P48 提倡的福音，因此認為能夠以嶄新的生命型態復活。

古代基督教有希波的奧古斯丁（354～430）提倡「三位一體論」推演基督教哲學，到了11世紀中葉則開始形成經院哲學 ☞ P55 。

✳多項傳統的神之存在證明

自古以來就有好幾個以邏輯，來證明神之存在的方法。中世紀的士林學中，哲學者安瑟莫（1033～1109）提出了「神之存在論之證明」，神為可能存在者中最大之存在者。可能存在者中最大存在者，在邏輯上具備必然存在之屬性（因為最大存在者不存在乃為矛盾），因此神並非僅存於我們的思緒當中，而是真實存在的，約莫是這樣的內容。笛卡兒也採用這個證明方式。

到了13世紀進入經院哲學鼎盛時期，托瑪斯‧阿奎那（1225前後～1274）將亞里斯多德的哲學引進神學當中。原先對於信仰來說的真理，以及對於知性來說的真理是性質相異的，因此這讓信仰與知性得以達到調和，使用知性來進行「神之存在證明」。

以下會應用到亞里斯多德的哲學。首先，所有的事物及事件必定有其因方有其果，物體要運動就必須有某個原因，但是成為原因的那個理由必定也有其成因。事件的「原因」序列可以不斷往根本追溯，但不可能一路走向「無限」。如此一來，所有的運動應該會有一個最初的原因，而該原因是無法再繼續向前追溯的。因此這就是宇宙的**第一原因**，這就是「神」。因此神是存在的，這被稱為**宇宙論式的證明**。康德認為神的存在及靈魂不死的問題，並不屬於知識範圍，但是神的存在能夠賦予人類理性道德法則、使人向善，因此我們「需要」能夠進行善惡審判之人，這有時會被稱為「神之道德論證明」。

這些在現代都完全遭到否定，也有一部分數學家主張神的不存在證明。

世界的存在本身就非常神祕

<><><><>

將人類和物質都放在一起思考的存在論

✳若要詳細說明「實體」……

亞里斯多德在《形而上學》當中提到，哲學是「身為存在的存在」的學問。

這個意思是說，形而上學是普遍考察存在何以為存在的學問，在哲學當中將其稱為**存在論**。存在論的基本就是為了思考真正存在的東西，而將現象與本質區別開來。

亞里斯多德認為柏拉圖的理型存在於個體，將理型代換為形相。

形相和質料的理論我們已經在亞里斯多德 ☞ P28 的段落中解說過，若要再多加說明，那麼就是現實樣態與可能樣態。展現現象的個別物體，是由其本質之形相與不受規範的質料形成的。不受規範的質料為可能樣態、並非真實存在；但是形相規範質料後生成的個體，就是**現實樣態（energeia）**。

亞里斯多德將形相與質料形成的個體，作為真實存在的**實體**。

到了笛卡兒 ☞ P80 的時代，認為實體是為了存在，並不需要其他東西的**自我原因**。而神則是自己存在的，因此被稱為「無限實體」，精神和物體則被稱為「有限實體」。

＊實體有兩個、實體有一個，不，實體是多元化的？

　　精神的屬性是思考（思惟），而物體的屬性是延長（推廣）。笛卡兒這個存在論被稱為**心物二元論**，這引發了心物二元論的問題（心身問題）P80。這個問題指的是，「想著走吧就能走」這種精神（心靈）與物體（身體）之間的關係變得含糊不清，因為在這個觀點當中，精神和物體是各自獨立的實體。這個心身問題之後，由斯賓諾莎及萊布尼茲等人提出的存在論得以解決。

　　斯賓諾莎 P82 的存在論是泛神論，表示精神和物體原本就都只是**由神這個實體**必然產出的東西。「與觀念之秩序結合，和物體秩序結合是一樣的。」也就是「走吧」這個思惟與「走路」的身體，是相同東西的不同形態達到同步。

　　萊布尼茲 P85 則認為所有東西都是**單子**，宇宙誕生之時一切單子都已經寫好了宇宙的程式，因此會在**前定和諧**條件下達到心身連動。

果然 「存在」 是很神祕的存在

＊由經驗主義與理性主義到唯心主義，然後尼采一舉打碎

英國經驗主義的洛克和笛卡兒一樣將心（mind）與物（matter）當成實體，但是柏克萊 ☞ P88 表示「存在就是知覺」，完全顛覆存在論的根基。另外，休謨 ☞ P89 則表示心靈是「**一束知覺**（bundle of ideas）」，認為心靈是經驗打造出的知覺內容劇場，否定了心靈的實體性（存在性）。

康德整合理性主義與經驗主義，以物體自身及主觀構成說明現象。

物體自身雖存在，但並非能夠得知的領域，因此主題轉為知之哲學（知識論），以康德來說，就能夠窺見他由存在論轉往知識論。

另一方面，黑格爾 ☞ P95 則表示絕對精神之本質以現象來進行自我認知，這是由分裂後取回自我，來恢復同一性的辯證法形成過程，存在會以動態的方式出現在這個世界上。

大略總括一下至此為止的存在論的思考方式，都以世界的根源存在著恆常**普遍性真理**為基礎。

但是尼采 ☞ P100 卻全盤否定了普遍性真理的存在，他批評超越現實世界假設另一端有理型界的柏拉圖主義、尋求彼岸的基督教，都是在**現實生活**當中無法強悍生存的人類妄想捏造出來的東西。由於尼采的哲學，形而上學式的存在論一口氣回到原點，接下來便產生了重視現實的現代哲學潮流。

✳海德格重新問起存在的意義

尼采提倡在現實之中強悍生存的**超人**。

超人肯定虛無主義的世界。

自古代至近代的哲學主流認為現實會產生變化,因此不能受到這些限制,必須找出超越現實的真正存在。

另一方面,尼采則在永劫回歸這個時間當中捕捉存在,在永恆流轉不停的時間當中,將強悍生存的人視作理想。

這樣一來,會讓人覺得希臘以後的存在論都遭到破壞。

但是受到尼采影響的海德格 ☞ P172 卻受到尼采的影響,而得到存在之**時間化**這種逆轉的概念,打造出完全嶄新的存在論。

尼采雖然說「上帝已死」,但就算神不在了,至少「存在」還是無可否認的。因此只要探究「存在」、重新建構哲學,那麼尼采的虛無主義應該也能夠恢復原況。

海德格將從前「存在」乃為自明一事稱呼為**存在之遺忘**,然後重新探究起存在的意義。

海德格注意到人類雖然覺得有些模糊,卻還是對於存在具備某種理解。因此使用現象學的方法 ☞ P116 來解釋這種情況,由時間的意義來捕捉存在,並且追究其結局「死之問題」。

過去的存在論是將存在還原為本質,或實體來理解它,但海德格脫離這個方式,考察存在這個東西的本身,建立嶄新的存在論。

存在的不可思議,以及存在本身消失的「死亡」是息息相關的。

生死之事

〈〈〈〈〈〉〉〉〉〉

也許好好想一次關於死亡也不錯？

✳人認為自己不會死

思考死亡之事似乎會讓人心情低落，因此有些人盡可能不願意去思考死亡的事情。這樣也沒有什麼不好的，但我們都知道這種態度到頭來仍會受挫，因為「我們最後一定會死」是件無法動搖的事實。

因此，哲學一馬當先面對死亡的問題，蘇格拉底就有著**死亡訓練**的概念。

另外，就算說什麼死了就一切都結束、萬物皆終將抵達沒落之命運等，大部分的人也還是把死亡當成別人的事情來看待。

江戶時代中期（1716年前後）撰寫的書籍《**葉隱**》，是肥前國佐賀鍋島的藩士山本常朝口述其身為武士之心得，當中提出了「人類只要周遭有人死去，就會想著最後自己也會死」，但也許我們先思考一番自己的死亡會比較好（當然保險之類的也要好好思考）。

死亡是無法抵抗的，這會打造出對於自我消滅、自我化為無的感受而讓人產生發寒的孤獨、絕望、害怕與不安。但正因如此，若能敞開心胸建立對策，也能緩和自己的不安。若是能夠長壽，只要覺得是賺到就行了。

✳果然還是先思考過死亡比較妥當

雖然思考了許多死亡的事情，但也有些人認為「何時該死的時候就死吧」，這是由於認為死亡時經過的時間，和人生整體時間相比實在短暫。

但也有某個論點認為，死亡並非平均流動而是**相對性**的，某些人的5分鐘，對於其他人來說也許就像10年一樣漫長。據說死亡瞬間，腦會回顧體驗過去的記憶，如此一來當事者的時間感覺很可能是幾十年分，因此哲學就能針對這種情況採取對策（只要能想到「咦？對了，時間是相對的呢。」就不會過度慌張）。

死亡是完全無法理解的，我們也完全無法明白死時的意識狀態，與其思考生不如思考死，或許對於人生整體來說比較有保障。

以哲學、宗教來進行「死亡訓練」或許也不是件壞事，可以說這就是**哲學及宗教的意義**所在。

《存在與時間》 對於死亡的説明

✳出生就表示死亡

海德格 ☞ P172 表示以純粹的意義來說，我們無法體驗他人的死亡，我們只不過是「正好在那兒面對」。這是由於他人之死為客觀之死，該當逐漸死亡的人本身「**喪失存在**」這件事情我們是無法體驗的。當我們面對他人之死時，能夠明白的就是無論任何人，都無法將死亡從他身上趕走。

此在（＝人類）☞ P173 自己不得不接受自己的「死亡」，乃在本質上是自己的一部分。另外，死亡不具備「代理可能性」也就是無法替換，沒有人能夠代替自己死亡，「死亡」必須要自己去體驗。「死亡」對於人類來說，是非常特別的「存在可能性」。

海德格表示人類只能夠受到「死亡」衝擊然後崩毀，這是一種自己不可能「存在」的可能性。「死亡」是人類極端無力之事，不過就是「無的出現」。

他認為「人類無論是否出生，馬上都會達到足以死亡的年齡」，也就是人類在出生的瞬間，就必須生存在與「死亡」息息相關的存在結構之中，無可選擇的實存在此。

他所強調的是我們以醫學觀點認定「死亡」這件事情就是身體機能停止，因此一般來說就不繼續思考下去了。但對海德格來說，死亡並不是被觀察的他人，而應該探究現在活著的自我（存在）。

✳早一步對死亡有所覺悟

海德格表示死亡無可避免，但尚未來襲，這是由於此在（人類）在本質上是「**未結束**」的。但結束之時也並非有什麼完成，而是面臨「終點」，由這點看來，此在於任何觀點中都是「未結束」的，但又自行與終點搭上關係而存在。

雖然說「死亡」是此在「自行與終點搭上關係」，但這並不表示自己抹消了存在而化為烏有。化為烏有的時候就不是此在了，因此幾乎不具備任何可能性。

但我們現在活著、朝向終點而去，「與死息息相關」而存在著，甚至該說在這段期間內死亡本身並沒有問題，應該好好看著與死亡相伴的自身，對此採取什麼樣的態度，這種思考方式更為重要。這也可以切換為，自己的存在應該要如何活下去的問題。

海德格在「死亡」的可能性當中一馬當先了解死亡的可能性，並表示在能夠忍受這點的人內心，可以發現「覺悟」及「決心」。接受自己乃為一個無力存在且會「死亡」，海德格稱此為**先驅覺悟**。

海德格提倡的是，坦然面對所有人都無法避免的死亡這個現實，並且試著積極接受，藉此回頭面對原先的自我（存在）。

這是將存在視作時間 P175 之後引導出的哲學。

更深刻思考關於死亡

<>×<><><>

人生的荒謬與面對死亡的方式

✳沙特的看法與海德格完全相反？

存在主義者沙特 **P176** 於其著作《存在與虛無》當中，提倡不需為死感到煩躁、勇往直前自由的哲學。

沙特與海德格完全相反，表示死亡並非我們固有的可能性，應該說「死亡是一個**偶然的事實**」（引用《存在與虛無》）。

「在我的主體性當中，死亡是不存在任何一個地方的。」、「死亡無法傷害我。」（引用『《存在與虛無》）

沙特針對人類面對荒謬的死亡作出以下說明，人類「就像是死刑囚犯。他不知道自己哪天將遭到處刑，但是每天都看到囚犯夥伴遭到處刑。甚至可說他已經做好毅然決然面對處刑的心態，也考量到各種事情以免自己在絞刑台上慌張而亂了手腳。而有一位死刑犯就在這種情況下，因為西班牙流感而莫名其妙離世，這種例子用來描寫我們正是恰當不過。」（同前）

沙特認為出生便是非常**荒謬**的，而我們死亡也一樣荒謬。人生要追究我們自身各式各樣的可能性，活過自己的人生才有意義。因此可說人生是自由的，且充滿了無限的可能性。

存在與時間

✳親近之人死亡與我自己的死亡

雅斯佩斯思考了極限狀況 ▣ P181 當中，各式各樣「死亡」的形態。首先，死亡會以「**最親近自己的人之死**」的形態出現，這是非常難以忍受的體驗。

但是雅斯佩斯表示過世的若是越重要的人，就越會將與對方的**往來**珍惜地放在心底深處，然後懷抱著那分思念與故人一同活下去。他表示這個時候，故人之死便成為**嶄新次元的現實**。

接下來「**自我的死亡**」則是根本性的問題。思考自己的死亡時，就能體會到自己還有必須完成的事情，以及自己尚未完成。人類在面臨死亡的這個時候，才第一次清楚的自覺到什麼事情是最重要的。雅斯佩斯認為一天到晚捕風捉影的人類無法排除對死亡的不安，另一方面，那些總思考著自己是為何而活、要做些什麼的實存之人，即使在死前也能夠保持冷靜。

接受死亡的方式也是五花八門

※不由外界而由內部捕捉死亡

雅斯佩斯表示人類能夠作為**科學性質合理**對象來認知，但這是有極限的。這是由於人類的本質，必須與超越科學性質合理認知的當事者本身相關聯，因此自我分析判別，並加以解釋無可取代的自我存在就是哲學的課題，而這就是「**實存照明**」。

雅斯佩斯表示，即使思考死亡也無法達到實存照明之人，活著也跟死了沒有兩樣。會說「反正吃吃喝喝開開心心就行」，或者「反正最後都會死」這類話的人，只不過是渾渾噩噩活著的屍體（這也是一種看法，並不一定就是正確的。認為享樂主義 **P151** 很好的人，選擇享樂主義的看法也沒有關係）。

雅斯佩斯認為死亡當中隱藏著完成度，因此必須珍惜、每天好好過活。這樣一來就可以避免像具行屍走肉般活著，而能夠做好自己應該做的事情、滿足的死去。

死而活著表示透過死亡然後重生，抱持著復活的心情活下去。

另外，針對死亡的思考方式，也會隨著自己的變化而逐漸培育起來。也就是說，自己的人格若有所成長，**對於死亡的態度**也會轉變，這是雅斯佩斯的想法。如此一來，就能夠理解自己那超越生死的意識之永遠性，這時候人類才能明白**超越者** **P242** 。

✱死亡與生存都會回歸到永遠

尼采提出的是，人生為無目的之**虛無主義**☞P103。以這個立場看來，一切都是沒有意義的，因此會覺得是活是死應該也差不多吧。

虛無主義認為基督教提出的那種終點並不存在，但是人類可以選擇消極重複相同的事情，或帶著**積極意義**活下去。尼采肯定沒有意義的人生，立場是接受這件事情會不斷重複的**永劫回歸**☞P103。

尼采原先表達的永劫回歸是物理上的意義，表示宇宙經過無限的時間後，就會再次出現同樣的狀態，並且永遠會如此不斷重複下去。

這衍生出各式的解釋，若是永劫回歸，那麼是否能肯定現在的人生？無論如何重複都能接受嗎？這些態度上的問題也都一併被提出。

尼采在《查拉圖斯特拉如是說》一書當中，是以下列說詞來說明永劫回歸的。

「看吧，我們明白你所告知之事。也就是萬物會回歸至永久，而我們自身也將回歸該處。」

「我們會永遠重複，同時回到相同的此生。這不管在最大或者最小的事情當中都是一樣的，因此我們再次明白一切事物終將永劫回歸。」

在「永劫回歸」當中生和死也都將會回歸，因此就是活在大範圍的生命當中。

抱持著接受生死的「**命運之愛**」☞P191就是尼采理想中的超人，當中就連「死亡」都有著不斷重複的積極性。

何謂生存意義

〈≫≫≫≫〉

複習一下康德的道德説

❋虛無與整體的中間者

布萊茲・帕斯卡（1623～1662）是法國的哲學者、自然哲學者、物理學者、思想家、數學家。他是南法克萊蒙地區稅務法院長的長男，很早就發揮其學問天分，16歲時撰寫了《圓錐曲線論》，19歲時提出計算機的概念。

他也是一位虔誠的基督教信徒，而充滿其思想的書籍便是《思想錄》。帕斯卡描述的是兩種精神，分別是「**幾何學精神**」以及「**纖細的精神**」。「幾何學精神」就是笛卡兒提出的論點，簡單來說就是整個世界是個機械。

另一方面，「纖細的精神」則代表了具備宗教心情的精神。帕斯卡否定了笛卡兒**機械論的世界觀** ☞ P134，強調「**愛之秩序**」。

《思想錄》由人類論與宗教論兩部分構成，帕斯卡表示人類處在兩個**無限之間**。

與廣闊的自然相比，人類「不過是在角落流浪、等同無的存在」，但是「和一隻蜱蟎相比，人類的身體也是巨大的世界」。相對於無限，人類是無；相對於無，人類則是整體，也就是無與整體的**中間者**。

✻人類是思考的蘆葦

帕斯卡表示「宇宙以空間包裹我，而我則以思惟包裹宇宙。」人類是「**思考的蘆葦**」，明白自己既渺小又悲慘，這點是很偉大的。帕斯卡因此認為人類既是悲慘的，同時也是偉大的。

但是人類有著無論多麼悲慘，都會有企圖提高自己的心態，因此會忍不住耽溺於**轉換心情**之中。

帕斯卡表示不願意接受自己的悲慘，而拼命玩耍或者工作，就是「轉換心情」。

他認為光只是顧著轉換心情而不去思考，就這樣走到終點死亡，這正是悲慘。

帕斯卡表示人類雖然尋求幸福，但是「轉換心情」是辦不到這件事情的。

「人類都想變得幸福，無一例外。……正因如此，所有的人類正是所有行動的動機，就連打算上吊的人也不例外。」（引用《思想錄》斷章425）

弗蘭克的 《活出意義來》

✳失去希望就會死亡

精神科醫師維克多・弗蘭克（1905～1997）的著作《活出意義來》，原先的標題是「心理學家在強制收容所中的體驗」。

1941年，他在第二次世界大戰期間，體驗了身處納粹德國**奧斯威辛集中暨滅絕營**的生活。

這裡常態性收容大約25萬名猶太人及俘虜，強迫他們進行勞動。由於營養失調、傳染病、槍殺、毒氣室等各種因素，有數百萬人在此處遭到虐殺。

弗蘭克本人透過他的體驗，分析當人類置身於集中營這種極限狀態下，精神會有什麼樣的變化、採取什麼樣的行動。

另外，他也說明在這種狀況下，人類對什麼絕望、又會從什麼事情當中尋找希望。人類在極限狀態當中所表現出的精神變化，就是大多數的人無論看見什麼、觸摸什麼都沒有任何感覺，是一種「無感動」、「無感覺」、「無關心」的狀態，這被稱為「**心靈盔甲**」。

另外，集中營當中的大量死亡也不僅止於納粹處刑。收容者也可能因為疾病或自殺身亡，也就是因為心靈問題而死去。

在聖誕節到新年這段時間會有大量死者，理由就是他們心中一直淡然抱持著聖誕節時能夠有休假、可以回家的念頭，而當他們的期待完全遭到背叛時，就會產生大量死者。

也就是說，失去希望的人類抗壓性非常低落，有時候甚至還會造成死亡。

✳但還是要對人生說「YES」

人類若陷入對於自己的人生已經毫無期待的絕望心情，就會死去。

弗蘭克表示，就算是絕望的人類，只要讓他期待接下來的人生有「什麼」等待他，就能夠防止自殺。

而「什麼」可以是「**等待的人**」，或是「**等待的工作**」。弗蘭克表示，當人類意識到自己的責任時，就不會放棄生命。我們都活在自我中心的人生觀中，想著應該怎麼做才會幸福、才能成功，以這種思考方式來說，欲望得到滿足後也會受到下一個渴望的驅使。

另外，人類在痛苦的時候會問「為何我會遇到這種事情？」而弗蘭克則提倡，應該將這個問題做180度轉換，置換為「**人生在向我提出問題**」來思考。

將「我是為何而生的」、「我的人生被賦予了什麼樣的意義和**使命（任務）呢**」這類問題完全逆轉去尋找「生命的意義」，應該就能夠發現嶄新的光芒。

弗蘭克表示，人生的意義在我們詢問以前，就已經由人生傳遞給我們。我們人類應該要做的事情，是誠實以對人生各式各樣的狀況，然後思考有「誰」在等待著自己、有「什麼」在等待著自己。如此一來，就能夠好好活下去，不會拋棄一切。

面對生命的人類具備一些特徵，包含「對未來抱持希望」、「思念家人」、「對於他人有體貼之心」、「重視與**崇高存在**（神明等）的聯繫」等。弗蘭克表示只要能保持這樣的態度，一定能夠在某天**對人生說出「YES」**的。

2

社會、政治哲學

人類的煩惱中，問題最多的就是人際關係。所謂人際關係就像是種極為複雜糾纏家人、朋友、職場等處的絲線，而其根本在於哲學的主題「自我與他者」。

在「思考自我與他人的哲學」提到，人類處於完全封閉於皮膚這個名為自我而無法脫離的領域，當眼前出現與自己一樣具備感覺、思考、情緒的存在，但那些感受卻無法直接傳達給自己的「他者」，這樣的存在實在非常神秘。

哲學也會懷疑他者的存在。說不定他者並不具備意識，只是隨意配合話語、是空虛的存在之類的（一般將此稱為「哲學殭屍」）。若是如此，那麼自己就可能是世界上唯一的存在（唯我論）。

那麼要如何突破自我與他者的界線呢？又或繼續保護自己，維持彼此的界線？希望此章節能夠提供讀者思考的線索。

另外，人類生存在時間當中，過去不斷堆疊累積，等到回顧時便成為「歷史」。無論什麼樣的個人都具備歷史，如果以比較宏偉的等級來記述，就會成為日本史或世界史。

只要人類是具備時間性的存在，就無法將歷史與人生切割開來。另外，歷史並不是一種保存

在某個空間的客觀物品，而是透過現在生存的我們腦中濾鏡解釋出來的東西，因此追究其「正確」的意義，與數學、科學的「正確」是完全不同的。針對歷史的單一認定，也能以哲學的思考來使其更加多樣化。

在為歷史進行劃分的時候，會用到抽象化這種操作方式來統整，而這就讓它看起來好像有一定的法則。這也與馬克思主義等理論息息相關，因此哲學與歷史可說是一體兩面的。

歷史也可以使用調停，然後解決問題的辯證法推演來觀察，便能夠看清政治史。政治就是進行利害調整，而國家權力與個人自由的均衡也大幅改變世界。這種情況下，會思考的問題是應該強制壓抑個人行動？又或允許某個程度的自由等。

近年來由於貧富差距，財富分配問題也在政治當中占了相當重要的部分，對於這個話題有興趣的人逐漸增加。這是由於差距已擴大到顯而易見，「自由主義思想的起源」、「何謂社群主義？」也與這些問題息息相關。

在本章也會提到古代中國思想的儒家、墨家、道家等。這些是諸子百家的政治思想，與西方的政治思想互相比較也頗為有趣（「儒教的政治哲學」、「老莊思想的政治哲學」）。

思考自己與他人

何謂相互認可的辯證法？

�֍以既定觀念行動之人與批判此行為的人

自己與他人的關係，一般就稱為人際關係。近代以後有各式各樣的哲學者對此提出見解。黑格爾 ☞ P94 在《精神現象學》當中嘗試說明「**良心**」，這裡說的「良心」是指獨善其身的既定觀念。

黑格爾表示，這個世界上有些人類確信自己知道正確的事情（**絕對真理**），他們會依照那些概念行動。這些人並不是慎重思考過後才行動的，而是依據自己的信念，選擇看似能夠配合信念的行為舉止，這就稱為「**行動的良心**」。

另一方面，也會有人提出「應該要觀覽整體之後再行動吧」，這種論點並不堅持於個別之事，而是以較為普遍、等級較大的行動作為主要考量，因此站在批判「行動的良心」立場，這稱為「**批判的良心**」。然而，這些人雖然有「批判的良心」，卻因為沒有個別信念而不會採取行動，只會從旁說三道四。

抱持既定觀念擅自行動並不好，但是採取較為遠大的觀點作為方針，卻不採取行動、只顧批判也不行，而這便造成了相互矛盾與對立的人際關係。

❋意見相異是好事

　　黑格爾表示，這樣雖然會造成矛盾與對立，但最終會逐漸採取**辯證法** **P96** 來解決問題。辯證法是「支配存在及具體現實運動與變化的邏輯」，同時也是「捕捉那透過矛盾、對立，及其揚棄發展之運動及變化的思考」。

　　捨棄將「良心」作為絕對事實準則的「行動的良心」與「批判的良心」，雙方便能達成「和解及融合」，也就不需要再互相排除彼此的思考方式及行動。

　　雙方自我的既定想法，與他人既定想法的「良心」互相碰撞之後，便能夠在客觀的「良心」達成**揚棄（aufheben）**，這個時候才能夠**互相認可**。黑格爾表示，相互認可是每個人互相依賴他人，且與他人互相幫助但維持自立的狀態。如此一來，個人能夠在他人之間找到自我，是在共同體中實現自由的狀態。最後即使不斷對立，一切也能夠繼續高昇。

自己與他人的各式各樣思考方式

❋逐漸大眾化的架構

齊克果 ☞ P168 很早就在《現代批判》（1846）一書當中，痛批逐漸大眾化的現代精神狀況。他認為現代人非常喜愛批評、流言蜚語，熱中於賭博，完全將那淡薄的**好奇心**轉向外界，卻不思考應該如何生存，只會窺視周遭的狀態、附和他人、做出類似的行動。

若是有人意欲認真思考事物、認真前行，就會因為在意社會風氣而停下腳步。若是仍然打算繼續前進，社會就會開始扯後腿、阻止這個人，世間會感到嫉妒、討厭傑出的人類，試圖讓大眾達到平均。

這並不是在說日本人的特性，而是發生在19世紀中葉**丹麥哥本哈根**的事情。

另外，海德格也說此在（人類），只不過是日常當中不特定多數的某些人、群眾當中的某個人罷了，這又被稱為**「人」**、**「世人」**（**Das Man**）。此在作為「人」處在平均的人類、公眾的人類之間，會回避責任、群聚而活。喜愛**「傳聞」**、**「聊天」** ☞ P175，受到好奇心驅使，讓一切都變得曖昧來過活。

讓自己與世間上的他人沒有不同，無風無波的活著，由於非常**留心**要這麼做，因此能夠非常舒適。

海德格表示埋沒於公共世界的生活內、分散自己的注意力、消磨時間活下去，此在這種「非原本性」的生活方式就是**「頹落」**。

✳跨越自己與他人的界線

現象學者胡塞爾 在晚年著作《笛卡兒式的沉思》（1931）當中，提倡以「**情感移入**」來認知他人，為自己與他人的共同世界建立基礎。在現象學還原 之後的世界，是處在自我意識上的，物體可以維持原先樣貌無所謂，但是他人卻成了另一個問題。

胡塞爾表示當他人出現的時候，為了要能夠認知其為他我，首先會認定對方是與我有著極為相似身體的事物（**類比的統整**）。這是因為在意識當中有著根據類似性，將事物分類在同一個群組的作用，如此一來「意義轉移」也會開始運作。他人既與自己有著即為相似的身體，必然也具備「心理性」內在，這點也會浮上心頭（也就是明白他人與自己一樣具備心靈）。但是也有人批判，在這種「情感移入」的思考方式當中，會造成他人的意識消失，結果他人不過是成為「第二的自我」。

法國學者莫里斯・梅洛-龐蒂（1908～1961）繼續發展胡塞爾的現象學，認為自己與他人，是存活在連續之共通身體性（交互肉身性）。這就像是自己用右手去觸摸自己的左手時，左手也會感受到右手正在觸摸的感受。相同的，只要觸摸他人的手、又或者是看到他人的手而已，就表示有活著的他人。

如上所述，**他者論**實在五花八門，自我是一個封閉的世界，與他者這種完全相異的性質、無法共有感覺的存在，能夠一起平常地活著，實在是非常奇妙的事情（例：自己無法明白他人吃到的拉麵味道）。以哲學方式來思考自己與他人的關係，或許能夠對於他人的痛苦、自己的體貼等等，有更深一層的了解。

學習歷史能有所助益

〈♦♦♦♦♦〉

人類只要思考就能明白世界

✳何謂解釋學？

近代哲學的知識論，使用的是「**主觀與客觀程式**」☞ P80，也就是人類自外側觀望世界的方法，若使用這種方法來認知歷史，這個程式就會產生一些問題。

以主觀與客觀程式來觀察歷史，那麼認知的主體（**認知主觀**）就在歷史這個對象當中。因此已經受到歷史的影響，要從外界去客觀觀察歷史就變得非常困難。

舉例來說，就算日本人覺得自己客觀看待日本史，但在中國人或韓國人的眼裡卻非如此。

德國哲學者威廉・狄爾泰提出知識論並非用來評估自然認知的說明方法，而是針對歷史認知的理解方法，稱為「**解釋學**」。

狄爾泰表示自然科學有著「外界知覺」作為基礎，因此精神性「內在經驗」造成的東西，就會由自然科學進行排除，又或替換為自然科學中的認知。也就是說，人類自由自在以其自覺形成生命的精神性生命事實，在科學當中是遭到無視的。

另外，若是被科學認可為對象，就會被還原為腦部的電位反映。

✳自然科學無法理解的人類樣貌

自然科學與精神科學的方法原先就相異，相對自然科學的「說明」，狄爾泰提倡的是採取「**了解**」精神科學的自我內省（這是比理解更高等的次元，所有人都能夠接受的感覺）這樣的方法態度。

狄爾泰晚年認為，人類會成為精神科學的對象，只有在人類「得以體驗」人類各種狀態（生），並「得以表現」外化為生，且「得以了解」這些表現的情況下。狄爾泰確立了「**生及體驗**」、「**表現**」、「**了解**」這樣的方法步驟。

生存在現代的我們，由於幾乎完全被科學世界包圍，因此很容易認為精神是一種附屬物理自然存在而生的東西，狄爾泰這種內省的思考方式，應該能夠讓人稍微轉換一下概念。狄爾泰表示精神科學「能夠將那無法量測擴展開來的人類歷史性社會現實，帶回從該處發起的精神生命性」。

接下來的歷史將會如何發展？

✳學習歷史與文化的態度

狄爾泰表示歷史是表現出「人類之生」，基於相同過著營生日子而獲得同感。人類能夠理解出現在歷史上的東西，是已經將自己投身歷史的人本身的東西，因此是其主體性的解釋。

這就表示在理解歷史的時候，某種**理解已經做好前置**（具備事前理解）。

以自然認知的情況來說，會要求極力排除對歷史先入為主的觀點，但是理解文化等的人，就已經身處於傾向該解釋的文化當中。

德國新約聖經學者魯道夫・布爾特曼（1884～1976）認為這種前置理解，就是那個人的「**主題關心**」。

如果原先就關心《聖經》，自《聖經》獲得生活食糧，那麼只要那份關心越是強烈，就越容易獲得拓展解釋幅度的可能，也就是《聖經》由於信仰的關心，而透過**非神話化**的方式被人閱讀。

像這樣如果要理解某個作品，就抱持對該作品的前置理解來對作品進行解釋，如果獲得了新追加的理解事項，就能夠獲得比前置理解更加豐富深奧的追加理解事項。

也就是說，若是嘗試再次解釋，就能夠跨越和前一次不同的地平線，再次獲得更加豐富深奧的追加理解事項。

如此想理解文本的時候便會產生一種循環，由部分理解整體、然後從整體嘗試正確閱讀部分文本。

✽學習歷史改變人類的未來

英國的歷史學者阿諾爾得・約瑟・湯恩比（1889～1975）表示，在紀元前6世紀發生的「精神史的基礎時代」時，於巴比倫、中國、希臘、印度、巴基斯坦等地，出現了佛陀、以賽亞、孔子、畢達哥拉斯、瑣羅亞斯德等人，「高等宗教」十分興盛。

那時便樹立了超越現象世界的神性，那個時代追尋著超越自然與人類的「最高精神存在者」。

湯恩比指出現代具有「破壞性的自我中心性質」。1960年代以後，世界出現由於核子力量造成人類滅亡的可能性。他問道，回想過往戰爭的同時，要如何從「無意義」，或「不完全」的歷史中挖掘出意義呢？

而湯恩比找到的重要理念，是過去曾有好幾個世界帝國創建時的「所有人類皆為兄弟，人類必須像唯一的家族般一起生存下去」。自英國工業革命後，科學技術急遽發達，也才不過是這200年左右的事情。核子兵器的技術也是由於政治和這些技術緊密結合而來的。他非常擔心，害怕繼續這樣下去，人類會被迫「大量自殺」。

湯恩比認為人類遠離了古代崇高的精神面，開始崇拜起自己，因此才會有「自我中心性」。所謂「自我中心性」會在「集團形式」之下成為**極權主義**，湯恩比表示，「人類不斷傾向於自我讚美，就是自我破壞最危險也最深刻的原因」。

學習歷史才能夠明白現代和平的理念有多麼重要，也會指出一條脫離必要性利己主義的道路。人類的歷史已經逐漸失去古代的人類愛精神，不管何時結束似乎都不奇怪。

思考歷史法則性

~~~~~~~~~~~~

看似毫無秩序的歷史也有規則

✳世界史的發展朝向理性這個目的

大家都認為歷史是一連串無法預測之事，黑格爾卻認為歷史的潮流當中有**一定的法則**。

黑格爾在《法哲學原理》一書當中提到：「若提的是個人，那麼所有人都是那個時代的孩子，而哲學也不過是在那個時代的思想中，能夠補捉到的東西。」

黑格爾表示，世界史就是展現出歷史發展階段的東西。世界史當中所有「變化」都顯示出「**精神**」的「**發展與成形**」過程，因此歷史不過是這個絕對精神實現自我本質的過程（**自我展開**）罷了。

「哲學提供的唯一思想，就是理性支配世界這件事情，因此世界史以及一切都是**理性的**發生，是單純的理性思想。」

「這是絕對而終極的目標，亦為實現其自身之終極目標，而將其**終極目標**由內側……在世界史當中……同時也是自然界以及精神界現象當中實現的東西。」（引用《歷史哲學講義》序文）

黑格爾試圖在他生存的時代，掌握絕對精神當時處於何種階段。

 資本家 勞動者 不要 差不多 該換手了吧

✽歷史是實現自由的過程

黑格爾表示,所謂世界史是理性的自由,於時間點上以歷史之姿現身於現象世界,並逐步實現**自由**的過程,因此歷史終極目標是自由。

確實,概觀世界史能夠明白民眾的自由,逐步實現的情況。黑格爾認為這並非偶然,而是依循著某種法則在運作的,這在之後會經由馬克思發展為唯物史觀。

所謂歷史就是「自由意識之進步」,黑格爾並將其整理為三個階段:

①僅有王擁有自由的古代階段。②共和國當中僅有部分人士自由的階段。③日耳曼諸國實現人類自由的階段。日耳曼諸國中對於自由有所自覺,正是黑格爾自己當下生存的時代。根據這個自由原理來打造國家組織,就是歷史應該抵達的目標,而此可稱為世界公式規則的便是「**辯證法**」。

為何共產主義被視作終點？

＊以辯證法的三個階段，來思考歷史便非常清楚

辯證法是**認知與存在**的根本原理，因此所有存在都不會被排除在辯證法之外，會依循此一法則推演。也就是一切東西都會經歷「**即己**」、「**對己**」、「**即己與對己**」，這三個階段的辯證法式發展。

辯證法具備下面三個階段的形式：①規範某個對象，使其形象固定化而不動搖的階段（例：植物表現出來的整體樣貌）、②明白遭到規範的東西，乃為其單面相的階段（例：知道植物需要養分及水這類新知）、③將兩端對立的規定整合起來，促進本身更加理解該物的階段（例：理解植物整體運作）。

歷史也會依循辯證法來發展以下三個階段：①在某個安定的階段、②產生矛盾、③進入下一個時代（例：絕對王政發生矛盾而引發革命，民主思想逐漸擴散等）。

另外，黑格爾也表示，成為歷史發展階段的那些具代表性偉人，是為了實現歷史目標而現身的手段（工具）。

像拿破崙這類英雄，達成其工作以後就會沒落。換句話說，他認為雖然歷史上充滿戰爭及國家滅亡等看似有如地獄的情況，乍看之下發生的每件事情似乎都沒有意義，但其實以整體觀點來看歷史的話，就有著相當確實的法則性。

「會遭受痛苦〔並非由於理性〕，而是由於這份熱情打造出來的東西，我們將之稱為**理性的狡點**……因此個人遭到犧牲後拋棄。」（引用《歷史哲學講義》）

✵在共產主義國家看來，資本主義國家只在「半路上」？

馬克思表示人類社會和自然一樣存在客觀性法則，提倡**唯物史觀**。

人類為了「生活」所需，在社會上生產必需品時，會陷入各種關係（**生產關係**）。比方歷史上的王與奴隸、領主與農民，資本家與勞動者。在**資本主義階段**，資本家與勞動者有一定的生產關係。

人類社會隨著歷史的發展階段，會因應當時階段形成適當的「物質性生產力量」。「整體生產關係」會形成名為「社會經濟結構」的「現實基礎」，這個「基礎」之上矗立著法律政治等「**上層建築**」。

相對於「基礎」，「一定的社會意識各種型態」（意識形態）會對應「上層建築」。馬克思認為社會物質生產力量在發展階段當中，會與現有的生產關係產生矛盾。這些關係會束縛生產力，因此會發生社會革命，形成新的上層建築。

這件事情可由物質生活各種矛盾（社會生產力與生產力各關係間的糾葛）提出說明。歷史也具備科學性法則，歷經其五個階段後完結。

①**原始共產制**……自然經濟，無貧富差距。

②**古代奴隸制**……生產經濟，由於累積財富而產生階級。使喚奴隸、農奴。

③**封建制**……支配階級由農奴手上接收生產物及地租。商品開始流通、出現製造技術，開始有累積資本的情況。

④**資本主義制**……產業資本的自由競爭。由於發生經濟蕭條，而引起資本集中，推移至帝國主義（←根據馬克思列寧主義）。

⑤**社會主義制**……人民管理經濟，計畫性經營（**走向共產主義制**）。

自由主義思想的起源

〈〈〈〈〈〉〉〉〉〉

J.S. 彌爾對自由的想法

✳何謂自由主義

1980年代起以羅爾斯 ☞ P218 的《正義論》，為中心進行了許多關於**自由主義**的議論，而在雷曼兄弟事件之後，由於貧富差距等問題，有更多人開始關注政治哲學。

自由主義的英文是「liberalism」。當然，這個字眼在思想史上，也會隨著不同時期而賦予其不同的意義。英國經驗主義的洛克 ☞ P136 便可說是「古典自由主義」吧。洛克認為人與生俱來**生命、自由、財產**，主張應該保護來自於自然權的各種權利不受權力影響，其基本精神則由19世紀的J.S. 彌爾 ☞ P152 的思想繼承。

J.S. 彌爾認為思想、興趣等「只與自己有關係的自由，只要在不危害他人的情況下便是絕對的」（引用《自由論》），因此社會不得干預，就算是「不理性的愚蠢行為」也是自由的。他提倡個人不管有多麼危險的思想都沒有關係，有什麼樣惡劣的興趣也都無所謂。

彌爾認為無論何等行為，「唯一必須對社會負起責任的事情，就是**與他人產生關係**」（同前）。若提到的是與自己相關的事情，那麼就絕對是自由的。

✳關係及至生命倫理的自由論

彌爾認為人類的自由之中有固定的範圍，便是在人類生活與行為之間僅與個別人類產生關係的部分。

具體來說包含①**思想與良心**的自由、②**興趣及探索**的自由、③**團結**的自由。

這種思考方式的基礎在於每個人的個性會自發性的成長，最後會接軌至人類整體的進步（私人利益會接軌至公眾利益）。

彌爾表示，就算法律當中書寫著「平等」，那也不是為了強制要求所有人都要有相同想法的「平等」。

即使是**少數者**的意見，保障自由討論的場合仍是非常重要，也應該要有各自接受他人批判或驗證的機會。

另外，彌爾的自由論也對生命倫理產生影響。這種想法表現出，若有疾病末期狀態的患者，以其意志提出不進行延命治療的「**生前遺囑**」 ☞ P323，這類不危害他人、與生命相關的本人自我決定權，應該要列為優先考量。

這是世界的自由主義思考模式

✲多數者干涉的強制力

彌爾表示,強制並不能算是為了讓對方得到幸福的手段,唯一能夠認可強制行為的情況,就是目的在於保護其他人的安全。

到了現代,社會多數者的意志仍為權力根源,可能因此壓抑少數者的利益或者幸福。一旦世間發生慌亂,多數者就會擁權壓迫少數者,就算少數者說的是真話,多數者只要因為部分輿論造成思考上的偏差,就很容易將少數者的意見付之闕如。

彌爾提出多數者強制能夠運作的兩個因素:①不當的**政治權力**、②**社會習慣**或**道德律令**。

彌爾尤其認為②是比政治壓力還要來得可怕,這指的正是周圍的人類集團強迫大家接受的道德概念等。

這種力量增強的狀態,他以「多數者的暴政」來表達。最糟的情況就是會出現自治團體,以正義之名對部分的人施加壓力,由於這些人認為自己是正確的,因此非常難處理。

彌爾認為如果不以輿論這種形式排除、打擊權力,人類就會化為奴隸。當然,雖說人是自由的,但也不表示能夠毫無限制做任何事情。必須遵循「**冒犯原則**」,盡可能控制會使周遭之人產生痛苦的行動。

無論如何,若是沒有以哲學讓頭腦軟化,就可能使某些既定觀念過於強烈,馬上就會受到他人的資訊操控,因此要多加小心。

✳美國自由度高的理由為何？

英國的思想家**赫伯特‧史賓賽**（1820～1903）也提倡「所有人在不侵害他人相等自由情況下，有著能夠進行任何期望之事的自由」，認為平等的自由方為「正義之情感」。

史賓賽認為社會本身就是一個具備生命的有機體，提出「**社會有機體說**」。他認為人類社會也會為了維持生命而保持均衡、並有所進化，因此交給自然發展會比較妥當。

如此一來，國家不應該對社會多做介入，也就是國家不可以限制任何產業、也不可救濟貧民等，這是由於救貧政策會妨礙社會進化。

他以社會進化論來強化古典自由主義思想，而這種概念之後被美國人接收，進而接軌至現代美國的自由主義。

自由主義的自由度持續增加，就轉變為**自由意志主義**（libertarianism，自由至上主義）。美國哲學者羅伯特‧諾齊克（1938～2002）批判羅爾斯 ☞ P218 的福祉國家論點，認為古典的**夜警國家**（對於機能之安全保障與維持治安方面都維持在最小限度的國家）才能夠實現正義。

諾齊克將福祉國家的政策命名為**擴張國家**，認為這種形式已經被排除在「正義」之外。這是由於擴張國家進行的社會福祉，是由富裕者身上取得資產分配給貧困者，這等於就是國家侵害財產權。

因此，自由意志主義認為抑制對高額所得者的課稅方為**正義**，在現下這極為混亂的世界狀況中，這可能是不太流行的思想。**邁可‧桑德爾**也批判這種自由意志主義。

何謂社群主義？

〈◇◇◇◇〉

桑德爾的 《正義 ： 一場思辨之旅》

✳順風漲價是善是惡？

美國哲學者邁可‧桑德爾在《正義：一場思辨之旅》一書當中，針對正義向大家提出疑問。

「2004年佛羅里達受到颶風查理重創，因此加油站趁此機會以10美金價格出售原先1袋2美金的冰塊；維修業者只不過從屋頂上拿走2、3根木頭便要價2萬5千美元；旅館的房價也提高到4倍。」

原先自由主義經濟就是需求增加時價格也會隨之急速攀升，因此**順風漲價**也許是非常自然的事情。但是人們卻對於順風漲價的業者感到憤怒無比，桑德爾表示這是對於「**不正義**」產生的怒意。

桑德爾同時也介紹了與自己意見相左的論點。信奉自由市場的經濟學者湯瑪斯‧索維爾表示，順風漲價乃是「比人們習慣的價格還要高上許多」，他主張「人們剛好習慣的價格等級」並非在道德上不可侵犯的，價格不過是**市場條件**造成的。

除此之外，這本書當中還有各式各樣觀點，是最有趣之處。

✽關於自由主義

美國的自由主義，是來自歐洲起源的自由主義。但是歐洲的自由主義如約翰・洛克或J.S. 彌爾等人的思想，都包含著宗教性的哲學基礎，因此與美國**政治哲學**中的自由主義之意義並不相同。

美國的自由主義是在政治上擁護福祉等較進一步的思考方式，並且又區分為**新自由主義**與**自由意志主義**。

新自由主義討論的是，使市場具最大效率來促進經濟成長，以這方面來說就是哲學上的功利主義、結果主義。相對於此，自由意志主義則是自由型態的正義論，又或者說是，義務及權利論的哲學主張。

在隆納・雷根政權（1981～1989）之後的美國，自由意志主義與新自由主義都支持**民營化**、**放鬆管制**、減稅及削減福祉等政策，並且努力推行。

亞里斯多德的 「正義」 於現代復活！

桑德爾教授批判羅爾斯的「無知的面紗」

自由意志主義試圖以自我所有這個基礎來實現正義，這個思想一旦過於極端，就會產生各種問題。

極端點說就是，自己的身體乃為自己的所有物，因此做什麼事情都是自由的。舉例來說，自由度會擴張到代理孕母 **P320** 的問題甚至器官移植 **P323** 等，因此必須要慎重考量。桑德爾站在**社群主義**的立場，說明社群成員共有著「**共同利益（common good）**」，因此能夠理解「積極改善政策」等國家政策。

桑德爾也提出了對於羅爾斯《正義論》的見解。雖然羅爾斯認為只要戴上「**無知的面紗**」 **P219** 的選擇就是平等主義，但如此一來人們必須先遠離家族及地區社群，才能夠獲得有秩序之社會的構思步驟。而桑德爾表示，說到底要理解人類的自我存在方式，首先必須無法明白個人處於何等家族及地區社群當中，否則無法決定自我。桑德爾批判羅爾斯那包裹於無知面紗之下的自我，是「**無負擔的自我**」。

自由主義的正義主要在於「分配」，桑德爾認為這必須要將亞里斯多德式的「美德」列入考量。桑德爾表示為了實現真正的正義，前提就在於社群成員共有的共通善。亞里斯多德的哲學站在**目的（Telos）**立場，認為具備美德便是一種名譽，同時也是正義，桑德爾就站在這個角度來談現代的社群。

✳古代哲學能幫上忙的理由

亞里斯多德認為人類原先是**城邦（都市國家）**式的存在，活用語言能力、與同儕市民們議論政治，因此他認為與政治維持關係是非常重要的。

功利主義的幸福 `☞ P150` 是抑制痛苦，讓快樂達到最大極限。另一方面，亞里斯多德主張的幸福 `☞ P235` ，則是建立在美德基礎上的**靈魂活動**。

因此所有學習政治之人，都必須要學習處理靈魂問題的哲學。另外，他也主張為了培養美德，並不能單純明白規則或指南即可，而是為了要習慣這件事情，必須要加以「實踐」。

桑德爾將亞里斯多德的**目的論**應用在現代政治哲學上，強調社群應該朝向何種目標前進。由於古代希臘哲學以這種形式在美國哲學當中復甦，因此複習一下哲學史，將來應該也能有所幫助。

亞里斯多德的正義論存在著「目的」，以及「名譽」兩大要素，「正義」會給予每個人適當的角色、賦予該美德適當的名譽。自由進行經濟活動，而以「正義」來進行分配，那麼阻擋經濟活動品質的卡樽就會失效。但若從桑德爾提倡的「培養美德」的社會觀點來看，換句話說就是若我們將「打造一個能讓自己成為更好人類的社會」作為目標，那麼社群就能夠逐步實現「正義」。

是要重視**自由與分配**，還是重視**社群與目的及美德**，這個議論在現代社會當中可以應用在各式各樣情境上。舉例來說，先前提到的順風漲價等，在自由主義經濟上並沒有錯誤，但若思考到該行為本身「不具備美德因此不正義」，也就能夠理解眾人為何憤怒了。

儒教的政治哲學

〈〈〈〈〈〈

> ## 只要推廣愛， 社會就會安定

✳用來重建社會秩序的倫理

古代中國的人們非常重視血緣關係，認為祭拜祖先是非常重要的。始於戰亂時代的儒教認為周王朝制定的**禮**之世界正是理想，將對於親近家人的愛與道德提升至社會普遍規則。

儒教的教誨中提倡人與人的相處（人倫），以中國為中心，這種概念對於日本、朝鮮、東南亞及東亞世界整體皆有著深遠的影響。

中國於紀元前11世紀前後，周朝取代殷朝掌握政權，周王成為受領**天命**（上天的命令）之天子，確立了封建社會秩序。

但是到了春秋時代末期，周朝的封建制度逐漸崩毀，諸侯在富國強兵政策下招攬有能的政治家及思想家，他們就是被稱為諸子百家的思想家，也就是政治哲學者們。對於後世影響最大的包含以孔子為祖的儒家、以老子為祖的道家思想（老莊思想）☞ P288。

孔子出生於春秋時代的魯國，那是一個周王朝封建秩序已經崩毀的社會，他在那之中摸索人類普遍性的哲學「人倫之道」並試圖重整社會秩序。

✳由對親人的愛轉向對社會的愛

　　雖然統稱為儒教，但其典籍包含以《論語》為始，加上《孟子》、《大學》、《中庸》這幾部稱為四書；其他相關書籍還有《易經》、《書經》、《詩經》、《禮記》、《春秋》這五經，以及儒教十三經等。儒教的教誨主軸是「仁」。

　　「仁」，原先指的是血親之間萌生的愛。孔子非常重視對於親兄弟自然產生的愛，因為沒有愛能夠勝過血親之愛。就像日文中也有「親孝行」，是用來表示好好奉侍父母的意思，也是大家非常熟悉習慣的詞彙。「夫孝，德之本也，教之所由生也。」（引用《孝經》）可見中國特別重視這個德行。孔子思想的繼承者孟子等人也表示，相較於地位或者國家規範，對於父母親的孝行更加重要。

　　「子游問孝。子曰：『今之孝者，是謂能養。至於犬馬，皆能有養；不敬，何以別乎？』」（近年來認為侍奉父母使其得以自由生活便稱為孝順，然而這與飼養家畜又有何不同呢？應該敬愛父母才是孝行根本。）（引用《論語》「為政」）

285

政治控制人民的欲望

✾走向德政主義的政治

孔子認為「仁」（＝愛）是人際關係中的普遍性原理，但是「仁」並不僅止於血親之間的愛，也是一種位於**內心**、**主觀**面的出發點。

「有子曰：『其為人也孝弟，而好犯上者，鮮矣；不好犯上，而好作亂者，未之有也。』」（對於親兄弟抱持著親愛之情的人，鮮少會有以下犯上的。而不以下犯上的人，也不會擾亂集團的秩序。）（引用《論語》「學而」）

另外，在面對他人的時候，仁還有著**克己**、**忠**、**恕**、**信**等態度。克己是指壓抑自己的任性；忠是不偽裝自己的真心；恕則是體諒他人之心，恕通常會以「己所不欲，勿施於人」來加以表現；信則是不欺瞞他人。

要實踐仁，就需要以**禮**這種客觀型式來執行。這點孔子表示應當「克己復禮為仁」，意思是說壓抑自己任性的欲望，使所有行為符合社會規範方為合禮。

孔子原先的目的並不在於講述日常生活的訓話，而是有著**政治改革**這個遠大目標。他提出了**德治主義**的思考模式，以刑罰來規範人，那麼人就會試圖鑽法律漏洞、做些不正當的事情，但若在其心中培育德性，他們就會自己採取良好的行動。

因此，政治家必須要具備德行，而這也對江戶時代的**文治政治**產生影響。

✵重新思考社會規範的性善説與性惡説

受到孔子仁之教誨影響，並且繼承發展的是孟子。孟子認為，人生來皆具備善心（**性善說**）。

孟子表示所有人都對於他人的悲傷具備同情之心，假設現在見到有小孩子掉到井裡，那麼任誰都會萬分驚訝，並且覺得心痛難過，同時會試圖救助孩子。這並不是因為救助孩子能夠得到其父母感謝，又或者是救人之後能夠獲得好名聲這類動機。

「惻隱之心」就是「無法看著他人不幸」，將這種心情擴大就會成為「仁」；「羞惡之心」則是「無法視惡為無物之心」，擴大這種心態就會成為「義」這個德行；「辭讓之心」可擴大為「禮」；「是非之心」則是「智」。

同時，仁義政治就是王道。所謂王道是指以德為政，也就是所謂的仁政，能夠使民眾安康居住。因此政治家為了使人民擁有一定的收入及財產，應當積極推動政策，這乃是「義」。辦不到這點的為政者，馬上就會因為天命遭到替換（**易姓革命**）。

另一方面，荀子則提出了與孟子對立的性惡說，也就是認為人類生來本惡。

「人之性惡，其善者偽也。」（引用《荀子》「性惡篇」）

荀子認為若無限制放任欲望，世間必定混亂，因此強調應該遵守限制欲望的「禮」。荀子認為若能夠遵循古代賢人所制定的禮儀，那麼必定能教化人民、治理天下（禮治主義）。儒家的思想是古代中國的政治哲學，但是對於重新思考現代政治方式時也能夠幫上大忙。

老莊思想的政治哲學

✧✧✧✧✧

政府完全不介入方能一切順利

✳所有事物生來的原理

儒家思想是以**修己治人**，為目標作為政治課題。另一方面，**老子**（生歿年不明）與**莊子**的思想則排除仁義禮智等人為因素，認為應當以原先自然樣貌生存，是批判儒家的思想（**老莊思想**又被稱為道家思想）。

『老子（道德經）』提到「道可道，非常道。名可名，**非常名**。無，名天地之始；有，名萬物之母。」首先「道」是不可言說的，雖然不可言說但其乃恆常不變永恆之物。也無法為其命名，而此難以命名之物便為天地之始。這聽起來讓人覺得有些不知其所以然，不過這是在說明宇宙原理「**道**」的部分。

所謂「道」乃是先於天地存在之某物，而它乃是萬物之母，雖不知其名但暫且以「道」來稱呼它；也可稱之為「大」，表示它比任何事物都來得大，可以包覆萬物。

這與儒家提出的「道」並不相同，若表達的是宇宙原理的「道」，那麼真正所要述說的「道」（**形而上的原理**）是一種無可名狀的東西。

✳離開宇宙原理之後，會出現非常顯眼的人

　　由於「道」無法言說也無法為其命名，因此只能暫且以「道」來稱呼，正因為有「道」才有萬物的存在。老子表示「道」是**完全的存在**，因此萬物也是完全的，並不需要增添什麼、也不需要減少什麼。

　　老子認為人類遠離了宇宙原理，因此才會有仁義等人為的德行。儒家會讚揚孝行正是因為有不孝之人，老子的概念認為若原先大家就都是會孝順的人，那麼也就不用特別提倡「孝」這種德行了。

　　《老子》也包含了政治哲學的要素，為了要使人民不起紛爭，不如拋棄那些小謀略、別讓人民打造方便的工具比較好。只要回頭過質樸的生活，世界就會和平，因此不需要船或車，也不必使用文字。他甚至提倡「雞犬之聲相聞，民至老死不相往來。」（引用《老子》）這種「**小國寡民**」。雖然是非常極端的論點，但由於現代實在過於複雜，若能夠以《老子》稍加中和，或許會比較好。

在看不見的波浪上隨波逐流而生

✳一切都是相對的

繼承老子思想的莊子（紀元前369年前後～前286年前後），提出世界上的所有人原先都是同一個存在（也就是「道」），藉由智慧而有所區別。

人類會找出周遭的是非、善惡、美醜、生死等各式的對立，莊子表示這些東西無法離開人類，而獨立存在（一切都是**相對的**）。

舉例來說，「這裡」和「那裡」這種場所對立的情況，只要稍微動一動自己的身體，「這裡」和「那裡」就會交換了。莊子表示**價值判斷**也是一樣的情況：「毛嬙、麗姬，人之所美也，魚見之深入，鳥見之高飛，麋鹿見之決驟。」（引用《莊子》「齊物論篇」）所謂的美人，不過是對於人類來說的價值觀罷了。

如同此情況，人類的正義也是依其立場決定，因此所有價值判斷都有所偏頗。一切事物都是由人類決定的相對性判斷，因此人類的地位並無上下之分、也沒有任何差異，這種思考方式可說是**萬物齊一**。

莊子認為應當遠離人為造成那無為自然發生的差異，再來觀看原先的世界。人類原先的姿態下，生與死、富裕與貧困、污辱與名聲、寒冷或溫暖，都在宇宙原理支配之下。

他表示：「若有**真宰**，而特不得其眹。可行已信，而不見其形，有情而無形。」（引用《莊子》「齊物論篇」）這就是自然。

✳遺忘區別，在自然的境界中生存

莊子將沒有人為介入的存在方式，稱為**命運**。這並不是決定論 ☞ P83，而是認為我們受到超越人智的存在擺布。

「死生，命也；其有夜旦之常，天也。」（引用「大宗師篇」）

莊子認為體悟到人類有多麼無力後，更應該**順從命運**，才是至高無上的德性。另外，他也認為應該讓一切事物隨其樣貌發展、使心靈悠遊自在、不要強求好結果，順從天命才是好的。

在「萬物齊一」下就能夠進入不受任何束縛、有著絕對自由的**逍遙遊**境界，進入這個境界的人被稱為**真人**。

「……若然者，過而弗悔，當而不自得也。」

「不知說生，不知惡死；其出不訢，其入不距；翛然而往，翛然而來而已矣。」（同前）

另外，若進入逍遙遊的境界，那麼就不再有勞心的工作，只要自己過著簡單的生活，也會比較輕鬆。

「夫大塊載我以形，勞我以生，佚我以老，息我以死。故善吾生者，乃所以善**吾死**也。」（同前）

如其所述，為了能自這複雜世界的煩惱中解放，只要以原先樣貌與自然合為一體、進入捨棄所有差異的境界即可。

以莊子來說，他的後期思想便不再提倡遠離社會，而是認為應該在社會當中做出無為自然的行動。

3

地區、世界、未來

我們每天受到資訊操控，內心萌生各式各樣的不安。這種時候更應該客觀思考各種危機，只要明白人類曾經跨越多少困難狀況，心情應該也會變得比較開闊。

第3章當中，提出的是家族問題、少子高齡化問題、貧富差距社會問題、世界經濟問題、災害問題、地區紛爭等五花八門的議題。

也許這些題目給人感覺有些像是聯考或學測會出現的課本內容，不過先看過一遍，再去看新聞的話會更加輕鬆，應該也對於大學專科考試的面試、論文、就業測驗等有所幫助。

首先，提到的是家族崩壞、少子化與高齡社會等，與一般人非常密切的問題。

由於家族的機能逐漸縮小，因此必須重新摸索家庭應有的方式，可以試著在觀察現代狀況的同時，去考量個人具體家庭生活。

高齡社會的問題有許多無法只靠高齡者本身，及其家人來解決，因此這是與大家息息相關、屬於地區社會的新課題。

另外，全世界的經濟差距問題都非常嚴重，個人為了要能夠因應此種情況，很可能必須要有新的職涯發展，或者變更業種型態等。這些在第5章「哲學與自我啟發」當中會說明得更加詳

細，還請互相參照，應該能夠獲得更多線索。

另外，本章也提出了在全球化持續進展的社會當中，如何由哲學觀點來排除人種歧視等偏見。以日本來說，國內並沒有許多人種與民族共存，也不太算是使用多種語言。在這種情況下，若要避免陷入自我民族中心主義，就必須理解多面相的世界。

環境問題與災害對策也非常重要，平常就應該有備無患，隨時備有緊急糧食與防災用品，確保避難場所、做好停電的準備等。

歷經長久的冷戰期，1989年12月的馬爾他高峰會上美國和蘇聯才終於確認「冷戰結束」。但現在已進入多頭發展的時代，地區紛爭也逐漸增加，貧富及經濟差距愈加擴大，問題也變得更加嚴重。

本章最後提出的是，世界各地區紛爭當中的中東情勢。可以搭配Ｉ部《聖經》項目參照閱讀。

以下是由於篇幅問題而無法談論的主題。

①日本國憲法成立過程、修正憲法、集團自衛權、美日同盟、各種政黨的憲法觀等。②人權問題、性別弱勢者的權利、人種及民族歧視、愛奴民族的歷史等。③隱私權、個人資訊保護、著作權問題、知的權利及資訊公開法等。

家族與少子化問題

〈〈〈〈〈〉〉〉〉〉

家族已經開始崩壞？

❋家族所扮演的角色減少的理由是？

在黑格爾的《法哲學原理》當中提到「家族－公民社會－國家」這樣的人倫 ☞ P97 原則，他表示家族是由「身體與性」帶來的「愛情」所結合而成的。

家族原是由自然出發點構成的**群體**，現代卻發生家族崩壞的問題。

隨著科學技術進步以及資本主義的發達，家族所扮演的角色開始依賴起市場產業。娛樂有娛樂產業、餐點也依賴起外食產業，家庭生活當中也越來越多依賴服務產業及資訊產業的項目。

社會集團大致上區別為，**基礎集團**以及**機能集團**。家族及其成員的生活是孩童成長地基的基礎集團，而企業則擁有經濟機能，補習班擁有教育機能，這些獨立的工作就交給了外部的機能集團。

這些因素交會之下，家族一起行動、一起吃飯聊天的機會便減少了。同時，每位家人會各自行動、看著自己的智慧型手機或者電視，不再互相交流。

但哲學會懷疑過於偏頗的思考，因此不會沒頭沒腦地就認定家族已經崩壞，因為這也可能是一種過渡到未來、更良善家族型態的一種現象。

✻結婚生活也逐漸改變

結婚後選擇分居生活的**分居婚姻**也增加了，尊重彼此的工作以及生活型態，需要見面的時候再見面，是一種嶄新的結婚形式，特徵在於結婚前就積極選擇分居（與工作上因外派造成的分居不同）。

也有些案例是為了同時工作及育兒而分居，有些人表示「為了要能同時育兒又好好工作，與其和忙碌的丈夫住在一起，還不如和爸媽住」、「就算是結婚住在一起，因為出差或者加班等老是錯開時間，那還不如分居比較好」等等。

另外，由於必須讓**女性更加容易工作**，因此也有些意見認為應該使用配額置，設定女性雇用者必須達到一定比例的數值目標，將達成目標作為義務等，積極推動**差距修正措施**（positive action，日本政府推動女性就業比例的活動名稱）。

沙特以哲學方式思考，認為結婚是一種束縛，提倡契約婚姻☞P179，想必將來會有更加五花八門的結婚型態吧。

少子化造成人口減少， 未來將會如何？

✤少子化與高齡社會造成勞動力不足

除了女性前進社會及各種因素，晚婚及未婚也增多，單身女性產下的孩子數量也減少。除了工作與家庭並立的問題和經濟理由，有越來越多夫婦不會決定理想的孩子數量，或者乾脆下定決心不生孩子。

有些案例是由於生活不穩定而無法走入婚姻，或者是因為結婚觀的多樣化，而自行選擇終生不婚的案例也很多。除了少子化以外，醫療技術進步使得平均壽命也延長了，雖然這是件好事， 且也因此急速將社會推向高齡化。

65歲以上人口占全人口比例（高齡人口比例）超過7%的社會就稱為「高齡化社會」，超過14%的社會則為「高齡社會」。日本於1970年時就已經是高齡化社會，1994年則進入高齡社會，雖然全世界都往高齡化邁進，但日本可說是異常的快。

另外，到了2005年時，孩童出生人數已經低於死亡人數，邁入人口減少時代。少子高齡化及人口減少營造出對於未來五花八門的預測，但整體來說會對經濟、財政、教育及社會制度都造成重大影響。

經濟方面可以預測到勞動人口將減少，若沒有協助年輕人、女性、高齡者等群體就業，那麼推估到了2030年，勞動者將減少767萬人（若能推動相關就業輔助措施，則估計只會減少171萬人）。

這也是由於專業知識與熟練技術的不足所造成，也可以預料日本在國際競爭中技術開發將有所延遲，也將動搖曾為技術大國的地位。

✳負面因素如此之多，但也有些沒預想到的事情

隨著少子高齡化和人口減少推進，儲蓄率也會下降，因此投資會遭到壓低，便無法期望資本主義市場的經濟有所發展。市場規模縮小之後，消費減少、競爭力也會下降，也就是說，經濟成長可謂絕望。

財政方面由於人口減少，則稅收也會減少，可以預料財政赤字必然會擴大。國債方面大家的意見比較不一致，但一般來說，認為每人負擔的國債將有所增加（也有人表示這是為了增加稅收而耍的詐）。

社會保障相關費用由於人口減少及高齡化問題，很可能會經費不足。人口減少的話，能夠收取保險費的對象也會減少，因此可能會在降低給付金額的同時增加保險費用負擔。另外，人口減少和高齡化也會對照護方面發生影響，增加年輕人的負擔。

教育方面由於少子化造成學校廢校及整合，會轉為大學考生都能進入大學就讀的時代（大學全員就讀時代）。考試產業由於處於市場經濟當中，將會為了獲得學生而彼此競爭，教學形態也將被迫改變。

社會整體由於核心家庭化及少子化，孩童原先學習社會性及規則的家庭場域中教育功能將會下降，可能對孩童性格形成等造成問題。

另一方面，住宅問題雖會變得寬鬆，但鄉下人口會更外流，反而有空宅問題。就業困難應該會得到緩解，但其實是勞動力不足的反彈。

都市中心的住宅價格方面，有人認為會下降，但也有人認為並不會改變（參考布希亞的品牌說 ☞ P223 ）。

看來日本的未來還真是挺絕望的，不過目前也有許多不依靠人力發展的勞動形態，或許我們只是白操心。

高齡社會的生活方式

‹‹‹‹‹‹‹‹

高齡者的生存方式與克服 「死亡」

✳先想好年老以後的事情並不為過

日本自1994年開始進入**高齡社會**（高齡人口比例超過14%的狀態），開始出現家庭無法負荷照護的狀況，因此2000年起出現**照護保險制度**。所謂照護保險制度，是一種經由社會整體來執行先前由家族做的照護工作的制度。

2006年照護保險法在修正後施行，當中有許多規範是輔助高齡者自立，如避免跌倒的肌力訓練，以及訪問照護等，有許多重視預防性的照護工作。

同年也施行修正後的高年齡者雇用穩定法，此法規定企業有義務雇用員工至65歲為止，可以廢除退休制度、**提高退休年齡**，或者採取退休後繼續雇用等方法。為了讓即將退休的高齡人員能將其專業知識，與熟練的技術交接給下一個世代，也有些企業重新雇用這些人才。

高齡者除了身體問題以外，也有許多人會出現精神問題。

在**資本主義社會**當中，能夠提供生產性高的服務之人被認為具備價值，一旦年長之後生產性就會下降，因此就難以在社會中找到自己的意義，似乎有很多人因此擔心起自己對於社會並無任何貢獻。

✳早點理解「死之哲學」比較好

人不知道何時會死。海德格 ☞ P253 分析表示死亡的特徵有：①自己的死亡無法與任何人交換（**不可交換性**）、②將變得孤獨（**無交涉性**）、③必然會死（**確定性**）、④不知何時會死（**無規範性**）、⑤最後才會來臨（**不可超越性**）。

我們是這樣理解死亡的，因此「死亡」是無論此在是否存在、願意或者不願意，都必須要接受的終極可能性。

蘇格拉底認為哲學是一種**死亡訓練** ☞ P250，希望能以哲學提高德性以面對死亡；希臘的伊比鳩魯認為死亡是原子解體，因此並不需要畏懼死亡；佛教也認為人生由於「生老病死」☞ P64 而一切皆苦。

想來哲學認為人應該維持原有的姿態、不要過於強求，接受自然的人生即可（不過若是由於科學技術進步，而達到**不老不死** ☞ P338 階段的話，那麼就要另外思考生存方式了）。

西塞羅的《論老年》

✳紀元前就有思考年老之後的哲學者

羅馬的斯多葛主義 ☞ P32 哲學者馬庫斯・圖利烏斯・西塞羅（紀元前106年～前43年），撰寫了《論老年》一書。紀元前就有人探討起高齡問題，可見年老對於人類來說，實在是非常深刻的問題。

西塞羅表示，世界上的人都擔心步入**老年**以後會失去樂趣、怕別人不再把自己當一回事，但其實並沒有這回事。

首先，西塞羅認為老人能夠做非常高等級的工作。世間有所誤解，認為老人無法做年輕人所做的工作（這和現代社會幾乎是一樣的），但其實工作上最重要的不是身體的活力及行動力，而是深思熟慮、落落大方及工作者的見識。也就是說，在社會上老人具備了精神上的意義，西塞羅表示老人能夠做年輕人模仿不來的工作。

接下來他又說明，世間人總說步入老年後身體會變得虛弱，但只要持續維持熱情及活動，便能夠盡可能維持身體健康。同時，西塞羅也表示，隨著年齡增長，智力會有所增加而**記憶力**並不會衰減。

近年來的腦科學也提出，大腦有些部位的功能會隨著年齡一起提高，像是前額葉這類屬於創造性的領域會逐步活性化。

另外，西塞羅也認為不需要擔心老人**被討厭**，老人們是被喜愛而非被厭惡的，或許年輕人根本沒有像老人那樣在意他們的年齡增長呢。

✳年老後有許多愉快的事情

西塞羅同時表示，年輕人也非常喜歡老人教導的各種事情。現代雖然是個能用網路查詢許多事情的時代，但是比如說高齡者的太平洋戰爭實際體驗、戰後改革的回憶等等，都有著歷史的重量。

西塞羅認為：「磨練知識、藉由**精神訓練**達到流汗效果，便不會覺得欠缺肉體的力量。一直在工作的人，根本不會注意到老年已悄悄來到自己身邊。」

老年的好處還不僅止於此，邁入老年之後就逐漸不再受情慾支配，也就不會妨礙思考。

西塞羅強調老年的優勢包括：「老年遠離肉體慾望及野心，能夠過著非常愉快的生活。沒有比適當的餐飲、愉快的談話，在自然包圍當中度過晚年更加幸福的。」

另外，也有些人認為老人們急躁、愛操心、易憤怒、固執等。

這類想法倒是從古至今都未曾改變，不過「年輕人當中也有很多這種人哪」。相反地，西塞羅認為有許多耐心十足而敦厚的老人。

西塞羅也談論了「**死亡**」。死亡是所有年齡共通的事情，即使是青年也是相同的狀況。

人人平等，不知何時會死。當然也許會對死亡感到不安，西塞羅表示，但若死亡之後人的**靈魂就會消失**，那麼完全無視死亡應該也沒什麼關係吧。

另一方面他也表示：「若死了以後**靈魂沒有消失**，而是去了另一個世界，那麼更應該冀求死亡吧？」西塞羅認為不需要畏懼死亡，只要悠哉生活即可。

社會兩極化與世界將會如何？

〈◇◇◇◇◇〉

薪資無法提高是有理由的

❋將來的世界經濟會如何？

　　法國經濟學者托瑪‧皮凱提（1971～）以其著作《二十一世紀資本論》，震撼了全世界。皮凱提表示，先進國家的GDP成長已經來到巔峰，21世紀末後只會逐漸下降，**人口減少**也是造成此情況的主要因素之一。若整體經濟成長停滯，那麼貧窮之人便會增加，由富裕國家美國、德國、英國、加拿大、日本、法國、義大利、澳洲各國資本所得來推算，國民所得佔的資本所得比例正在增加。

　　但是《二十一世紀資本論》當中，根據其分析龐大數據得到的結果提出主張表示「**資本回報率**（r）始終高於**經濟成長率**（g）因此會一直不平衡下去」（r＞g）。

　　皮凱提認為，以往都認為貧富差距問題能夠在經濟成長後獲得解決，但現代若是期待經濟成長而放任資本主義發展，那麼貧富差距只會更加擴大。

　　我們以為自己只要拼命工作，薪資就會提高，但那是過去的事了。皮凱提表示，長期看來「資本回報率（r）會比經濟成長率（g）更高」。這個世界已經演變成與其工作，還不如投資土地或股票等，獲取非勞動所得還比較能賺錢。

✳但也許還是應該好好工作？

　　過往的自由主義經濟理論當中，都認為高所得層和大企業的富有增加了以後，應該也會流向低所得層，潤澤遍及社會整體（也就是若放任市場機制，那麼應該會達成r＝g的均衡）。

　　但是到了現代，由資本獲得的回收率若是高於經濟成長率，那麼財富就只會**累積在資本家**身上，擁有資本的人，能夠讓自己的資本成長得比經濟成長速度更加快速。但是現代使用所得去儲蓄的**儲蓄率低**，幾乎所有人都沒有餘力將資本放在投資方面。而有錢人則投資各式各樣的**金融商品**，能夠有效運用資產，為了避免通貨膨脹，還可以將資產分散投資在土地、股票、貴金屬等。

　　但是《二十一世紀資本論》並不是建議大家不工作，反而去投資金融資產或者土地等。

　　相反的，皮凱提表示為了修正這個世界的貧富差距，全世界都應該引進「**累進稅率之富裕稅**」，重新分配財產。

世界在何處的何人支配之下？

✳《『帝國』》已擴展到全世界

　　安東尼奧・納格利（義大利），與麥可・哈德（美國）於2000年共同著作了《『帝國』》。安東尼奧・納格利是義大利的馬克思主義思想家，因此《『帝國』》是一部試圖由左翼觀點來說明世界的著作。

　　1980年代社會主義崩毀之後，美國雖然擴大了其勢力，卻在2001年發生了包含911在內的多起恐怖攻擊事件。

　　這本書中曾經預告此事件，因此使許多人對本書提起興趣。《『帝國』》特地加上了引號，是由於這與以往的帝國主義要表示的意義不同。所謂「帝國主義」指的是資本主義的發展形態，特徵在於支配殖民地，但如今已經出現了完全不同的資本主義。

　　那麼，這個《『帝國』》究竟在何方呢？納格利與哈德並未表示「美國就是帝國」，但幾乎所有人都是這麼認為。雖然這也不算是錯，不過《『帝國』》雖包含美國在內，卻已擴大到更寬廣的範圍，因此無法明確指出「此處即為《『帝國』》」。

　　「《『帝國』》並未設置在權利領土上的中心點，而是脫離中心、脫離領土的整體支配力量，在不斷擴大的開放性內部當中，以全球為其領域整體漸進式地組織起來。《『帝國』》會一邊調整其指令網絡，以異種混合的身分與柔軟的階級秩序，還有複數的交換來進行管理營運。」（引用《『帝國』》）。

✳戰鬥的「群眾」

確實單一權力集中在美國，可以稱得上是「帝國主義」，但是《『帝國』》是更加全球化等級的事情。那並不是在美國這種領土上發生的事情，沒有固定的界線或者屏障，而是擴散到世界整體的。因此《『帝國』》才被認為是「脫離中心」且「脫離領土」的支配裝置。另外，它也沒有固定的範圍，只是一直擴大。

「多國籍企業將勞動力直接劃分至各式各樣的市場，以機能性分配資源、橫跨全世界各種生產部門以階級來進行組織化。選擇投資、針對金融與貨幣相關作戰行動下指示的複合型機構，會決定世界市場的嶄新地形，以更加實際一點的說法，就是決定世界的嶄新政治結構。」（引用《『帝國』》）

原先的帝國主義是位於中心的民族國家，將領域擴大至其他國家。但《『帝國』》並沒有那個成為中心的國家，而是以超越國家的制度，以及拓展至世界的多國籍企業成為節點，形成網絡狀的權力。

《『帝國』》並非權力場所，因此於其隨處存在的同時，也可說是不存在於任何地方。《『帝國』》的支配並沒有邊界，實際上世界整體都在它的支配體制之下。

要向這個《『帝國』》起而革命的主體並非過往的「無產階級（勞動者階級）」而是**群眾**（**Multitude**）。所謂「群眾」，是指跨越國境的網路上，眾人透過全球化，而相連結的對抗勢力。構成的「群眾」包含學生、女性、外國人勞工或者移民，任誰都沒有問題。在網路的世界當中，或許「群眾」VS《『帝國』》的時代已經來臨。

環境問題與異文化

>＜✕✕✕✕＞

地球等級的環境問題堆積如山

✳也請珍惜動物

活在現代的人類，應該要解決環境問題、為了未來的世代不該繼續拖延當今狀況、必須負起責任行動，這個道理稱為「**跨世代倫理**（intergenerational ethics）」。

由於地球生態系是一個有限空間，破壞環境使資源枯竭這種行為，讓我們這個世代成為加害者，同時打造出未來世代將成為被害者的結構。

這種觀念當中認為除了人類以外，生物也有**生存的權利**。澳洲墨爾本出身的哲學者、倫理者、素食主義者，彼得·辛格（1946～）在《動物解放》一書當中批判動物實驗與工廠畜畜。

另外，在環境倫理方面，若從人類中心主義的立場來看，是為了將來仍然能夠利用自然環境，因此應該予以保護，但現在傾向希望大家能夠為了自然環境本身的價值而去保護它。

地球有限主義這種思考方式認為在地球資源有限這個前提下，應該要打從根本調整各式各樣的系統。

另一方面也有人指出，若這種極端過度演變，就可能會牴觸自由主義或者有陷入「**環境法西斯**」的危險性等。

✳地球環境問題的相互關係與發展中國家的資源問題

環境問題的主要因素，包含發展中國家的人口增加，及先進國家**大量生產、大量消費、大量廢棄**等。若是先進國家援助開發，那麼發展中國家的經濟活動水準上升以後，就會引發公害問題。

先進國家對於環境考量不夠完善的話，也會發生此種情況。另外，先進國家的有害廢棄物跨境移動，也會加速發展中國家的公害問題日趨嚴重。

高度經濟活動將會使用更多的化學物質，因此海洋汙染也會愈發嚴重。先進國家與發展中國家之間有非常顯著的能源消費差異，發展中國家甚至有能源消費不到全世界平均十分之一的地區。

地球暖化也會產生影響，造成沙漠化、海洋汙染、使用化學物質而產生氯氟烴、破壞臭氧層、**野生生物種類減少**等。

發展中國家人口急遽增加因此需要燒田耕作、生產木材等，而造成熱帶化現象，野生動物也隨之減少。

看向異文化世界的目光

✵先進國家與發展中國家彼此的藉口

1971年（石油危機前）的能源需求，先進國家與發展中國家大約是10：15的巨大差異，但是之後發展中國家的**能源消耗量**增加，甚至有些國家的增加率還高於先進國家。

理由就是2009～10年的人口增加率，發展中國家較多的非洲為2.32％、中南美洲1.12％、亞洲則為1.05％，也就是由於人口增加率提高，而使能源需求也增加了。

另外，2008年的雷曼兄弟事件造成先進國家的經濟負成長，而發展中國家的經濟雖然也受到影響，但當中也有些發展中國家的經濟成長率超過5％（能源需求增加可能也是主要因素之一）。

同時，以發展中國家來說，他們節省能源的技術較差，還沒有轉往「節省能源型經濟」，也會使能源消耗量大增。短期內若此傾向逐漸增加，那麼發展中國家的能源消耗量將會接近先進國家，而全世界的能源消耗量就會接近兩倍。

如此長期看來在**資源方面及地球環境方面**，都可能引發經濟危機。以先進國家看來，會認為是發展中國家大量消耗能源，才使得資源問題以及環境問題惡化。

但其實是先進國家早前毫無節制使用能源並且破壞環境，這個事實讓發展中國家主張自己是正當進行經濟活動的。

✳排除對於多民族偏見的想法

人類傾向排除、否定與自己所屬族群不相容的「行動」及「思考」，當遇到習慣及文化與自己不同的其他國家之人，就會將自己民族及國家的文化置於上位，做出看低其他文化的行為 ☞ P115 。

巴勒斯坦裔的美國人文學研究者愛德華・瓦迪厄・薩伊德（1935～2003），批判**民族中心主義（ethnocentrism）**和以西方為中心的**東方主義**等思考方式，是非常帝國主義風格的。

「東方人被稱為落後的、退步的、不文明的、停滯的，有各式各樣說法，除了他們身為其他民族以外，也被放置在生物學決定論、倫理方面，或者政治教訓構成的架構當中遠望。……正因為東方人是從屬人種之一，因此必須要讓他們從屬。」（引用《東方主義》）

薩伊德表示，對於某個民族或文化來說，其他民族及文化的存在將威脅自己的存亡，因此若認知到對方是不可能共存的絕對性他者，就會視對方為「敵人」，而這個民族就會開始打造抹殺其他民族的「故事」，有時候還會對於自己的民族及文化以外的異文化及他者，打造出錯誤的**共同幻想**。這種幻想的基礎之一，其實就是少數人只接觸了幾小時的異文化之後，將自己的幻想擴展開來。

民族中心主義就是，一兩個人產生的恐怖感及危機意識一口氣擴大開來，有著可能化為極權主義的可怕性。現代的人種歧視，也是因為一些誤解就激烈化的既定觀念與幻想等級的東西，要解決這個問題或許還有一段路要走。

思考各式各樣的危機

◇◆◇◆◇

試著調查各種傳染病？

✳也要小心流行性感冒

西班牙流感在1918年～1919年造成世界各國許多死者，這是流行性感冒造成的**全球流行**。第一次世界大戰的時候，由於中立國西班牙並未操作資訊，真實情況才得以從西班牙流出，因此而被稱為西班牙流感。

2009年曾經有過新型流感（A／H1N1）的大流行，全世界共有214個國家地區有人感染，共計1萬8449人死亡（此為WHO於2010年8月1日時的統計資料）。

依據厚生勞動省的資料，日本每年會依照WHO提示的病毒株作為基礎，並考察先前日本的流行狀況等，預測該年度流行的病毒株來製作疫苗，在這10年內疫苗與實際流行的病毒株大致上達到一致。

但是日本和其他先進國家相比，疫苗的自主**接種率偏低（約50%）**，因此流感仍會造成死亡或住院，如何防止流行也成為課題。

日本在2018年的流行性感冒死亡人數**大約3000人**，其他較具代表性的傳染病還有愛滋病（後天性免疫缺乏症候群），全世界約有6500萬人感染、2500萬人死亡。於2018年，日本的愛滋病患者有377人。

✳還有許多傳染病

日本的肝炎（**病毒性肝炎**）長期性感染者當中，推測B型有110萬～140萬人；C型有190萬～230萬人。由於有許多感染時期並不明確，或者沒有自覺症狀，因此有很多人在還沒發現的時候就已經產生肝硬化，或者轉為肝癌導致死亡（請參考日本厚生勞動省網頁）。

退伍軍人症是由於軍團菌造成的細菌感染性疾病，近年來開發出檢查方法並且普及之後，報告病例數量有增加的傾向，到了2017年大約有1700名患者。高齡者及新生兒罹病後引發肺炎的危險性較一般民眾來得高，必須要多加小心，目前並無可供預防的疫苗（參考厚生勞動省資料）。

據推測HTLV-1（人類嗜T淋巴球病毒一型）在日本約有108萬名患者，全世界約有3000萬人以上感染此疾病，感染者大多無症狀。此病毒與HIV病毒相同，一旦感染就不會離開身體，有部分患者會併發成人T細胞白血病-淋巴瘤（ATL）（參考厚生勞動省資料）。

採取各式各樣的風險對策

☀還有各式各樣的環境問題

●核能發電廠的問題。

2011年（平成23年）3月11日，由於東日本大地震造成東京電力福島第一核能發電廠的放射性物質外洩至發電廠外，造成以東日本為中心的廣大範圍都遭受被害。

福島第一核電廠事故散逸至大氣中的放射性物質量，根據原子安全保安院調查約為37京（37萬兆）貝克勒。由於事故尚未平息，因此今後仍然可能繼續釋出放射性物質，自當時起放射性物質造成的體內被曝也一直令人擔心。碘131（→甲狀腺）、銫137（→全身）、鍶90（→骨骼）、鈽239（→骨骼、肝臟）〔（→）為沉積處〕。

●停電及其他

2006年8月14日晚間7點半左右，首都圈約有140萬戶停電。交通號誌燈熄滅、地下鐵和民營鐵路也大多停擺，有人被關在電梯裡等各種事件大為震撼民眾，原因是橫跨於東京都和千葉縣之間舊江戶川上的電纜，遭到一艘起重機船誤觸。

到完全恢復電力為止花費3個多小時，首都圈的電力當時是由新潟縣的核能發電廠，及東京灣內的火力發電所等處供應。今後應該將日本身為地震國這個前提也列入考量，建立各種電力穩定供給的對策，將來或許會發展為各家庭自行發電等。

✳試著思考各種風險

●近年來的地震死者數

　　據說全世界的地震有兩成都發生在日本周邊，可見日本真的是個地震之國。1995年（平成7年）1月17日**阪神淡路大地震**的死者有6434人、2004年（平成16年）10月23日新潟縣中越大地震死者68人、2011年（平成23年）3月11日**東日本大地震**死者及失蹤者約為1萬8000人、2016年（平成28年）4月14、16日熊本地震死者273人、2018年（平成30年）9月6日北海道東部地震死者42人。

　　關東震災的歷史則是1703年元祿關東地震、1855年安政江戶地震、1894年東京地震、1923年大正關東地震（關東大地震）、1924年丹澤地震，元祿關東地震的200年後有關東大地震，之後再過200～300年可能會再次發生M7等級的地震（參考內閣府網頁）。

●日本單日死者數量

　　依據厚生勞動省的統計，2018年死者人數如下：第1名癌症，37萬3547人、第2名心臟疾病，20萬8210人、第3名老化死亡，10萬9606人、第4名腦血管疾病，10萬8165人、第5名肺炎，9萬4564人。在厚生勞動省發行的資料「日本的一天」當中，2005年～2010年**每日平均死者人數為3280人**。

　　分析起來就是「裡頭的癌症患者有？968人、心臟疾病有？518人、腦血管疾病者？338人、事故往生？111人、工作中意外？3人、老死者？124人、自殺者？87人。」人類自出生瞬間就暴露在危機當中，將風險都寫在手冊上，編寫哲學手冊 ☞ P357 ，讓自己下意識的（自動化的）做出對策應該也很好。

中東紛爭

〈〈❈〉〉

巴勒斯坦問題從《舊約聖經》時代就開始了？

❋聖經的以色列人與阿拉伯人的祖先

《舊約聖經》的「創世紀」當中亞伯蘭（之後的**亞伯拉罕**），與妻子年歲已大卻膝下無子，記載中他因此納了埃及出身的女奴隸夏甲作為侍女。

但是身懷亞伯拉罕之子**以實瑪利**的夏甲卻輕視起撒萊，之後撒萊奇蹟似地產下了亞伯拉罕的孩子，命名為**以撒**。亞伯拉罕聽從神的告知：「以實瑪利也將成為一國之父」，因此給予夏甲及以實瑪利水及麵包之後將他們趕出家門。

在夏甲母子皮袋中的水喝完之時，神告訴他們：「把那孩子抱起來，用妳的手好好抱緊他，他必定會成為偉大的國民。」之後他們也找到了水井而得已獲救。

以實瑪利長大以後居住在荒野上，他自母親出生的故鄉埃及娶了一位妻子，而這位以實瑪利的子孫就成為**阿拉伯人**。

另一方面，以色列人則是在紀元前1500年左右，移居至**迦南（巴勒斯坦）**之地。出埃及記 ☞ P45 之後，以色列人向神拜領了以十誡為首的法律後形成信仰共同體，在紀元1000年左右由大衛王統一了以色列王國。

❊猶太人與阿拉伯人的宿命

　　巴勒斯坦的王國歷經大衛王、所羅門王的繁榮時代，但是之後分裂為北以色列與南猶太。北以色列則於紀元前722年被亞述王國消滅，南猶太則於紀元前586年被新巴比倫王國攻擊，而成為**巴比倫囚虜**。

　　跨越一些時代，**耶穌** ☞ P49 在以色列（巴勒斯坦）的伯利恆出生，與其弟子們共同形成了基督教。610年穆罕默德創立了伊斯蘭教。1516年鄂圖曼帝國軍隊（伊斯蘭教）雖然征服了巴勒斯坦，但是1897年以獨立建國為目標的**猶太民族主義（錫安主義）**高漲，舉辦了第1次錫安大會。

　　所謂錫安主義，是指目標要在以色列之地（巴勒斯坦）重建故鄉的近代猶太人運動（「大衛卻攻取了**錫安**的保障，就是大衛的城。」《舊約聖經》「撒母耳記」下5：7）。但是，1915年由於**麥克馬洪-海珊協定**，英國使鄂圖曼帝國支配下的阿拉伯地區獨立，認可阿拉伯人居住在巴勒斯坦。

中東情勢過於複雜

✳中東戰爭勃發

1917年英國政府提出**貝爾福宣言**表明支持錫安主義，此一宣言乃是英國為了在戰爭中獲得猶太人的協助，因此支持猶太人建立國家。

1920年聖雷莫會議中，將國際聯盟託管的巴勒斯坦與美索不達米亞交給英國。1932年國際聯盟託管的美索不達米亞，終於成為**伊拉克王國**得以獨立。1933年德國誕生了納粹政權，開始**迫害猶太人**。1939年德國攻擊波蘭引發了第二次世界大戰。戰後於1947年，聯合國決議分割巴勒斯坦。1948年5月14日，**以色列宣告獨立**。

但是由於聯合國對巴勒斯坦分割的決議對於猶太人較為有利，因此阿拉伯方面相當反彈，因而引發了第一次中東戰爭（1948年5月～1949年4月）。以色列獲得大部分巴勒斯坦的土地，確定了國界（綠線）。經濟及軍事要地蘇伊士運河轉為埃及國有，而與英國等國家對立，引發了第二次中東戰爭（1956年10月～11月）。以色列也參加戰爭攻擊西奈半島。聯合國大會為了取代機能停止的安全理事會，而以和平為由集結決議，停戰後以色列軍也撤退了。

1964年，設立了**巴勒斯坦解放組織（PLO）**。對於猶太教、基督教、伊斯蘭教聖地耶路撒冷被置於阿拉伯支配下，以色列又心生不滿。敘利亞則出現了親巴勒斯坦政權，之後發生第三次中東戰爭（1967年6月）。以色列在短期間內占領了約旦河西岸地區、**加薩地區**、西奈半島等。

❋中東和平到現代為止

1969年，阿拉法特就任PLO議長。埃及為了取回西奈半島，在阿拉伯各國協助下奇襲以色列，引發**第四次中東戰爭**（1973年10月）。阿拉伯各國針對支持以色列的各國進行原油出口管制，導致石油危機，當時日本是田中角榮內閣，物價也一片混亂，那時就連衛生紙都到處缺貨，家庭主婦們紛紛搶奪貨品。

第四次中東戰爭停戰後，1978年於**大衛營**（美國總統別墅），埃及與以色列達成和平協議，西奈半島也還給了埃及。

但在1987年，巴勒斯坦人於占領地區又發生暴動（大起義）。1991年發生波斯灣戰爭，這是發生在波斯灣周邊國家地區，以伊拉克的**薩達姆・海珊政權**，及美國為主的多國籍軍引發的戰爭。歷經中東和平會議以後，1993年以色列與PLO同意互相認可，雙方同意巴勒斯坦暫定自治協議。1994年巴勒斯坦開始自治，1995年以色列與PLO最終雙方同意擴大巴勒斯坦自治。以色列的伊扎克・拉賓首相，於1995年11月4日在出席於特拉維夫舉辦的和平集會時，遭到和平反對派的猶太人青年槍擊死亡。

1996年阿拉法特PLO議長被選為巴勒斯坦自治政府議長，2001年開始策畫夏隆政權，以色列擴大占領地區的殖民地並建設分離牆，同年9月**美國發生了多起恐怖攻擊事件**。2006年，巴勒斯坦選舉當中對以色列強硬派**「哈馬斯」**獲得勝利，哈馬斯開始使用自爆攻擊、火箭彈攻擊以色列國防軍以及市民。2008年12月27日，實際上支配加薩地區的哈馬斯與以色列之間爆發了戰爭。

4 哲學與自然科學

古希臘萬學之祖亞里斯多德曾對學問進行分類整理，尤其是自然科學原為哲學的一部分，後來開始有了細項區分。

第4章以科學史作為主題，目的在於針對未來人類的存在方式，進行多面向思考。一般來說，也可以區分為「文科」與「理科」，不過那是指專業領域，其實所有人都具備文科與理科交叉的思考模式。

這是由於世界原先就是「符號」資訊的累積，只不過是為了簡單點分類，因此使用數字來表現「符號」的話，就是理科；而以語言來表現「符號」，就是文科。一切哲學都是以「符號」資訊的角度來處理的，因此請以相同東西有著不同表現方式為前提來思考。電腦工程師當中也有許多人是文科生，原先語言就是符號，而0和1也是符號。

考慮到今後學問將更進一步融合在一起，縱橫無限跨越文學、語學、藝術、歷史、政治、經濟、地理、科學、醫學、藥學、工學等，各式各樣領域的「專業」性質「概念知識」，融合這些以後催生嶄新面相的「智識」，又或者是活用在商業創意上，這些需求應該都會提升。

為了整合這些訊息，那麼事先明白人類的哲

學史，以及各學問的分歧點，之後也比較不會感到為難。刻意擷取「他山之石」的資訊，或許也能產生意想不到的知識連鎖。

科學資訊會以每週為單位產生變化，本章當中會提出目前已知的科學進步階段，以及頗為將來的SF般未來樣貌，同時也介紹或許也非不可能的未來情景。

在「何謂安樂死、尊嚴死？」一節當中，提到了將來使用自己的細胞打造內臟來交換，以及探討這些事情相關的倫理問題等。複製與基因操控等受到各種法律限制，但科學成果經常在法律迎頭趕上之前就已經實現，因此，我們還不能確定近未來將會發生什麼事情，想來也會發生倫理問題吧。

電腦的歷史乍看之下與哲學毫無關係，但其實也有哲學領域是將人類的思考，化為符號以後進行計算，今後電腦科學與思考的符號化，應該會更加具備關聯性吧。關於哲學與科學的歷史，會大致上介紹一下與I部空間時間概念相關的東西，以及發明量子電腦基礎的量子二元性質等。

IT社會的目標也是符號資訊的整合，由此可見近未來會出現非常驚人的社會系統，預測這件事情，應該也能在商業上產生極大幫助。

何謂安樂死、尊嚴死？

‹◇◇◇◇›

生命倫理各式各樣的問題

❊何謂操作生命

由於尖端醫療技術之發展，醫療領域當中也提起了哲學的問題。人類的生殖與出生在古代、中世紀、近代社會當中，都被認為非常神祕 ☞ P34 ，而過往的人類試圖以機械論來進行說明。

所謂體外受精，是讓精子與卵子在女性體外之處受精，打造出受精卵。1978年，在英國誕生被稱為「試管嬰兒」的體外受精胎兒。

若是妻子無法懷孕，那麼請第三者女性協助懷孕生產，則稱為代理懷孕。若是將夫妻的受精卵殖入第三者女性體內，使其代理懷孕，便稱其為「代理孕母」。若是妻子無法提供卵子，而是使用丈夫的精子來讓第三者女性懷孕並且產子，則稱為「代理母親」。這些事情引發了各種宗教及文化上的相關議論。

另一方面，也有過代理母親不願意交出孩子的事件（如美國的**嬰兒M事件**）。若是代理生產，法律上也有各樣確認親子關係方法的問題。另外，這種情況下親子只在遺傳上發生關係，也變得有些複雜。

與生命相關的科學技術也與複製人息息相關，複製人的**自我及身分認同**有時也會引發哲學問題。

✳醫療的生命倫理是什麼樣的東西？

罹患嚴重疾病的患者，具有選擇是否獲知病名、接受何種治療及照護的權利（自我決定權）。另外，自己「生命結束的方式」也會盡可能尊重本人的意志。

若是重視**生命品質（QOL）**，那麼假如自己已經重病末期，也可以選擇拒絕以生命維持裝置來保住性命。這類維持自我尊嚴、自然面對死亡的方式，被稱為**「尊嚴死」**。

另外，醫師有充分提供患者診斷，以及治療相關資訊的義務。在患者理解、並且**知情同意**以後，才進行醫療行為是最為理想的。

所謂知情同意，是指向患者充分說明以後取得患者同意。患者有權利聆聽醫師充分說明疾病名稱、罹病原因、治療方式、藥物及其副作用、替代的治療方式、手術成功率等等。在這當中，針對末期患者進行照護（**臨終關懷**）被認為是非常重要的。

末期醫療與哲學緊密的關係

＊羅絲醫師的《死亡瞬間》

醫師伊麗莎白・庫伯勒－羅絲在1969年發表《死亡瞬間》，經由與200位步向死亡的患者對話，調查分析人對於死亡接受的流程。

① **「否認」**：這個階段患者由於打擊過大，而會加以否認。可能是認為不同的治療方式，也許能夠治癒自己的「全盤否認」，也有可能是「部分否認」。

② **「憤怒」**：這個階段患者會認為自己怎麼會遇到這種事情？為何自己非死不可？將這些憤怒轉而朝向其他人。

③ **「交易」**：這個階段會試圖向神明等超越性的存在，交換條件以延長性命，可能會有所悔改、祈禱能夠延長幾個月的性命等，嘗試交易讓自己不要死亡。也就是想著：「神已經決心將我從這個世界帶走，而且對於我充滿憤怒的乞求毫無動搖。那麼我好好祈禱的話是否能夠稍微網開一面呢……」

④ **「抑鬱」**：自覺到交易是沒有意義的，對於命運感到無力、失望，因此在這個階段會感受到強烈的沮喪及絕望。「社工人員、醫師，又或者牧師將患者的煩惱告知其丈夫，如此一來也能夠請丈夫協助維持患者的自尊心。」

⑤ **「接受」**：接受死亡的最後階段。最後還是會接受自己即將死亡。報告中也指出，有些情況當中還會出現一些超脫開悟的患者，他們能夠非常安穩的接受死亡。

✽腦死與臟器移植

以往人類死亡的定義都是心臟停止跳動，但是由於人工呼吸器等醫療技術的進步，雖然腦部機能已經完全死亡，但心臟還能靠機械繼續跳動，因此有了嶄新的死亡方式：「腦死」。腦死的患者據說最後心臟還是會停止跳動（植物人狀態是指腦幹仍然具備機能，只是沒有意識的狀態）。

因此也可以在生前清楚留下**生前遺囑**，表達自己若是進入末期狀態，不要進行延命措施，而是希望選擇「尊嚴死」。

相對於尊重本人意志，因此停止延命裝置使其自然死亡的「尊嚴死」，使用投藥等人為方式，使病患死亡的方式則稱為**「安樂死」**。

另外，這也會發生臟器移植相關問題。歐美的哲學概念當中認為身體是自己的所有物 ☞ P136，因此要如何處分可以自己自由決定。而笛卡兒哲學以後，認為精神與身體為各自獨立的實體，這個傳統也並未消失。

即使**心物二元論** ☞ P80 認為全身和腦部都是臟器，但是腦部死亡以後意識（精神）並未死亡，精神會被認為是失去身體的物體。

以這種思考方式來說，臟器移植是不會有倫理問題的。另一方面，日本人對於心物二元論，或基督教那種肉體與靈性是不同東西的傳統概念非常薄弱，因此若要將維持樣貌的腦死，或者植物人狀態認定為死亡，多少還是會有些遲疑。科學性合理的技術，最後還是會與人類的「死亡」這種哲學問題相連，而有其困難之處。

複製人與基因操控

〈◇◇◇◇◇〉

禁止製造複製人

✳看電影就能明白複製人的心情？

以複製人為題材的電影，真是五花八門。由阿諾・史瓦辛格主演的《**魔鬼複製人**》（2000年，The 6th Day）是未來的故事（雖說是未來，但故事中是2010年）。由於創世紀當中，神創造了人的那天是第六天，依此命名的「6d 法」明定禁止製造人類的**複製人**。

某天主角亞當在自己生日那天晚上下班回到自家，卻發現看來應該是自己複製人的傢伙正在與家人慶祝生日，為了取回自己的家庭與生活，亞當試著尋找真相。

電影《**絕地再生**》（2005年，The Island）描寫的是一對男女複製人與政府無情菁英間的鬥爭，是一部科幻驚悚片。人們為了免於受到核能汙染，而居住在近未來風格的巨大設施當中，他們的夢想是獲得前往地上樂園「神秘島」的權利。

但是主角（伊旺・麥奎格飾）卻發現了此處的秘密，地球並未遭受汙染、設施裡的居民都是複製人，及如想前往神秘島要將臟器提供給自己的複製源頭，他試圖和女友（史嘉蕾・喬韓森飾）一起逃出這個設施。故事內容描繪的是複製人的苦惱。

✳發現細胞無法回頭

在《魔鬼複製人》電影的開頭也有介紹，1996年的時候英國的**複製羊「桃莉」**誕生了。各國開始針對規範提出方向，日本也在2001年施行**人類複製規範法**。目前為了維持人類尊嚴，因此認為可以將技術使用在生殖輔助醫療、臟器移植或者再生醫療方面。

1950年，胚胎學的學者沃丁頓表示「曾經分裂過的細胞無法回頭」。

但是2012年，與京都大學山中伸彌教授一起獲得諾貝爾獎的英國學者約翰・格登，卻顛覆了此一常識。

格登將細胞核自細胞中取出後，使細胞核失去作用再移植到其他受精卵，而該移植細胞核的卵也成長為正常的幼體及成體。這表示曾經分裂的細胞只要經由某些操作，一樣能夠恢復為受精卵的狀態。

萬能細胞的前途光明？

❋ ES 細胞與 iPS 細胞

ES細胞是1981年，由英國的埃文斯博士（2007年獲頒諾貝爾獎）催生出來。1998年美國的湯姆森教授，則成功製作出人類的ES細胞。

由於受精卵當中，蘊含了能夠成為包含胎盤在內的各種器官細胞的能力，因此稱其為全能性（totipotency）。相對於此，ES細胞具備的能力雖然無法形成胎盤，但是可以成為打造出身體的各種細胞，這種能力被稱為多能性（pluripotency）。

ES細胞雖然不具備全能性，但一般認為要應用於再生醫療上已經相當充分，因此在報導中通常都會使用「**萬能細胞**」的說法。目前ES細胞使用在治療不孕等體外受精的胚胎上，但是這些胚胎只要放進子宮內，就會成為人類，因此也有人認為這有倫理道德上的問題。

2006年（平成18年），京都大學以山中伸彌教授為中心的研究團隊，成為世界第一組，由老鼠皮膚細胞製造出**iPS細胞**的團隊，之後又在2007年（平成19年）成功成為世界首次，由人類皮膚細胞打造出iPS細胞的團隊。

2011年，京都大學的團隊也成功使用iPS細胞讓老鼠出生。iPS細胞指的是具備能夠形成神經、肌肉、血液等，各式各樣組織及臟器細胞能力的新型萬能細胞，和破壞受精卵製成的「**胚胎幹細胞（ES細胞）**」相比，較不具倫理道德問題，並且是由患者的身體細胞打造出來，因此也可以避免抗拒反應的問題。

✷由複製技術得到的優點

一般認為**複製技術**具備的優點，就是可以打造出肉質較佳的牛，及乳量較多的牛等，就食材上來說較為優良的動物。另外，由於可以產生具有相同遺傳因子的動物，因此也可針對同樣遺傳條件進行實驗研究。醫療若想進步，就必須使用與人類罹患相同疾病的動物進行實驗，如果有了複製技術就能夠穩定，且大量提供罹患該疾病的動物。

另外，也可以保護及再生稀有動物，也就是由單一個體來產生複數個體，這樣應該就可以避免瀕臨滅絕的動物走上滅絕之路。

在電影《侏儸紀公園》當中復活了那些滅絕的恐龍，打造出一個恐龍樂園，這些事情都有可能發生的。不過，就算能夠讓尼安德塔人復活，畢竟他們是人類，還是有可能會發生倫理道德問題。

另外，藉由**遺傳因子轉移技術**等，提高動物臟器與人類組織之符合程度，便能夠移植動物臟器，如果使用複製技術來大量生產該動物，那麼應該也可以用在臟器移植上。

由於有了遺傳因子轉換技術，只要製造出能夠分泌治療疾病需要之蛋白質的動物，就可以利用複製技術大量生產該動物，那麼也能夠在疾病治療上有所幫助。使用由動物分泌之蛋白質，也能夠高效率製造醫療藥品。

這些事情的前提是，複製動物必須在倫理道德上可被接受。這是由於我們把動物當成食物，才會比較覺得無所謂。但是出身澳洲墨爾本的哲學者彼得・辛格☞P304，卻批判動物實驗以及工場畜產，他本人也貫徹素食主義。

電腦的歷史

〈◇◇◇◇◇〉

哲學者夢見的思考機器

✳數學與哲學與電腦

以下稍微概觀電腦的歷史，宏觀1980年代日本最初的電腦，一直到最近的發展，應該能夠對於預測未來將能實現何等科技有所幫助。

在紀元前150～前100年左右，古希臘人就打造出**齒輪類比式計算機**。1642年，法國思想家兼自然哲學者兼數學者布萊茲‧帕斯卡，開發出**齒輪機械式計算機**（帕斯卡計算器）。1690年代，則是德國的萊布尼茲 ☞ P84 開發出計算機，並同時提倡二進位法。

19世紀以後，1865年設立了國際電報聯盟（現在國際電信聯盟）。日本於明治維新時努力引進技術，在1877年（明治10年）也加入了萬國郵政聯盟（該年日本發生西南戰爭）。

到了1890年，終於開始正式使用**打孔卡**。所謂打孔卡，是將0及1的二進位資訊，藉由在紙卡上打孔的方式紀錄資訊，將這些資訊傳遞給機器以後，使用自動整合計算的機器來控制（到了1980年代電電公社〔日本電信電話公社，現在的NTT〕等公司也還有使用）。

英國的數學家、計算機科學者、哲學者艾倫‧圖靈（1912～1954），因為解讀出納粹的密碼而聞名，這件事情描繪在電影《模仿遊戲》當中。

✽令人感到懷舊的電腦黎明期

　　20世紀以後，發明了真空管。1945年，匈牙利出身的美國數學家約翰・馮紐曼（1903～1957）規劃出一般稱為「馮紐曼模型」的電腦，之後使用真空管打造出世界上第一台電腦，接著在電晶體發明以後，電腦便有了跳級般的進步（現在的電腦基本上也是「馮紐曼模型」）。

　　之後到了1952年，IBM發售了商用**內建程式**的電腦。1974年，英特爾發表了8位元的微處理器i8080，此時比爾・蓋茲也設立了**微軟**公司。在日本，1981年（昭和56年）發售NEC的PC-8801，被認為是日本電腦的黎明。可以在微軟的BASIC上自己進行編碼，或者讀取書寫在磁帶上的軟體，便能夠進行遊戲（內建記憶體是關機就會消失的暫存式）。

電腦讓未來世界前途光明？

☀現在的電腦狀況

1977年，**蘋果**發售個人電腦Apple II。1981年，IBM發售內建PC-DOS的個人電腦IBM PC，之後由微軟開始提供給各公司MS-DOS。1982年，NEC發售了PC-9801。最初的**GUI（Graphical User Interface；圖形使用者介面）**，是1973年位於加州的全錄研究所試作的電腦Alto，這台電腦影響了蘋果，1984年蘋果公司發售Macintosh。

日本在1987年以後硬碟開始普及（此時的容量大約20MB就要價30萬日幣）。微軟電腦原先內建的軟體是**MS-DOS**，之後卻發表了第一款Windows產品Windows 1.0（1985年）。此時，硬碟和磁碟片還是主要媒體，而Windows需要幾十片的磁碟，因此當時還需要將軟體灌進硬碟當中。1990年微軟發售Window 3.0，接著又在1995年發售**Windows 95**，這為Windows的市場擴大帶來決定性影響。

2001年3月，蘋果公司發售**Mac OS X**，10月則發表了iPod。2007年，蘋果公司發售iPhone，Android也於同一年發表，並在2008年9月發售第一款Android終端機。2010年1月，蘋果於舊金山舉辦的產品發表會上，發表了iPad第一代。在電腦、平板之後，目前仍在摸索新型態的工具。

✲量子電腦

現在的電腦需要花費幾百年、幾千年才能夠解答的計算，若是使用**量子電腦**，就能夠在較為可行的時間內解開。最近開始出現量子電腦可能進入實用化、商用化階段的徵兆，若是真能實現，那麼世界的一切都有可能會改變。

現代電腦是增加相同時間內可計算的次數，藉此達到高速化。由於資訊處理是由晶片上鋪設的電晶體迴路進行，資訊量越大，晶片的密度就須提高，因此微晶片、奈米晶片等極小化積體技術也逐日進步。

但是也有些人認為「**摩爾定律**」已經走入死胡同（1965年英特爾創業者之一戈登・摩爾〔1929～〕，預測「積體電路上的電晶體會每18個月就倍增」）。雖然將迴路並列就能夠盡可能提升處理計算的速度，卻無法解決增加電力消耗的問題。

若是量子電腦，就能夠打造出讓內部大量資訊**堆疊**在一起的狀態（量子疊加）。1個量子就能同時保有2種狀態；2個量子就有4種狀態；4個量子就能夠同時計算16種情況。另外，複數的量子在被觀測到時，其成對的另一個量子若為1則其為1；另一個量子若為0則其為0，即使相隔兩地也會一致（量子隱形傳輸）。就算分離但在每個瞬間都能確定各自的狀態，因此應該能實現無法想像的高速通訊。

量子電腦也可以模擬各式各樣新材料的分子結構，因此過往花了幾十年才試出來的組合，就能在短時間內搭配出來。想像實在無邊無盡，若能夠在瞬間分析物體的分子結構，而且還能夠以**3D列印**來複製的話，或許也能夠複製人類（雖然這又會發生倫理道德問題）。

IT社會的發展與問題

資訊化社會的注意事項

❋依賴網路的問題

厚生勞動省在2012年度，針對全國國高中264校約10萬人，進行**依賴網路**危險度調查。使用美國等國家也使用的評估，在八個問題當中若有5題以上符合，就可分析得知是「可能強烈依賴網路」。

☐是否感受到沉溺於網路之中

☐是否覺得為了感到滿足，因此必須增加**使用時間**

☐是否曾經想**限制或者中止**使用卻不順利

☐縮短使用時間便感到**消沉或煩躁**

☐開始使用之後，持續了比想像中還要久的時間

☐是否曾經在網路上使**人際關係**化為烏有

☐是否曾經為了隱瞞自己過於熱衷而對家人說謊

☐是否為了**逃避**問題、絕望與不安而使用網路

若8題當中有5題以上都符合的狀況，很可能對健康或精神產生影響。由於大部分案例當事者都不知道這是種疾病，因此非常危險。

也有些醫生認為，若是孩童的生活開始有日夜顛倒的傾向，就要注意是否過於依賴網路。有許多小事與「依賴」息息相關，想來必須要多加注意是否樣子一如過往。

✱資訊越多越是選擇困難

　　在網路上有從多年前開始累積的資訊，並且不斷追加即時的新資訊，由於網路上的資訊過多，因此很容易搞不清楚哪個才是真實的資訊來源。

　　尤其是大家都會使用搜尋來收集資訊，很容易透過自己偏見的濾鏡，而採取「**只看想看的東西**」這種態度，因而陷入非常偏頗的思考方式。因此最好提高能夠自大量資訊當中，解讀並且活用媒體資訊的能力（**資訊素養**）。

　　也希望大家除了從電視、報紙、雜誌、書籍以外，在網路上搜尋新聞來捕捉整體事件，同時也能夠取得YouTube和SNS等處的資訊，來進行綜合性的判斷。另外，也要完整獲得國外的新聞等，對照國內的新聞來看。

　　資訊化社會的問題就是，有具備連線資訊能力及機器之人、與不具備這些工具之人，這樣的差距易產生**資訊落差**。

管理巨量資料的社會

❋變得過於便利的未來

進入**無所不在**（**Ubiquitous**）社會，可以連上「無論何時、何地、如何、與誰皆可」的網路，能夠自由自在交換資訊。" Ubiquitous "在拉丁文當中表示「（神）無所不在」。

現代同時進入一個**IoT**（**Internet of Things**）社會。

所謂「IoT」也被稱為「物品網路」，除了電腦、智慧型手機以外，門、冰箱、洗衣機、空調、洗手間、浴室、窗戶、窗簾等，各種東西都與網路相連，這樣一來使用方式增加了，也變得更加便利。舉例來說，洗衣機、空調等可以在家門外就用聲音操控。應該也能夠打造出一套系統，如果冰箱裡有東西不夠了，就自動請人配送。將體重計、血壓計、體溫計的資料都傳到智慧型手機當中，就能夠管理身體狀況、接受運動建議。

「IoT」發表會（2015年於美國）等會上，展示能夠裝設在滑雪板上，讓人們可以用智慧型手機確認自己滑雪方式的裝置，以及可以測量牛奶量的哺乳瓶等。服裝與鞋子等產品也可以使用電腦晶片來調整尺寸，能夠更加合身。

貓狗等寵物也都已經埋設晶片進行**ID管理**。人類也一樣，已經開始有將個人資訊記錄在晶片上，並埋藏於手部的動作。將居住證明、健康保險證明、駕照、月票、銀行帳戶資訊、護照、身分證、家人關係、就業狀態、健康狀況、免疫情形等資訊，都能夠放在掌丘處。

❋資料變得過於龐大，未來產生變化

企業會收藏龐大的資料（TB、PB〔1024TB〕、EB〔1000PB〕等）並進行操作管理，而這類資訊便被稱為**巨量資料**（big data）。當中也包含了，推特或者臉書這類社群軟體（SNS）的發文、便利商店的點數卡、信用卡使用經歷等，所有巨量資料。

「Google」、「Apple」、「Facebook」、「Amazon.com」這四間公司，是提供全世界商品、服務以及資訊的基礎企業，這四間公司以其開頭字母合稱為**GAFA**。在使用服務的同時，顧客會提供姓名、地址、信用卡號碼、購買經歷等個人資訊。

若將這些巨量資料與埋藏在個人體內的晶片資訊相連，那麼人類整體的動靜都會化為資訊，如此一來若要提供必需服務、緊急時的醫療對應、防止犯罪等也會更加容易。可以打造出**24小時的健康管理體制**、管理營養均衡、管理健康狀態、管理緊急狀況等，個人的健康及長壽也能夠獲得一定保障。

晶片已經越來越小，目前還開發出塵埃尺寸的晶片。只要把塵埃尺寸的晶片放在空氣中擴散，就能夠追蹤吸入晶片者的動向，如此一來也可以防止病毒蔓延及防止犯罪等。

如果**遺傳因子**留下紀錄，那麼就能夠預測疾病，也能夠針對生殖進行輔助資訊管理。這些技術若是能夠與大腦內的資訊連結，那麼人類整體或許會成為一體的巨量資料，而產生嶄新的意識。

人工智慧與科技奇點

◇〈〉◇

幾乎生存於虛擬現實的世界

❋當電腦超越人腦時

美國的未來學者兼司想家雷・庫茲維爾博士（1948～）在《心靈機器時代》當中，提到了技術上的奇點（Technological Singularity）。他還著有《奇點逼近》、《人工智慧的未來》等。

庫茲維爾博士表示這個技術的奇點（科技奇點）就是，「人類與機械整合的文明超越，只有100兆極端緩慢突觸人腦極限的瞬間」。庫茲維爾博士的預言過了十年，來到2020年時頗為中肯。

2019年電腦已經可以置入家具及裝飾品之後，以3D打造虛擬現實，也預估能夠使用智識模擬打造軟體教師進行教學。

虛擬現實據說品質可以高到無法區分其與現實的差異，如此一來未來的工作與教育也會產生相當大的變化。

✳數十年就會來到震撼人的世界……

　　庫茲維爾博士表示到2029年為止，1000美元的電腦（1999年的美金幣值）就能夠匹敵1000人份大腦的運作能力。庫茲維爾博士還預言，為了讓人類使用者與世界規模的電腦網路交換資訊，會進行眼睛及耳朵的移植手術。

　　視障者可以使用內建導航指引系統的眼鏡，聽障者則能透過目視鏡的螢幕來讀取他人的話語，手腳麻痺的人可以使用電腦控制的神經模擬系統，及外骨骼機械裝置步行，也能夠上下樓梯。自動駕駛系統、**虛擬偶像**、**自動人格**（例：初音未來的進化型態、機器人等）都將化為日常。

　　2099年以後，已經無法分辨人類與電腦的不同，腦部不再是以碳元素作為基礎的細胞流程，而是以電子、光子作為整體基礎，他同時主張這些由人類智能擴張而生的機械智能（AI）腦部也是人類。

知性擴大到宇宙就會出現 「神」？

✳機械創造機械

典範轉移發生的機率目前已經開始加速，現在大約10年就會提升兩倍。IT能力也以**指數性**速度成長，當中包含，掃描人類腦部的技術，也是以指數成長進步的科技之一。「掃描腦部的時間解析度、空間解析度、頻寬等，每年都是前一年的兩倍。目前針對人類腦部運作原理的正式**逆向運算**（解讀並且運用在AI等科技上）已經有了相當充分的工具。」（引用《奇點逼近》）

除此之外，庫茲維爾博士也認為人類會因為生化科技的技術，而能夠讓身體組織及所有臟器恢復年輕，人類的平均壽命會延長，根本上能夠遠離疾病及老化（也就是人類會**不老不死**）。

「機械只要獲得人類擁有的設計技術能力，速度及容量都大幅度超越人類，便能夠連線機械本身的設計（原始碼），並且具備操控自己的能力。」（同前）

「頭蓋骨當中並沒有能夠收納100兆神經元突觸的空間。……機械會替換自己的設計、無止盡地增加性能。只要使用奈米科技的設計，就算尺寸變大了也不會消耗更多能源，能夠讓能力遠高於生物的腦部。」（同前）

另外，**意識上傳（mind uploading）** 能讓人類成為軟體，到那時為腦部備份成為常識的時代也將來臨。

☀到達科技奇點時人類將成為「神」？

奈米機械可以直接插入腦部，與腦細胞相互作用。大腦與內部電腦可以直接攜手合作，如此一來就不需要外界的電腦，這樣的虛擬現實很可能成為真實。

在掃描腦部的時候，也不需要從外界掃描，而是置入**奈米機器人**由內部掃描也會變成較為正確的做法。奈米機器人只有人類血球的大小（7～8微米），甚至還可能更小。幾十億個奈米機器人用某種方法通過血腦屏障以後，四散至腦中所有微血管，以無線LAN傳送資訊，藉由這些資訊重新架構腦部模組，製作出具有生物特徵的機械。另外，還能將腦部與機械連結以後，進入已經無法區別兩者的階段，知性應該也會有大幅度擴大。

「科技奇點來臨以後，人類腦部這種具備生物學起源的智能，以及人類發明的科技這種起源的智能，都將與宇宙當中的物質及能源達到和諧。」（同前）

庫茲維爾博士表示，智能會重新架構物質與能源，實現計算的最佳等級後朝宇宙而去。「現今，光速被拿來作為限制資訊傳達極限的因素。要迴避此種限制，確實讓人覺得不太現實，但有線索讓我認為或許能夠有超越此極限的方法。只需要逃離**光速極限**一點點，應該就能夠使用超越光速的能力了吧。」（同前）☞ P345

人類的知性若是超越光速限制，就能將資訊傳達至宇宙，也就是宇宙本身成為一個知性個體。庫茲維爾博士雖是無神論者，但明白表示就算無法達到神這個極限，也肯定是在往**「神這個概念」**前進。

哲學與科學的歷史

〈◇◇◇◇◇〉

由文藝復興的科學走向近代科學

✳文藝復興的時代將迷信與化學混為一談

在文藝復興的時代,根據一位名為赫密士・崔斯墨圖的虛擬人物留下的「**赫密士文集**」作為基礎,使得解釋宇宙以及人類的思想復活了。「赫密士文集」內容非常多樣化,包含哲學、宗教、占星術、鍊金術、魔術等。

經過人類學家馬爾西利奧・費奇諾(1433~1499)的翻譯,赫密士主義與新柏拉圖學派 ☞ P34 同時流行。前往近代科學的歷史,就在迷信、咒術魔術、神祕主義與科學混雜的思想道路當中披荊斬棘。

被稱為萬能天才的李奧納多・達文西 ☞ P74 雖然是位有名的畫家,但他也設計了攻城機、飛行機械、機關槍等,在理工領域當中發揮其優秀才能。他認為「在建立通用法則之前,應該要嘗試進行實驗,確認是否會產生相同結果」,這是一種重視**科學實證性**的思考方式。

伊斯蘭世界則因為鍊金術,而使化學得以進步。另外,在紀元1400年前後,出生於美因茲名家的古騰堡,則運用伊斯蘭世界傳來的活版印刷技術,開發出印刷機 ☞ P204 。

✳宇宙與乙太問題

出生於波蘭的哥白尼（1473～1543）在義大利就學，得知了古希臘哲學者阿里斯塔克斯的地動說。在他埋頭於天文學研究以後，終於完成了**太陽中心說（地動說）**的理論。

英國哲學者兼法學者法蘭西斯・培根（1561～1626）則提倡**歸納法**，表示應該綜合各式各樣實驗結果以後找出原理。

克里斯蒂安・惠更斯（1629～1695）是荷蘭的物理學者兼天文學者，他也是笛卡兒的朋友。惠更斯在15歲左右就熟讀笛卡兒的《**哲學原理**》（書中內容包含方法論懷疑以及慣性法則等），因而對於天文學及物理學產生極大興趣。惠更斯認為光是一種**波動**，在媒介**乙太**當中以垂直方向震動（笛卡兒也提倡乙太論）。

帕斯卡 ➡ P258 以各種實驗嘗試確認真空的存在，確立了「帕斯卡定律」。

19～20世紀科學迅速發展

❋機械論世界觀與拉普拉斯妖

由牛頓化為體系的力學基本三法則是，慣性法則、加速度法則、作用與反作用的法則。有了這三法則作為基礎，便能夠引導出「**萬有引力法則**」。牛頓的力學藉由使用精密的數學來記述自然法則，將亞里斯多德 ☞ **P346** 的力學取而代之。

另外，將透鏡放在平面玻璃上，由上往下看能夠看見同心圓狀的圓圈圈，這被稱為「**牛頓環**」。這是牛頓發現的事情，但其實是由於光的粒子性造成的現象。英國物理學者湯瑪士・楊格（1773～1829）認為**光線是一種波動**，由於波動互相干涉才會造成牛頓環。

牛頓認為光能夠以這樣快的速度傳播，沒有一定硬度的媒介是相當奇怪的，因此提倡**光粒子說**。

在牛頓力學的世界當中，宇宙運作的所有力量，都可以使用力學來說明。因此只需要知道某個時刻宇宙某個場所的力學狀態，便能夠預知未來包羅萬象種種一切，原先曖昧不明的狀態都能確定下來。

1812年法國數學家皮耶-西蒙・拉普拉斯（1749～1827）主張「若是有完全掌握自然界各種力量與物質狀態的知性存在，那麼對於該知性存在來說，宇宙當中沒有任何不確定的事物，也能夠預見完全正確的未來。」這個知性存在便被稱為「**拉普拉斯妖**」 ☞ **P83** 。

✳資本主義與科學的關係

到了18世紀後半，由於殖民地擴大且需要強化軍艦性能，也就需要正確的羅盤。夏爾・德・庫侖（1738～1808）製作出測量靜電的裝置，展現出靜電與萬有引力一樣，是帶電粒子之間距離平方成反比的法則（**庫侖法則**，距離增加為2倍時，力量只剩下4分之1）。

英國物理學者詹姆斯・普雷斯科特・焦耳（1818～1889）發現「**焦耳定律**」，解明熱的工作量，因此使熱力學大有長進。

到18世紀時，由於絕對王政的啟蒙君王，而使宮廷沙龍成為科學加活動的場所。但是到了19世紀，「科學家」已經成為獨立自主的職業，他們也開始研究數學或物理學等專門領域。工業革命打造出資本主義社會，19世紀末起由於資本集中，進入大資本的獨佔階段。

1895年德國的威廉・倫琴（1845～1923）發現了**X射線**，法國的亨利・貝克勒（1852～1908）則發表鈾礦會發出貝**克勒線**。1897年，英國的約瑟夫・湯姆森使用手工真空管證明**電子的存在**。受到貝克勒的刺激，瑪麗・居禮於1898年發現能發出比鈾及釷更強射線的鐳，並將這些元素放射出放射線的能力命名為「**放射能**」。

1902年，居禮夫妻確認鐳礦能散發出強烈的放射線，因此將部分鐳礦寄給在英國活躍的物理學者兼化學者歐內斯特・拉塞福（1871～1937），他將散射出來的放射線命名為 α 線及 β 線。1903年湯姆森發表原子模型，而1905年愛因斯坦則發表了「光量子假設」。

物理學的歷史與將來

〈〈〈〈〈〉〉〉

腦中的算式與現象一致的厲害之處

✳並非物體縮短，而是空間壓縮？

乙太為光之媒介這種說法，由19世紀起成為定論。因此1887年美國物理學者阿爾伯特・邁克生與愛德華・莫立不斷進行實驗，卻無法證明乙太的存在（**邁克生-莫立實驗**）。

如果乙太真的存在，那麼處於宇宙中移動的地球，應該會在行進方向上承受乙太吹來的風。如此一來，光速也會因此加速，因此他們試圖從與地球行進垂直的方向上測量出光速的差異。但不知為何光速就是沒有差異，得到的結果是「無論什麼情況下光速都是一樣的」。為了要符合這樣的狀況，他們還建立了一個非常奇妙的假說：「在乙太中前進的物體，**會在行進方向上縮短。**」（例：於地球前進的方向上，該方向的地球長度會縮短）

愛爾蘭的物理學者喬治・費茲傑羅（1851～1901）與荷蘭物理學者亨德里克・勞侖茲（1853～1928），認為這表示物體移動時會縮短的話，那麼光線前進的距離就會縮短，因此前進方向與垂直方向就會是同樣的速度。

一般來說，大家應該會覺得哪有這種蠢事，這卻引發了科學世界的典範轉移，因為愛因斯坦以其**特殊相對論**指出，是空間本身壓縮了。

✳典範轉移具體範例

特殊相對論否定乙太的存在，明確指出光速在移動之人眼中，與靜止之人眼中都不會產生變化（光速並未加速），另外並沒有任何能超過光速的東西（**光速不變原理**）。

如果光的速度不會改變，那麼就是時間和空間變了。自牛頓以後，大家認為時間對所有地方的所有人來說，都是均一流動的，空間也可以使用座標表示，因此是「**絕對時空**」，現在卻成為相對的。這份論文當中引導出的結論「時間因觀測者而異」、「速度越接近光速，時間就越慢」等，都顛覆了原有的常識。

另外，愛因斯坦還打造出**廣義相對論**，內容包含加速運動（包含重力的運動），此理論提出「空間會因為重力而扭曲，導致光的路徑也遭到扭曲」。目前也已經發現隱身於太陽背後，位處地球看不到之處的恆星其光線也會傳到地球上來，同時也證明這是由於太陽的重力，造成空間扭曲（重力透鏡效應）。

相對論與量子力學的影響真大

✳解放物質能源的方法

愛因斯坦表示「物體越接近光速，質量就會增加」，因此針對「質量（m）」、「光速（c）」、「能量（E）」之間的關係，寫下了有名的公式E=mc2發表。

其後依照居禮夫妻和拉塞福等人的研究，開始有人提出放射性元素會散發放射線，然後變成其他元素（**放射性衰變**）的理論，也顛覆了元素不會變化的常識。

另外，也有人使用中子撞擊鈾，原本是想要打造出比鈾原子量更大的元素，沒想到卻做出比較輕的鋇。

之後發現這個變輕的部分所失去的質量差，正好可以換算為能量，因此在現實中證明了「**質能守恆（E=mc2）**」。針對此核分裂反應，丹麥物理學者尼爾斯・波耳（1885～1962）認為天然元素鈾235可能具備分裂性。

在德國希特勒納粹掌控政權後，對於猶太人的迫害日趨嚴重，因此猶太人愛因斯坦便移居到美國。1939年爆發第二次世界大戰，愛因斯坦寫了封信給美國總統羅斯福，內容提到他認為可以使用原子的力量，打造非常強的新型炸彈。因此在羅斯福總統的命令下，開始進行原子彈開發計畫「曼哈頓計畫」（愛因斯坦並未參與）。**羅伯特・歐本海默**（1904～1967）是非常傑出的物理學者，由於他是這個計畫的負責人，因此後來被稱為「原子彈之父」。

✳相對論及量子力學支撐當今物理理論

1945年原子彈開發完成，在新墨西哥州的**鈽原子彈試爆**實驗成功了。8月6日在廣島投下**鈾型**原子彈，9日又於長崎投下鈽型原子彈，聽聞此一報告的愛因斯坦感到無比後悔，並在戰後不斷提出廢除核子兵器的訴求。

回到1924年，出生於奧地利的瑞士物理學者沃夫岡・包立（1900～1958），發現原子所能夠維持的電子數量是固定的，同時一條軌道上只能夠有兩個電子。

同年德國的理論物理學家維爾納・卡爾・海森堡（1901～1976）又提出了**不確定性原理**，表示越是確定某個粒子的正確位置，就越無法正確得知其運動量，反之亦然。而記述原子、電子等微小物理現象的力學，就是**量子力學**。

但是愛因斯坦表示「神不擲骰子」，點出量子力學的不完整之處，因此產生了波耳-愛因斯坦之爭。尼爾斯・波耳的**哥本哈根詮釋**（在丹麥的哥本哈根提出而有此名）表示，量子會**堆疊**不同的狀態，無法認定其為粒子或者波動之一的狀態，在觀測的時候會變化為因應觀測值之狀態（波包會收縮）。舉例來說，電子是以波動的型式在原子周遭嘩啦流動，但是在看它的瞬間就會成為一個粒子被觀測到。

除了哥本哈根詮釋以外，也還有**多世界詮釋**（平行世界式的詮釋）等，但目前還狀況不明。目前期待的是使用量子力學現象，開發出比現今電腦更加快速的**量子電腦**，未來的夢想世界似乎能夠解決目前仍無法解決的許多問題。

5

哲學與自我啟發

在最後一章要說明的是，哲學與自我啟發之間的關聯。

即使已經閱讀了某些自我啟發的書籍，或者參加過講座等，也可以重新思考在西方思想、印度思想下，自我啟發到底是什麼，應該能夠對於自己獲得的知識有更深一層的了解。

自我啟發如果只看表面，很容易被誤解為是單純的樂天主義、自我滿足，或者不過是提振自己心情的技巧。一般來說，自我啟發主張的內容包含「積極正面思考」、「設定目標」、「肯定（自我宣言）」、「活用潛意識」、「強化決策能力與意志力」、「視覺化」等。

積極正向思考是一般既定概念的思考方式，然而知易行難。因為人並不明白要做什麼，才能讓自己的心情變得積極些。確實有達到那種境界的詳細心理學、哲學手法，而且那種態度必須要能化為習慣，因此需要相當的訓練。

「目標設定」等也有各種說法，有些認為應該要立下一個遠在天邊的宏偉目標比較好，也有人認為只要立下自己能夠實現程度的小目標即可（最近腦科學中也有派系認為，若能夠有無法實現的宏偉意象，效果較好）。

「潛意識」反覆進行肯定，就能夠刻劃出一個

肯定自我的印象，但也有許多人對於應該要做什麼樣的肯定、應該要重複多少次、需要花多久時間等抱持著疑問。「視覺化」方面也有一天應該要做幾次？要想像什麼樣的狀態？冥想法使用什麼東西比較有效果？這類的問題也是沒完沒了。

因此讀過自我啟發書、前往參加過講座以後，選擇覺得比較適合自己的方法就可以了。

另外，本書也會提出有些美國系統的自我啟發書非常難以理解，原因就在於他們省略了背景知識的哲學、思想、宗教等，某些在美國是一般常識部分的說明。有時也會將喀爾文派的基督新教思想家拉爾夫・愛默生（1803〜1882）的思想（新思想相關），或班傑明・富蘭克林（1705〜1790）的思想等，都列在無須言明的範圍。

相反的，若是日本的佛教系統自我啟發書，就會有許多日本人覺得很容易理解。自我啟發也有各式各樣的流派，看過大部分的內容以後，應該會有嶄新的發現。

另外，哲學史本身就可以說是一部巨大的自我啟發書，因此也建議大家盡量閱讀各式各樣的哲學書籍。

團隊合作與點子

〈〈〈〈〈〉〉〉〉〉

為何與人談話就會有靈感？

❋人類獨自一人什麼也辦不到

　　為了要達成目標，有個鐵打的規則，就是不能夠自己獨自背負所有必要的事情。一般來說，沒有人可以在不具備夥伴這種最大協助者的情況下，就能夠留下偌大的功績。

　　在拿破侖・希爾的著作《**思考致富**》 ☞ P371 當中，提到的是亨利・福特的例子。福特自己在打造福特汽車的 V8 引擎時，借助了許多技術人員的力量。

　　另外，史蒂芬・賈伯斯（1955 ～ 2011）也是在蘋果共同創立者斯蒂芬・沃茲尼克，及其他多位優秀技術人員的協助下，才在倉庫裡開發出 Macintosh，iPhone 與 iPad 也是背後有著大量的技術人員協助才能夠成功。

　　在傳記《賈伯斯傳》（華特・艾薩克森著）當中提到許多次，賈伯斯會將專門的事情交給專家。需要有兩人，或者更多人互相交換彼此的經驗、知識甚至是靈感，組成一個**達成目標的團隊**，這是用來補足自己欠缺領域事物的關係，並非互相依賴的消極關係。

✳哲學的起源就從對話開始

提出共通利益、立基於一定規則的團隊開始行動以後，就能夠獲得驚人的效果。

團隊合作的優勢，就是可以充分活用古代希臘哲學者蘇格拉底使用的反詰法 ☞ P20。在對話當中由對方提出疑問，自己在回答的同時，不知為何就會浮現先前自己也未曾有過念頭的靈感，將那潛藏於自己心中的東西給拉了出來。

另外，在對方尋求知識或者進行批判的時候，也能夠讓對方內在的智慧開始顯露於外。

「要不要做觸控式的平板？」

「像電腦那樣的平板嗎？也可以上網嗎？」

「裝了虛擬鍵盤就可以吧。」

「那要不要乾脆縮小一點，把電話功能跟平板放在一起？」

正因為有這樣積極的**腦力激盪**，才能夠開發出劃時代的新產品。

以對話讓思考產生化學變化

✳讓對話互相深入

由蘇格拉底提出，藉由人與人的對話達到嶄新知識階段的**反詰法** ☞ P20 。這種方法建議打斷冗長的議論，彼此交錯發言，一邊確認贊同與否的同時與對方一起討論。

使用反詰法的話就不會只聽到單方面的發言，而是雙方相互討論以後積極參與，會與對方一起思考。

這種方法應用到公司裡，就是一邊做會議記錄，同時以會議流程來確認「贊同」、「否決」來推動議題進行。一般來說，會議的紀錄通常是在會議結束後統整提出，但使用反詰法的時候，若是討論不出結果，就可以另外再做一份會議紀錄，一邊依照時間回顧方才討論的順序，重新進行對話。

柏拉圖的對話篇《高爾吉亞》當中，蘇格拉底有說明為何要以詰問方式來進行討論，「這並非為了你想要怎麼做，而是為了邏各斯（言論）。這麼做的話，就能夠盡可能的使大家都愈發明白討論的事情。」

被對方不斷詢問，如果回答不出來的話，就替換提問者與答問者，回答的人只需要回答「贊同」、「否定」，逐漸地，提問者也會一邊問一邊深入思考。

✳團隊工作的力量在背後運作的架構是？

不能單方面批判對方的思考，而是從對話當中催生出更高等的靈感，如此便能夠冀求藉由團隊工作引發靈感。

自我啟發的聖經《思考致富》當中提到了智囊會（Master Mind）（Coordination of knowledge and effort, in a spirit of harmony, between two or more people, for the attainment of a definite purpose.）。這個原理是指為了達成清楚的目標，在兩人或更多人之間協調精神狀況後，就會產生知識與努力的協力關係。

一般來說，進行腦力激盪就能夠催生意想不到的靈感，也就是說彼此的發言會刺激腦部，進而催生出嶄新的構想。但在自我啟發的世界當中，非常強調當中具備精神性的要素，這種想法認為所有物質都是神所打造出來的，因此帶有精神要素的哲學傳統（謝林的同一哲學等）是繼承了基督教的性質。

要統整大多數人的管理者，就必須要讓這種「智囊會」得以運作，如果能夠整合眾人的精神使其達到協調，就能夠接觸無窮智慧（Infinite Intelligence） P369，這表示提高精神和諧，就能夠從潛意識深處的資訊源頭拉出意想不到的靈感。

這在哲學史上也有著「啟示」、「暗號」等各式各樣稱呼，絕對不是什麼不科學或者神秘的事情，可以認為這是在說明一種由高度資訊網絡萃取出資訊的方式。

積極思考

◇◆◇◆◇

積極思考能夠拉近正向事件

✳如果自己的情緒高昂，那麼就會越想越覺得那樣「正確」！

具備積極的態度，也就是**正向思考**，雖然給人感覺有點老調重彈了，但這仍是自我啟發中不可或缺的項目。

所謂積極思考，並非樂觀看待所有事情，而是就算面對非常不利的狀況，也要具備不會破碎的心靈，同時採取準備**解決問題**的態度。

維持這種積極態度、正向思考，起源之一是美國的實用主義哲學。

心理學家兼哲學者威廉 · 詹姆斯提倡積極思考，如果人生當中遇到問題，是要決定「這是非常糟糕的狀況」，或者認為「這是我應該要跨越的考驗」，只需要當事人一個判斷就能確定。

現代的思想當中，有些人認為發生的任何事情本身都是中立的，稱不上是好是壞。如果發生了令人感到不愉快的事情，先將那件事情究竟是好是壞的判斷擺在一邊，如此便會開始思考讓自己「維持安穩的心情」，以及「煩躁而感到憤怒」哪種情況比較有利。比較有**效用**（快樂較大）的，當然是「維持安穩的心情」囉。

✳變得積極是最高命令

法國哲學者阿蘭 ☞ P186 也認為讓思考積極向前、正向肯定這件工作並非「最好要去做」，而是「非做不可」。

他的理由在於人類的內心一旦放著不管，一定會開始思考起最糟的狀況，這是由於人類的內心會有**防禦本能**運作。

留心由新聞等處獲得資訊當然很重要，但若由於心情灰暗導致內心受損、免疫力下降而生了病，那可就本末倒置了。因此應該要徹底集中在如何才能讓自己的心情變好，無論發生什麼事情都要能夠積極向上才行。

首先，如果遭逢很糟糕的事情，就要心想「這是種學習」。德國哲學者黑格爾提倡辯證法 ☞ P233 ，表示「藉由**矛盾**可以提高精神」。

在自我啟發的世界當中，非常建議大家可以問自己：「這件事情能夠讓我獲得什麼樣的利益呢？」

發生問題的話， 就尋找隱藏的利益

✽如果發生麻煩，就尋找機會

正向思考會先將現實狀況擺在一邊，思考「這樣一定會順利」，光只是想的話馬上就能執行，而且也不會有所損失。也許有人會覺得，身懷那種毫無根據的自信又能如何呢？但這也是哲學史上非常多人推薦的思考方式。

實用主義的哲學者杜威表示，思考是一種工具，如果發生問題，那麼就將思考**作為解決問題的工具**來使用，也就是說捨棄那些無法使用的思考方式，切換成新的思考方式。

換句話說，若發生某些麻煩的事情，就是修正行為軌道的訊息。幾乎所有人都會過於相信不好的一面，說什麼原本就無法避免這件事情，結果白白浪費了這個機會。還請根據杜威的工具主義（instrumentalism），**學習解決問題**吧。

另外一種說法是，人類在感受到害怕與不安的時候，思考能力會暫時低落，因此容易犯下本來不可能發生的失誤。為了防止這種情況發生，即使勉強也該壓抑害怕與不安，轉換為光明面的思考。在積極思考的情況下，就能夠看見隱藏在當中的恩惠，然後一口氣挽回事態（哲學的基本原則是所有存在都有其**對立之物**，也就是不可能全部都是不好的）。

無論何種狀況都還有著可能性，如果太過負面，大腦就只會選擇不好的事情，產生惡性循環，看來還是得要監視著自己的內心才行。

✳試著打造哲學手冊！

詹姆斯在論文「何謂情緒」（1886）中，主張感情是人類對自己身體的運動，也就是動作產生的運動。例如，恐懼是針對逃走行動的反應，而逃走的動作則會更加擴大恐懼心，也就是**恐懼會自己加速**。

另一方面，杜威 ☞ P107 也提出他認為意識的形成除了身體運動也就是動作以外，禁止動作這個過程有思考的必要性。恐懼在我們使盡全力成功逃走以後就會消失，但逃跑的動作若是遭到妨礙，恐懼的情緒就會擴大。當我們非常忙碌的時候，雖然會集中心神，不過一旦閒了下來就會開始煩惱各種事情，因此自我啟發中解決煩惱的方法就是「**總之維持忙碌**」。

自我啟發當中特別重視手冊，雖然叫做自我啟發手冊，但並不是普通的日記手冊。除了月曆以外，和一般的行事曆一樣有每月、每週、每日的結構，也可以與智慧型手機的提醒功能一同使用。

自我啟發手冊的特徵，是有設定目標的頁面決定整體性的**大目標（終點）**，打造以每個月為單位的大目標，然後細分為每週，再細分為每天的計畫（如果太過詳細也可能會因此受到束縛，所以一般認為可以視狀況稍微變化內容）。建立大目標以後，腦部就會為了實現這些目標，而自動開始收集資訊，並且紀錄後再行動。

另外，也非常建議大家可以打造「哲學之隅」，將本書中哲學者的思考化為圖片使其視覺化，如此一來就能夠打造出古今東西方的思考法全集，然後以此為基礎建立行動計畫，真的非常推薦大家可以自己打造一本「**哲學手冊**」。

提高動機

◇◈◈◈◇

> ## 提不起勁的時候， 總之先做就對了

☀無論如何開始動手以後，就會想做了

提起勁去做。這其實是非常困難的事情，雖然大家常常聽到有人說「提起勁來啊」，卻不知道該如何是好。畢竟就算要說「我要提起幹勁啦！」若是沒有那個「幹勁」也是辦不到。

能夠確定的是雖然「做自己喜歡的事情就能提起勁來」，但是「對於自己討厭的事情就提不起勁」。

這樣的話，有些人會說那只要做自己喜歡的工作就好啦，但這也是有著各方面的困難。經常也會有人建議「做一些能夠提振心神的事情」，所以有些人會轉職到能夠令自己感到興奮喜悅的職場，那麼如果在那兒又感受不到興奮之情的話該如何是好呢？

雖然被告知去做喜歡的事情，但人能夠靠自己喜歡的事情維生到什麼程度呢？或者究竟該怎麼做？只要把當下狀態中的痛苦，全部轉換為開心的事情就好了，這樣一來也不需要轉職。

那麼要如何才能夠將痛苦轉換為快樂呢？與此問題相關的哲學是**功利主義**。功利主義的哲學提倡功利原理，所謂功利原理是指「人類會追求快樂、避免痛苦」☞ P150，只要應用此方法，內心就能產生戲劇性的變化。

✳將快樂與重要度高的工作聯想在一起

明白確認自己的人生「快樂增加就是好的；痛苦增加就是不好的」，若是以達到最大極限的快樂為目標，那麼就會有「幹勁」。相反地，若是以避免產生痛苦為目標，那麼也會產生「幹勁」。

另外，邊沁所提倡的功利原理是「追求快樂避免痛苦」、「使效用最大化乃為善」，而 J.S. 彌爾修正其概念，轉為品質的功利主義，目標在於追求品質較高的快樂 ☞ P152 。

在現代的自我啟發當中，針對這種概念更進一步，採取將「快樂」結合的聯想，以及與「痛苦」結合的「聯想」重新排列組合的方法。

首先，針對「納豆很好吃（是快樂的）」以及「納豆很難吃（是痛苦的）」這類客觀現象（納豆）相同的東西，思考會對其產生主觀相對性（因人而異）的理由。

這並非由於對象本身「具備真實」，而是因為真實在主觀者這邊。納豆本身是不具備「好吃」，或者「難吃」性質的中立物質。

改變為痛苦及快樂附加條件的習慣

❋痛苦與快樂可以在自己的內心轉換

為何會有「納豆很好吃（是快樂的）」以及「納豆很難吃（是痛苦的）」這類主觀相對性（因人而異的判斷標準）差異呢？

其實只要改變討厭的食物在腦海中的印象，有時就會忽然覺得看起來還挺好吃的（以納豆來說，可能是用海苔包起來炸成天婦羅之類的）。一種食物的例子就能讓大家明白，人類對於什麼事情會感到快樂又或痛苦，並非絕對。既然不是絕對的，那麼就能改變。

美國的自我啟發教練東尼・羅賓斯（1960～）在《Awaken the Giant Within》一書當中聚焦於**痛苦與快樂**（Pain and Pleasure），如果維持現狀就會持續「痛苦」，如果改變了某些部分就能夠產生「快樂」，那麼絕對就會產生決心想要改變自己。

如此一來自己為了提高智慧，而學習就能感受到相當大的「快樂」；提升技能也會感到「快樂」；而且每天光是想著工作的事情，就會感受到非常「快樂」的話將會如何呢？成功會變成一件非常自動的事情。相反的，若是一直隨意看些沒用的影片就感受到強烈的「痛苦」、任意與朋友玩耍、以 SNS 聯絡一些無關緊要的事情、長時間講著毫無意義的電話等就感受到強烈的「痛苦」，這樣的人能夠發揮高度生產性嗎？

東尼・羅賓斯表示，這是因為我們將其作為「**附加條件**」，因此只要斬斷古老的「附加條件」，以新習慣將行為與新的「附加條件」聯結在一起去行動即可。

✳挑戰討厭的食物、挑戰討厭的工作

為了要破壞原有的既定觀念，可以參考時時刻刻都在變化的後現代主義思想 ☞ P206 等理論。在心理學當中，一般認為會習慣性將「工作→**報酬**」連結在一起，像是「我先打個遊戲轉換心情再來工作」的情況，就是先提供報酬，因此並不是很好，切換成「做完工作之後再來……」會比較能提升效率。

舉個單純的例子，如果把糖果放在辦公室的桌上，就算只告訴自己「把文件做到這個程度以後就吃一個」，也會產生效果（因為大腦需要糖分，因此非常簡單就能夠成為附加條件）。

工作中容易因為網路分心的人，可以養成「工作做到這裡以後就看一下網路」這個「工作→報酬」的習慣。還有個方法是積極挑戰討厭的工作，如果前進到某個程度就誇獎自己：「能把工作做到這種程度真是厲害！」如此一來大腦就會開始將工作（痛苦），與被稱讚（快樂）的印象結合，不知不覺就能將附加條件轉換為「**工作是快樂的**」。

另外，「拖延」也可以用這個方法來解決。如果想要拖延某些事情，可以思考「會失去什麼」、「幾年後會如何」、「會花費多少成本、犧牲多少」，將痛苦作為附加條件綁在拖延上。相反地，再思考若是沒有「拖延」能夠得到什麼，並將快樂的意象作為其附加條件。

非常建議大家這麼做，便能將原先感到痛苦的事情轉換為快樂，讓常識中覺得快樂的事情**轉換為痛苦**，訓練自己破壞「古老思考的關連」，打造「嶄新思考的連結」。《9 steps of success to realize your dreams》（詹姆斯・斯基納著）一書非常值得參考。

何謂主體性生存

不受到欲求蠱惑、 依循理性才是自由 !?

❋要靠自己控制自己好難啊……

現代的自我啟發當中，非常重視「**主體性**」這個關鍵字。自我啟發當中的主體性，是指發生了某些事情的時候不隨波逐流、能夠自由決定自己的存在方式。

我們的生活當中會受到各式各樣的誘惑打擊，因此會希望能夠斬斷某些東西、積極持續某些事情，也就是**自我控制**。舉例來說，大家是否曾經在便利商店瞄到了「奶黃醬與鮮奶油雙重奶油」的瞬間就反射性買下泡芙，之後又考慮到減肥，或者健康方面等問題而感到後悔呢？

每天大量攝取油炸的東西和碳水化合物（例：炸蝦飯、牛丼等丼類食品），結果在做健康檢查的時候被判定為 C 等等。應該也曾經有過在網路上一不小心就按下一鍵結帳、買了太多東西，第二個月看到信用卡帳單便覺得非常陰鬱吧？另外，還可能前往健身房開始健身運動，但是幾天以後卻感到厭煩，就連要前往健身房都覺得痛苦，就只是白白的每個月都收到會員費扣款帳單，最後某天不得不下定決心解約。

因為無法控制自己，意志遭受支配而充滿敗北感！要克服這件事情應該怎麼做呢？

這是自我啟發當中強化意志力的課題。

✳活用康德哲學來改造自己！

康德的哲學是以「是否符合道德」這個判斷標準（公式），來決定自己的行動。是否符合「應無條件～」此**定言令式** ☞ P240，便是行動準則。

人類是**感性的存在**，因此隨著欲望遊走是理所當然，但是人類也是理性的存在，因此會發動**理性（實踐理性）**的命令。舉例來說，就像是「汝應於見到妝點有鮮奶油的甜蜜布丁時，無條件隨己欲望買下」這樣的命令。

根據康德的哲學指出，這種情況並非「汝若吃下太多甜食很可能會變胖，並且對身體不好所以別買」。

這種「汝若～則應～」的句子，是一種有附帶條件的**假言令式**。康德表示有附帶條件的假言令式並不道德，因此應該採取「汝不應無條件隨欲望驅使」這種理性命令來控制購買欲。

具備主體性， 就是不受週遭狀況擺布

✳使用自由的意志力能舉起幾公斤啞鈴？

「汝若希望有六塊肌，就應舉啞鈴」心靈命令，也是「如果想要XX，就應該做○○」的這樣報酬型命令，雖會有效果，但有些人也會受挫（腦科學式的報酬型 ☞ P361 若適合自己，那麼就執行吧）。

這種情況下有個方法，就是以「為了痛苦，而獲得痛苦」本身做為目的來鍛鍊精神力，那麼該瞬間起就能夠提高行為動機，也就是說將自己成功控制自己這件事情化為喜悅。如果遵從內心世界「無條件做～」的命令，那麼該處便是起點，也就是「**自律**」 ☞ P240，這才是具備主體性的醍醐味。

也就是說，對於「我今天不想鍛鍊身體呢……」這種感性的（欲望的）自我墮落態度，使用理性的力量提出「不，應該要無條件繼續下去！」這個內在的命令後加以遵從，這樣就能夠獲得改變自己命運的選擇權。如此一來不會受到感官世界的誘惑，而以「無條件」的判斷將自己作為出發點去行動（康德哲學當中將此稱為自由）。

怒吼著邊舉上放下沉重的啞鈴、在肩膀上加負擔、在腰部綁上帶子作下半身伸展等等，這些豈非就像是奴隸一般的「不自由」嗎？也許大家會這麼想。

一般來說會認為「我要『自由的』在燒烤店喝一杯」是所謂的「自由」，但這只不過是受到動物本能的**因果律（因果法則）**束縛，反而是受到欲望支配的「不自由」人生。

❋情緒與行動之間有一瞬間的機會

現代的自我啟發當中，有許多會將過去哲學者的論點配合時勢來應用以後介紹給大家，尤其是英國系統的自由主義思想傾向說明得簡單易懂。

英國經濟學者兼思想家亞當・斯密非常強調以客觀**常識（良心）**來進行「自我規範」，在自己的內心有個規則，不會輕易受到外界狀況動搖。人類一旦在發生事情的時候，非常容易在瞬間受到影響，但是發生的事情與反應之間還有一點時間，這個時候人類並不是依循「自我規範」馬上產生反應，而能夠沉穩進行判斷。

舉例來說，在電車上忽然被人推了一把，任誰都會嚇了一跳、或者覺得生氣吧。有時還會看到起了爭執的狀況，但大多數情況下事後回想都會覺得實在不是什麼了不得的事情。

「被推」→「本能湧現情緒」→「瞪對方以後出口抱怨」

要在前半的「被推」→「本能湧現情緒」部分停下來，若沒有經過徹底訓練為專家是辦不到的。

「被推」→「保持平常心」過於困難（根據斯多葛主義 ☞ P32 等的做法，這也只能事前訓練好）。

但是到了「本能湧現情緒」→的部分可以先深呼吸一下，回想亞當・斯密的「自我規範」→冷靜下來迴避麻煩，這樣的話就比較沒那麼困難。

經常性在每個瞬間記得有能夠以自主為中心的「**決定權**」，反覆讓自己明白「自己是個具備主體性的人類」，就能夠獲得日常的安心感。

信念與意象的力量

❖❖❖❖❖

為何 「想著能辦到便能辦到」？

※信念具備魔術般的力量

世界上充斥著各種資訊，那些資訊會透過五感不斷進入我們的意識當中。這些並不一定都是有益的，因此若維持在接收的狀態、無法**抉擇取捨資訊**，那麼就會不斷將那些提振自己精神，或者讓自己感到消沉的內容混在一起輸入至腦中。

佛洛伊德提出意識與潛意識的結構 🖙 P124 ，而自我啟發的世界當中，將自己能夠注意到的部分稱為顯在意識（意識），並說明下意識處理大量資訊的是潛在意識（潛意識）。若是潛在意識當中積存了許多有害資訊，那麼顯在意識就會將焦點聚集在繼續收集有害物這方面，也就是會變得只看到世界上的壞事。

因此不斷重覆觀看、聆聽不好的新聞，就會強化該焦點，更加讓不好的新聞**累積於潛在意識**當中，結果就是會產生一股力量，讓自己的行動往不幸的方向推去，因此會使自己的選擇自動地（下意識地）引領自己走向不幸。如此一來，累積於潛在意識當中的壞消息資訊，就與現實中自己的姿態達成一致，「噢，我就有不好的預感，果然是如此呢。」這被稱為「自我達成預言」。

愛看的雜誌

✳持續檢查自己的思考方式

像這樣不斷將外界**否定性、消極的資訊**，繼續用「辦不到」、「沒辦法」、「真的不行」等自己內在的否定性行為舉止來加強、打造出負面印象，就會得到現實化的回饋。

因此必須經常監視自己的內心，不要讓那些否定、消極的資訊進入潛在意識當中。但是「自我達成預言」並不是只會發生在壞事上，也可以利用此機制，讓潛在意識充斥著積極思考，藉此**吸引**好事。

以佛洛伊德來說，他將**催眠療法**使用於患者身上。所謂催眠療法並不是奇怪的法術，而是一種科學方法。進入催眠狀態的方法，可以區分為他人催眠與自我催眠，自我啟發一般會使用自我催眠的方式。

首先，在一天的開始先深呼吸進入放鬆狀態，在這個階段進入催眠狀態（**自律訓練法**），等到心靈安穩以後，就會出現能夠將自己的目標化為視覺的效果。

重複肯定性的 affirmation

✳當下的現況是你能夠改變的！

讓實現目標的狀態有如電影般浮現在眼前的「視覺化」，是運動選手會進行的事前準備。將自己達成某些事情的狀態，描繪出極為真實的臨場感，是將「思想」給「現實化」的行為。

印度哲學 ☞ P60 當中，會不斷重覆唱頌**真言**；佛教當中也會誦念佛經如『般若心經』☞ P68 等，藉由重複吟誦這些短句，打造出放鬆狀態之後，再進行「**觀想**」，就能夠將肯定性的意象烙印於潛在意識當中。「觀想」，是指描繪出阿彌陀如來等的意象。

另外，在密宗 ☞ P71 等也有「金剛薩埵心咒」等短句咒文，一邊唱頌著真言，想像自己是一個閃爍著光輝的佛，雙手則**結印**。

現代的自我啟發當中，要將目標化為相當可能實現的視覺資訊，反覆**自我宣言（肯定）**「我一直能夠辦到」、「已經實現了」、「成功了」，維持這樣的狀態，進行**錨定**。

所謂錨定是指下意識的附加條件，比如說當成功的意象達到巔峰時，就加上一個「將食指與中指相連」等條件行為，每天都執行這個步驟，然後應用在工作上。舉例來說，在向大家報告等工作之前，快速地結印（手指的形狀），就能夠重現顛峰時的意識（手指的形狀可以自由選擇，也可自己決定一個錨定用的特殊手勢）。

❋自我啟發中思考會逐步化為現象的機制是？

在自我啟發的聖經《思考致富》當中，認為**信念**（Faith）是「致富的第二個步驟」。他強調的是將願望（Desire）視覺化（Visualization）以後，相信會達成（Attainment）願望（Desire）。

當中，特別重要的是**思考的波動**（the vibration of thought）。提到思考的波動，很多人會覺得聽起來相當神秘，但美國的自我啟發者幾乎都主張自己是像廣播電台那樣，總是不斷散發出思考之波，這應該也是受到基督教的神祕性質文化影響。

在《思考致富》當中認為潛在意識（subconscious mind）拾起思考波動以後，就會傳送給「**無窮智慧**（Infinite Intelligence）」。所謂「無窮智慧」指的是神、宇宙原理、集合潛意識等，哲學史上來說就是「存在本身」。換句話說，若將思考的波動送進潛意識當中，資訊就會傳達到世界根源系統，那麼就能夠憑藉來自個人力量所不可及高度的支援，讓思考化為物質、化為現象。

實踐方法就是前述所提的視覺化及肯定，一邊讓腦海中浮現自己冀求的意象，同時將該意象不斷於潛在意識當中放映使其印象深刻。

如此一來潛在意識就能夠將資訊傳達給「無窮智慧」，也就是世界高度的根源網絡系統。這樣一來為了實現願望，資訊就會自動聚集而來，也就能夠**積極行動**（若批判「只會想像而不去行動沒有意義」就錯了，因為這個觀念的意思是想像了以後就會去行動）。

何謂給予他人

❮❮❮❯❯❯

不思考報酬就行動

❋耶穌的恕道存活在自我啟發中

「給予他人」在自我啟發當中，可說是特別重要的領域。這並不是單純指金錢或者物質的報酬，而是包含親切的行為、讚賞鼓勵等行為這些無形的東西。

一般來說這被稱為「**恕道**」。所謂「恕道」，是指「己所欲，施於人」這個哲學與宗教的根本規範，最有名的就是《新約聖經》中的「**耶穌的恕道**」。

在「馬太福音」7：12 當中提到「你們願意人怎樣待你們，你們也要怎樣待人」。

「路加福音」6：31 ～ 35 也提到「你們願意人怎樣待你們，你們也要怎樣待人」、「你們若借給人，指望從他收回，有什麼可酬謝的呢？」、「善待他們，並要借給人不指望償還」。

若想的是為人所用、遭人利用等，就會覺得被收走某些東西、有所損失而產生失落感。但實際上，舉例來說像是呼吸好了，不可能不吐氣就一直吸氣，必須要吐氣，讓植物把那些二氧化碳都轉變為氧氣，才能夠還給我們，這是一種相互的關係。

✳只要給予他人就能夠發生好事

灑下種子以後，種子會被土壤埋沒而看不見，但它還是會以收成這個名義給予我們恩惠。也就是說，「給予」並非「被取走」而是「**為了接收而做準備**」。

將這個理論套在念書上，假設花了好幾個小時來解數學問題，應該不會有人覺得「唉呀真是浪費時間，因為我不能去打遊戲。」運動選手也不會在訓練過後想著「唉呀，害得我肌肉痠痛，實在損失大了」。

另外，再思考一下職場的情況。不管是什麼樣的工作，一定都會訓練到腦部的某個部位。工作的時候，集中力及持久力會被強化，思考能力也是，甚至應該說付錢也要工作。

如果是品質良好**高於自己收取報酬**的工作，那麼繞一圈，結果報酬還是會回到自己身上，在拿破侖・希爾的哲學當中稱此為「**＋α 的魔法**」。

工作就是不斷給予

❈活用各式各樣的哲學來改造自己！

自我啟發書上提到能夠做超過報酬工作的人，會得到比只能做報酬以下工作的人更高的地位，做報酬以上工作的人，能夠獲得比原先還要高到不可思議的報酬（物質報酬）。另外，如果做得是高於報酬的工作，那麼也能獲得充實感、滿足感等精神上的報酬。

J.S. 彌爾提倡「與其當隻滿足的豬，還不如當個不滿足的人類。與其身為一個滿足的愚者，還不如成為不滿足的蘇格拉底」。

另外，彌爾在功利主義中也相當強調**耶穌的恕道**。藉由實踐實現「你們願意人怎樣待你們，你們也要怎樣待人」這條恕道，**物質性的功利原理**便會運作。不要抱持「時薪」、「月薪」、「年收入」這種思考方式，為了提高人生整體品質，工作應該要不顧時間、持續下去。也就是說，即使把工作帶回家也應該很高興，如果本業結束了，那麼也可以在時間表上安排兼差，正是需要這種氣魄。

這是由於工作屬於一種「給予」，而結果會有人受到幫助。委託貨運幫忙搬運貨物到家裡，自己就可以不必出門，那個時間就用來工作；便利商店的炸雞是有人幫忙殺好雞、還炸好了，不用去骨就能吃，這個也用自己的工作來還；有自來水廠才有自來水；有管理下水道的人才能隨手沖馬桶。生活裡有電、有瓦斯，這些都提供我們超越自己工作的利益。

✹給予他人，恩惠總會繞回自己身上

日本江戶時代的思想家中江藤樹（1608～1648）是這麼說的，就像是父母會給予孩子，天上會降雨至地面、讓植物結果實，因此宇宙整體充滿了「**孝**」（就像是親子關係一樣）。有如親子關係不具備損益，宇宙當中也沒有損益。

這個「給予」的意象，會使用在自我啟發的**行銷**中作為說明。首先，出發點在於為了要滿足顧客，那麼顧客的需求、提供的商品及服務品質必須相同。如果沒有競爭市場，那麼就很容易出現「顧客需求＝提供之物品服務」，但是資本主義社會當中一般都會出現競爭，因此幾乎所有市場都是紅海。

若品質和其它東西相同，那麼顧客就會選擇比較便宜的那個，結果成了價格競爭，造成通貨緊縮的惡性循環。因此除了服務以外，還要加上無法轉為金錢的服務，並非單純服務，而是進行完全的服務。而「給予」報酬以上事物的技巧（旁人看來可能是非常愚蠢的行為），正是**不要期待回饋而去進行服務**。

另外，不要被人發現正在進行服務，也是相當重要的，這在《新約聖經》的福音書當中也有提到。「不要在眾人面前行你們的義，讓他們看見」、「你施捨的時候，不要讓左手知道右手所作的」（「馬太福音」6：13）

這是要告訴大家，若是讓其他人看見了自己給予他人，或者是自己的功績，在那瞬間就會變成收取報酬。自我啟發當中認為，若是能悄悄進行給予他人的行為，並且藏在自己的內心，那麼就能夠增加自己在天上的財富。

參考文獻

《世界の名著 プラトン 1》田中美知太郎編輯，中央公論新社出版。

《世界の名著 アリストテレス》田中美知太郎編輯，中央公論新社出版。

《世界の名著 デカルト》野田又夫他譯，中央公論新社出版。

《世界の名著 孔子・孟子》貝塚茂樹譯，中央公論新社出版。

《世界の名著 老子・荘子》小川環樹、森三樹三郎譯，中央公論新社出版。

《老境について(台譯：論老年)》西塞羅著、吉田正通譯，岩波文庫出版。

《口語訳聖書》日本聖書協会

《世界の名著 朱子・王陽明》荒木見悟譯，中央公論新社出版。

《「朱子語類」抄》三浦國雄譯，講談社学術文庫出版。

《ブッダの真理のことば・感興のことば》中村元譯，岩波文庫出版。

《方法序説(台譯：談談方法)》笛卡兒著、谷川多佳子譯，岩波文庫出版。

《世界の名著 スピノザ・ライブニッツ》下村寅太郎編輯，中央公論新社出版。

《ノヴム・オルガヌム―新機 (台譯：新工具)》培根著、桂寿一譯，岩波文庫出版。

《人知原理論》喬治・柏克萊著、大槻春彦譯，岩波文庫出版。

《純粋理性批判》康德著、篠田英雄譯，岩波文庫出版。

《実践理性批判》康德著、波多野精一、宮本和吉、篠田英雄譯，岩波文庫出版。

《世界の名著 ショーペンハウアー》西尾幹二編輯，中央公論新社出版。

《歴史哲学講義(上)(下)》黑格爾著、長谷川宏譯，岩波文庫出版。

《歴史哲学》黑格爾著、武市健人譯，岩波文庫出版。

《世界の名著 ヘーゲル 精神現象学序論 法の哲学》岩崎武雄編輯，中央公論社出版。

《現象学の理念》埃德蒙德・胡塞爾著、立松弘孝譯，みすず書房出版。

《プラグマティズム(台譯：實用主義)》威廉・詹姆斯著、桝田啓三郎譯，岩波文庫出版。

《世界の名著・キルケゴール》桝田啓三郎編輯、杉山好譯，中央公論社出版。

《世界の名著 ニーチェ》手塚富雄編輯，中央公論新社出版。

《ヤスパース選集〈29〉理性と実存》卡爾・雅斯佩斯著、草薙正夫譯，理想社出版。

《哲学》雅斯佩斯著、小倉志祥、林田新二譯，中央公論新社出版。

《全体性と無限(上)(下)》伊曼紐爾・列維納斯著、熊野純彦譯，岩波文庫出版。

《世界の名著 ハイデガー》原佑、渡邊二郎譯，中央公論新社出版。

《存在と無 上巻・下巻(台譯：存在與虛無)》沙特著、松浪信三郎譯，人文書院出版。

《グーテンベルクの銀河系(台譯：古騰堡系)》馬素・麥克魯漢著、森常治譯，みすず書房出版。

《ポスト・モダンの条件(台譯：後現代狀態)》讓-弗朗索瓦・李歐塔著、小林康夫譯，水声社出版。

《複製技術時代の芸術(台譯：機械複製時代的藝術作品)》華特・班雅明著、佐々木基一編輯，晶文社出版。

《アンチ・オイディプス》吉爾・德勒茲、菲利克斯・伽塔利著、市倉宏祐譯，河出書房新社出版。

《戦争論》卡爾・馮・克勞塞維茲著、篠田英雄譯，岩波文庫出版。

《クラウゼヴィッツ「戦争論」入門》井門滿明著，原書房出版。

《社会契約論》尚-雅克・盧梭著、桑原武夫、前川貞次郎譯，岩波文庫出版。

《君主論》馬基雅維里著、河島英昭譯，岩波文庫出版。

《自由からの逃走(台譯：逃避自由)》埃里希・佛洛姆著、日高六郎譯，東京創元社出版。

《世界の名著 ベンサム/J.S.ミル》 嘉彦編輯，中央公論新社出版。

《正義論》約翰・羅爾斯著、川本隆史、福間聡、神島裕子譯，紀伊國屋書店出版。

《啓蒙の弁証法―哲学的断想(台譯：啟蒙的辯證)》馬克・霍克海默、提奧多・阿多諾著、徳永恂譯，岩波文庫出版。

《これからの「正義」の話をしよう(台譯：正義：一場思辨之旅)》邁可・桑德爾著、鬼澤忍譯，早川書房出版。

《世界の名著 ホッブズ》永井道雄著，中央公論新社出版。

《世界の名著 アダム・スミス》玉野井芳郎編輯，中央公論社出版。

《世界の名著 ウェーバー》尾高邦雄編輯，中央公論新社出版。

《世界の名著 バーク マルサス》水野洋編輯，中央公論新社出版。

《世界の名著 マルクス エンゲルス》鈴木鴻一郎編輯，中央公論新社出版。

《人類の知的遺産〈70〉ケインズ》伊東光晴著，講談社出版。

《21世紀の資本（台譯：二十一世紀資本論）》托瑪・皮凱提著、山形浩生、守岡桜、森本正史譯，みすず書房出版。

《世界の名著 フロイト》大河内一男譯，中央公論新社出版。

《心理学と錬金術》カール・古斯塔夫・榮格著、池田紘一、鎌田道生譯，人文書院出版。

《新訳 ソシュール 一般言語学講義（台譯：普通語言學教程）》索緒爾著、町田健譯，研究社出版。

《現代フランス哲学（ワードマップ）》久米博著，新曜社出版。

《監獄の誕生 ―監視と処罰（台譯：監視與懲罰：監獄的誕生）》米歇爾・傅柯著、田村俶譯，新潮社出版。

《立体哲学》渡辺義雄編，朝日出版社出版。

《中国古典の名言録》守屋洋、守屋淳著，東洋経済新報社出版。

《この一冊で中国古典がわかる！》守屋洋著，三笠書房出版。

《人生の哲学》渡邊二郎著，角川 Sophia 文庫出版。

《嫌われる勇気》岸見一郎、古賀史健著，DIAMOND 社出版。

《ハンナ・アーレント 全体主義の起原》仲正昌樹著，NHK 出版出版。

《精神のエネルギー》亨利・柏格森著、宇波彰譯，第三文明社出版。

《野生の思考》C. 李維史陀著、大橋保夫譯，みすず書房出版。

《パスカル パンセ》鹿島茂著，NHK 出版出版。

《般若心経》佐々木閑著，NHK 出版出版。

《山川喜輝の生物が面白いほどわかる本》山川喜輝著，KADOKAWA 出版。

《幸福論》阿蘭著、神谷幹夫譯，岩波文庫出版。

《アラン 幸福論》合田正人著，NHK 出版出版。

《誰でも簡単に幸せを感じる方法は アランの《幸福論》に書いてあった》富増章成著，中経の文庫出版。

《アドラー人生の意味の心理学》岸見一郎著，NHK 出版出版。

《愛するということ（台譯：愛的藝術）》埃里希・佛洛姆著、鈴木晶譯，紀伊國屋書店出版。

《表徴の帝国（台譯：符號帝國）》羅蘭・巴特著、宗左近譯，ちくま学芸文庫出版。

《科学革命の構造（台譯：科學革命的結構）》湯瑪斯・孔恩著、中山茂譯，みすず書房出版。

《＜帝国＞ グローバル化の世界秩序とマルチチュードの可能性（台譯：帝國）》安東尼奧・納格利、麥可・哈德著、水嶋一憲、酒井隆史、浜邦彦、吉田俊実譯，以文社出版。

《オリエンタリズム 上・下（台譯：東方主義）》愛德華・瓦迪厄・薩依德著、今沢紀子他譯，平凡社出版。

《経済学の歴史》中村達也、新村聡、八木紀一郎著，有斐閣出版。

《現代哲学への挑戦》船木亨著，放送大学教育振興会出版。

《哲学史における生命概念》佐藤康邦著，放送大学教育振興会出版。

《哲学入門》柏原啓一著，放送大学教育振興会出版。

《知識ゼロからの科学史入門》池内了著，幻冬舎出版。

《スティーブ・ジョブズ（台譯：賈伯斯傳）》華特・艾薩克森著、井口耕二譯，講談社出版。

《僕らのパソコン30年史 ニッポン パソコンクロニクル》SE 編集部編，翔泳社出版。

《ニュース解説室へようこそ 2019-2020 年版》ニュース解説室へようこそ！編集委員会著，清水書院出版。

《現代社会ライブラリーへようこそ 2019-2020 年版》現代社会ライブラリーへようこそ！編集委員会著，清水書院出版。

《最新図説倫理》浜島書店出版、《新倫理資料集》実教出版。

《高等学校 現代倫理》清水書院出版。

《死ぬ瞬間―死とその過程について》伊麗莎白・庫伯勒 - 羅絲著、鈴木晶譯，読売新聞社出版。

《スピリチュアル・マシーン―コンピュータに魂が宿るとき》雷・庫茲威爾著、田中三彦、田中茂彦譯，翔泳社出版。

《アンソニー・ロビンズの運命を動かす》東尼・羅賓斯著、本田健譯，三笠書房出版。

《Awaken the Giant Within》東尼・羅賓斯著，Simon & Schuster 出版。

《思考は現実化する（台譯：思考致富）》拿破侖・希爾著、田中孝顕譯，きこ書房出版。

《Think and Grow Rich!（台譯：思考致富）》拿破侖・希爾著，Ross Cornwell 編輯，Mindpower Press 出版。

《あなたの夢を現実化させる成功の９ステップ》詹姆斯・斯基納著，幻冬舎文庫出版。

《完訳７つの習慣（台譯：與成功有約：高效能人士的七個習慣）》史蒂芬・柯維著，Franklin Covey Japan 譯，FCE Publising 出版。

一日4頁哲學課

原來世界是這樣思考！
從尼采、阿德勒心理學到 AI 人工智慧，
秒懂生活哲學，掌握強大人生工具

作者富增章成 TOMASU Akinari
譯者黃詩婷
主編黃雨柔
封面設計羅婕云
內頁美術設計李英娟

發行人何飛鵬
PCH集團生活旅遊事業總經理暨社長李淑霞
總編輯汪雨菁
行銷企畫經理呂妙君
行銷企劃專員許立心

出版公司
墨刻出版股份有限公司
地址：台北市104民生東路二段141號9樓
電話：886-2-2500-7008／傳真：886-2-2500-7796
E-mail：mook_service@hmg.com.tw
發行公司
英屬蓋曼群島商家庭傳媒股份有限公司城邦分公司
城邦讀書花園：www.cite.com.tw
劃撥：19863813／戶名：書虫股份有限公司
香港發行城邦（香港）出版集團有限公司
地址：香港灣仔駱克道193號東超商業中心1樓
電話：852-2508-6231／傳真：852-2578-9337
製版・印刷漾格科技股份有限公司
ISBN978-986-289-611-2・978-986-289-616-7 (EPUB)
城邦書號KJ2019 **初版**2021年8月 **三刷**2023年9月
定價480元
MOOK官網www.mook.com.tw
Facebook粉絲團
MOOK墨刻出版 www.facebook.com/travelmook
版權所有・翻印必究

國家圖書館出版品預行編目資料

一日4頁哲學課：原來世界是這樣思考!從尼采、阿德勒心理學到AI人工智慧，
秒懂生活哲學，掌握強大人生工具/富增章成作；黃詩婷譯. -- 初版. -- 臺北
市：墨刻出版股份有限公司出版：英屬蓋曼群島商家庭傳媒股份有限公司城
邦分公司發行, 2021.08
376面 ; 14.8×21公分. -- (SASUGAS ; 19)
譯自：この世界を生きる哲學大全
ISBN 978-986-289-611-2(平裝)
1.哲學
100   110012006